MICHAEL  BALLACK

Covergestaltung: Stiebner Verlag GmbH
Layout/DTP-Produktion: Kommunikation + Design Andrea Pfeifer, München
Abbildungen Umschlag: imago
Alle Abbildungen Innenteil: imago außer S. 10
(Premiere/Sampics), S. 13 (Hänisch), S. 14 (Reisner)

Der Autor dankt folgenden Personen, ohne deren Mithilfe das Erscheinen
des Buches in dieser Form nicht möglich gewesen wäre: Steffen Hänisch,
Ilona Laue, Klaus Leppert, Arno Nahler, Peter Schütz
sowie der Sportredaktion von BILD München

Bibliografische Information Der Deutschen Bibliothek
Die Deutsche Bibliothek verzeichnet diese Publikation in der Deutschen
Nationalbibliografie; detaillierte bibliografische Daten sind im Internet
über <http://dnb.ddb.de> <http://dnb.ddb.de> abrufbar.

Projektmanagement/Herstellung: Stiebner, München
Printed in Germany
ISBN 3-7679-0946-4
www.copress.de

DINO REISNER

MICHAEL BALLACK

Die Story des Fußball-Superstars

COPRESS SPORT

Zu diesem Buch

Zieht Michael Ballack in seiner unnachahmlichen Weise Richtung gegnerisches Tor, halten die Fans den Atem an. Der Wahl-Münchner ist unumstritten der einzige deutsche Fußballer von Weltformat. Er kann beidfüssig schießen, seine Kopfballstärke als Mittelfeldspieler sucht ihresgleichen auf der Welt, er beherrscht den Tempowechsel, die Grätsche, den letzten Pass. Auf seinen Schultern ruhen die Hoffnungen der ganzen Fußball-Nation auf eine erfolgreiche WM 2006.
Das vorliegende Buch beschreibt Michael Ballacks Weg aus einer DDR-typischen Plattenbausiedlung am südlichen Stadtrand von Chemnitz bis hin zum Kapitän der deutschen Nationalmannschaft. Es schildert seine Sternstunden in Bundesliga, DFB-Pokal, Champions League oder bei der WM 2002, als er die DFB-Elf nahezu im Alleingang zum Vizetitel schoss. Es berichtet aber auch von Rückschlägen und Vorurteilen: Lange Zeit wurde Michael Ballack als Schnösel, als Schönwetter-Fußballer, als arroganter Schönling abgestempelt, der hart um die ihm gebührende Anerkennung kämpfen musste. Heute ist Michael Ballack der erste gesamtdeutsche Fußballer, der quer durch alle Bevölkerungsschichten und Altersgruppen begeistert: Nachwuchsspieler, Mädchen, Väter, Mütter, egal ob in Ost oder West.
Das vorliegende Buch dokumentiert in einer spannenden, unterhaltsamen, dabei aber stets sachlichen Art und Weise seine Karriere und ist damit fast ein

Anachronismus zu unserer Zeit, in der selbst in vermeintlichen Qualitätsmedien immer mehr Fokussierung auf Nachrichtenfaktoren wie Negativismus, Konflikt und Sensation Einzug hält, Tatsachen verdreht, Zitate aus dem Zusammenhang gerissen und unbewiesene Anschuldigungen erhoben werden, immer weniger Medienvertreter professionelle journalistische Standards zum Leitbild ihres beruflichen Handelns machen.

Dieses Buch richtet sich an junge Sportler und Fußball-Fans. Sein Inhalt beruht auf eigenen Recherchen. Ich forschte in den Archiven der beiden wichtigsten deutschen Fußball-Printmedien, »kicker« und BILD, befragte Personen, die Michael Ballack kennen und ihn ein Stück seines Weges begleitet haben – manche für Jahre, andere nur für ein paar Wochen oder Tage.
Vorliegender Band entstand in der langen Tradition der Sportler-Biographien bei Copress unabhängig von Michael Ballack oder dessen Management. Das versetzte mich in die Lage, völlig unvoreingenommen seine Geschichte zu ergründen, ohne mich vor gewissen Rücksichten behindern zu lassen. Wer dieses Buch liest, wird verstehen, was ich damit meine.

Dino Reisner,
im September 2005

adidas
DEUTSCHER FUSSBALL-BUND
13
FIFA

Ein Vorspiel

von Sebastian Hellmann

Er galt als der Inbegriff des ewigen Zweiten. Eigentor in Unterhaching am 20. Mai 2000. Gerade, als sich Michael Ballack bereit machte für seinen zweiten Meistertitel. Endstand 0:2. Aus!

Am Ende der Saison 2001/2002 stand er mit Bayer 04 Leverkusen in drei »Endspielen«. Meisterschaft – verspielt. DFB-Pokalfinale – verspielt. Champions-League-Endspiel gegen Real Madrid – verspielt. Dazu das Weltmeisterschaftsfinale in Yokohama gegen Brasilien. Er erzielt im Halbfinale das entscheidende Tor, hatte sich aber wenige Minuten zuvor mit der zweiten Gelben Karte für den Gipfel eines jeden Fußballers abgemeldet. Das würde er nicht nochmal machen. Er dient der Mannschaft, aber er dient auch sich selbst. Ballack für Deutschland. Ballack für Bayern. Ballack für Ballack.

All diese Erfahrungen haben ihn größer werden lassen. Selbstbewusster. Er ist stark aber nicht arrogant. Er findet genau das Maß zwischen Macht haben und Macht ausüben. Er ist im Moment der Seelsorger des deutschen Fußballs.

Deutschland ist in diesem Bereich spielerisch und emotional ausgehungert. Da kommt Michael Ballack genau richtig. Viele sagen er sei »typisch«. Kampf, Dynamik, Ehrgeiz: deutsch. Das stimmt, ist aber viel zu ungenau. Vom BSG Motor Fritz Heckert Karl-Marx-Stadt bis kurz vor die Tore Madrids oder Barcelonas. Das ist Energie, Eleganz und Intelligenz. Er will nicht so sein wie Beckham im Bou-

Moderator der »Premiere«-Bundesliga-Konferenz und Sendung »Alle Spiele, alle Tore«: Sebastian Hellmann

levard, aber er will viel besser sein als Beckham auf dem Platz. Er ist gerade noch ein Star. Das genügt ihm.

Mit drei Söhnen ist er in der Fußball-Nachwuchsarbeit extrem engagiert, aber er fördert auch die Jungen, die jetzt schon 20 und auch begabt sind. Er erkennt schnell die Fähigkeiten eines Bastian Schweinsteigers, gibt ein Stück seines Selbstvertrauens an diesen weiter, ohne eigenes einzubüßen. Er weiß auch, dass Bastian Schweinsteiger mehr für ihn sein kann als ein technisch starker Mitspieler. Bastian Schweinsteiger kann ihn entlasten. Das weiß Ballack. Ohne es auszunutzen, nutzt er es.

Michael Ballack spielt in der Liga der außergewöhnlichen Fußballer. Seit 2002 bei den Bayern oft geehrt und viele Titel (endlich) weiter, will er sich mit seinen Ansprüchen versöhnen und wechseln. Zu den Großen. Aber sind die Bayern nicht groß genug? Die Zeiten als Management und Spieler voreinander standen und über Trennung redeten längst vergessen. Wer passt besser als Bayern-Motor als Ballack?

Michael Ballack wird diese Fragen selbst beantworten und wie immer eine Entscheidung treffen, die ihm keiner übel nehmen wird. Wie immer.

Immer wenn man Michael Ballack nach einem Spiel begegnet hat er für sich schon damit abgeschlossen. Nüchtern, diskret, klar und analytisch zeichnet er die 90 Minuten nach. Bewusst ohne sich als Vater der Siege oder Niederlagen zu verkaufen. Im Gegenteil. Er sucht immer nach den Stärken der Schwächeren in seinen Nachbetrachtungen. Er weiß, wie es ist, immer verantwortlich zu sein. Vor allem für Niederlagen oder gar ganze Spielzeiten ohne Titel. Verliert Bayern – verliert vor allem Ballack. Aber auch das hat sich gedreht. Im Moment besitzt er einen großen Bonus. Bis 2006.

Vielleicht ist er Franz Beckenbauer doch schon sehr nah (sagt Franz Beckenbauer), weil für ihn der Fußball das wichtigste ist, aber nicht alles. Den Kopf beim Dribbling stets oben zu haben, wie Beckenbauer reicht nicht, um zu sein, wie er. Es braucht viele Facetten. Ballack hat sie – fast alle.

Die Anfänge

Michael Ballack wurde am 26. September 1976 im sächsischen Görlitz unmittelbar an der polnischen Grenze geboren. Sein Sternzeichen »Waage« beschreibt ihn als charmant, ausgeglichen, im Plaudern sehr gewandt, harmoniebedürftig und diplomatisch. Im Frühjahr 1977, Michael Ballack war gerade ein halbes Jahr alt, zogen seine Eltern 170 Kilometer Richtung Westen nach Karl-Marx-Stadt (heute Chemnitz). In der Industriestadt, auch das »sächsische Manchester« genannt, wuchs er als Einzelkind in der Dr.-Salvador-Allende-Straße im Wohngebiet »Fritz Heckert« auf. Die DDR-typische Plattenbausiedlung am südlichen Stadtrand beherbergte seinerzeit rund 80 000 Menschen.

Prädestiniert für den Eisschnelllauf

Im Kindergarten wurde Michael Ballack den damals in der DDR obligatorischen sportmedizinischen Analysen unterzogen. Die Ärzte hielten ihn, auf Grund seines schon damals schlaksigen Körpers, höchst prädestiniert für den Eisschnelllauf. Der Versuch, den Steppke aufs Eis zu locken, scheiterte jedoch: Michael Ballack drosch lieber mit seinen Füßen auf einen Ball – bevorzugt auf Wände von maroden Plattenbauten. Im Sommer 1983, mit sechs Jahren, begann er organisiert Fußball zu spielen. Erstmals nahm er am Kindertraining der BSG Motor Fritz Heckert, der Betriebssportgemeinschaft des gleichnamigen Maschinenbaukombinats, teil – nicht ungewöhnliches, wie er später in einem »Stern«-Interview wissen ließ: »Der Platz lag ja direkt in meiner Siedlung.« Mutter Karin Ballack arbeitete in dem Verein als Sekretärin.

»Der Bub fällt aus der Wiege, steht auf und spielt. Kaum vier Jahre alt, drischt er die Lederkugel unentwegt gegen marode Plattenbausiedlungswände und vernascht, keine drei Jahre älter, schon alles, was ihn um Kopfeslänge überragt.«

Vater Stephan Ballack

Trainer der Kindermannschaft war der ehemalige Oberliga-Profi Steffen Hänisch (siehe »Der Entdecker«). »Ich sah gleich, dass da ein außergewöhnlicher Spieler heranwächst«, erinnert sich der Fußball-Lehrer an seine ersten Übungseinheiten mit dem jungen Michael Ballack. »Er hatte von Anfang an eine gehörige Portion Talent

Die Anfänge: Michael Ballack (stehend, Dritter von links) als Sechsjähriger im Trikot der BSG Motor Fritz Heckert.

und konnte schon damals mit rechts und links schießen. Ein Ballgefühl, als hätte er schon fünf Jahre Training hinter sich.« Dass sein Schützling später einmal zum Nationalspieler und gar Kapitän der deutschen Nationalmannschaft avancieren sollte, hätte Hänisch jedoch selbst in seinen kühnsten Träumen nicht geglaubt. »Natürlich habe ich gedacht, dass aus ihm mal was werden könnte – aber das galt auch für drei, vier andere in der Truppe.«

Die Eltern – Vater Stephan arbeitete als Bauingenieur – erzogen ihren Filius relativ freizügig, und so verbrachte er viel Zeit auf dem Kleinfeld-Hartplatz in der Usti-Nad-Labem-Straße gleich neben der Schule. »Meine Eltern haben schon Wert darauf gelegt, dass ich meine Hausaufgaben mache. Ansonsten durfte ich immer das tun, was ich am liebsten wollte. Wichtig war mir, dass ich kicken konnte«, blickt der heutige Weltstar zurück.

Start als Einwechselspieler

Michael Ballacks Start in der Kindermannschaft verlief allerdings schleppend: Am 4. Oktober 1983 absolvierte er seinen ersten Einsatz im Freundschaftsspiel gegen Motor Ascota Karl-Marx-Stadt. Beim 2:1-Sieg auf dem Kleinfeld (sieben Spieler pro Team) wurde er mit Beginn der zweiten Halbzeit eingewechselt. »Danach hat er aber nichts zerrissen«, so Hänisch. Besser lief es dann nach der Winterpause: Am Ende der Saison 1983/84 standen für ihn in der Chemnitzer Stadtklasse zwölf Tore zu Buche.

Erst in seiner dritten Saison avancierte der mittlerweile Neunjährige zum Torschützen vom Dienst. Steffen Hänisch erinnert sich: »Als Micha sich eingelebt hatte, wurde er unser bester Mann. In der Saison 1985/86 hat er in 16 Punktspielen 57 Tore geschossen. Wir holten in der Bezirksklasse 30:4 Punkte bei einem Torverhältnis von 181:9.« Beim 23:0 am 7. September 1985 gegen Burgstädt waren es allein zehn Tore; einen Monat später, am 19. Oktober, beim 28:0-Erfolg in Crimmitschau gar deren zwölf – und das in einer Spielzeit von zwei mal 25 Minuten. Schon damals machte Steffen Hänisch bei seinem Schützlinge ein Phlegma aus, das Michael Ballack noch lange Zeit zum Vorwurf gemacht wurde: »Michael wusste schon bald, dass er der Beste ist, auch wenn er nur die Hälfte bringt. Wenn er keine Lust hatte, tat er das auch. Er war ein bisschen launisch.«

Der Entdecker: Steffen Hänisch

Steffen Hänisch, Jahrgang 1957, spielte zwischen 1975 und 1978 für seinen Heimatverein FC Karl-Marx-Stadt selbst in der DDR-Oberliga, nach einer schweren Knieverletzung und zweijährigem Militärdienst noch einmal zwischen 1981 und 1983 für die BSG Motor Fritz Heckert in der 2. Liga. Danach arbeitete er acht Jahre lang bis 1991 hauptamtlicher Nachwuchstrainer für den Verein. 1983 begann Michael Ballack unter seinen Fittichen mit dem Fußball. »Micha war rasch mein Lieblingsspieler, ich habe ab und an drüber hinweggeschaut, wenn er schlecht trainierte«, sagt Hänisch, der heute bei der Württembergischen Versicherung arbeitet und nur noch selten Kontakt zu seinem einstigen Schützling hat. »Ich habe seinen Weg immer weiter verfolgt. Als er in Kaiserslautern stagnierte, hatte ich meine Bedenken, aber der Wechsel nach Leverkusen war der Schub für ihn«, sagt Steffen Hänisch heute. »Wenn er mal hier ist, würde ich gerne mit ihm sprechen und ein Bier trinken gehen, aber seine Zeit ist ja begrenzt. Mit seinen Eltern habe ich noch heute Kontakt.«

»Er brachte das mit, was sich andere in drei, vier Jahren hart erarbeiten mussten. So was nennt man wohl Naturtalent.«

Michael Ballacks erster Trainer Steffen Hänisch

Trainiert und gespielt wurde in den Abendstunden zumeist auf dem gleichen, mit rotem Schotter ausgelegten Kleinfeld-Hartplatz, auf dem Michael Ballack und seine Freunde schon den ganzen Nachmittag gekickt hatten. »Es gab dort aber oft Probleme mit der Drainage«, so Hänisch. »Und dann durften wir, sehr zur Freude der Kinder, auf den Rasenplatz ausweichen, der sonst für die Herren-Mannschaft reserviert war.« Stets bei den Spielen dabei: Vater Stefan Ballack, der für seinen Sohn und die Kinder bei Auswärtsspielen den Fahrdienst bildete. In einem Interview mit dem

Fußball in Chemnitz

Chemnitz ist weniger für seine guten Fußballer, als vielmehr Eiskunstläufer bekannt: Katarina Witt, Jan Hoffmann, Anett Pötzsch oder Gabriele Seyfert – sie alle stammen aus der 250 000-Einwohner-Stadt am gleichnamigen Fluss. Über seinen ersten Profi-Verein Chemnitzer FC sagte Michael Ballack kurz nach seinem Wechsel zum FC Bayern München: »Der hat als Karl-Marx-Stadt leider nur in zwei Pokalfinals gespielt. Aber Fußball war in Chemnitz trotzdem immer ein Top-Thema.« Die Aussage stimmt nur zur Hälfte: Insgesamt dreimal, 1969, 1983 und 1989, standen die Sachsen in den Finalspielen des FDGB-Pokals (benannt nach der Einheitsgewerkschaft Freier Deutscher Gewerkschafts-Bund), die sie gegen den 1. FC Magdeburg (1969 und 1983 jeweils 0:4) und Dynamo Berlin (1989/0:1) verloren. 1967, in ihrer ersten Saison unter der Bezeichnung FC Karl-Marx-Stadt, feierten sie aber auch den Gewinn der DDR-Meisterschaft. Zuvor hatte der Verein zahlreiche Namensänderungen durchgemacht: Bei seiner Gründung 1945 firmierte er als SG Chemnitz Nord, später als BSG Fewa Chemnitz (1948 bis 1959), BSG Chemie Chemnitz (1951 bis 1953), BSG Karl-Marx-Stadt (1953 bis 1956), SC Motor Karl-Marx-Stadt (1956 bis 1963) und schließlich als SC Karl-Marx-Stadt (1963 bis 1966). Im Juni 1990, kurz nach der Vizemeisterschaft in der DDR-Oberliga, nahm der Klub schließlich die noch heute gültige Bezeichnung Chemnitzer FC an und qualifizierte sich in der folgenden Saison als Fünfter der Oberliga des Nord-Ostdeutschen-Fußball-Verbandes, der Nachfolgeliga der DDR-Oberliga, für die 2. Bundesliga unter dem Dach des DFB. Zwischen 1991 und 1996 sowie 1999 und 2001 gehörte der CFC der 2. Bundesliga an.

internationalen Fußball-Magazin »Champions« antwortete Michael Ballack 2003 auf die Frage, welche Erinnerungen er an seine Anfänge habe: »Recht wenige, es war wahrscheinlich so wie überall. Erinnern kann ich mich an die oft langen und ermüdenden Reisen in Privatautos zu den Spielen und Jugendturnieren.«

Vorbilder des jungen Fußballers waren nicht etwa die großen Welt-Stars der damaligen Zeit wie Diego Maradona, Michel Platini

Wieder nur Zweiter: Der FC Karl-Marx-Stadrt unterliegt im Berliner Stadion der Weltjugend Gastgeber Dynamo 0:1. Hier setzt sich Andreas Thom (Berlin/dunkles Trikot) gegen Sven Köhler (FCKMS) durch.

Der erste Verein: BSG Motor Fritz Heckert Karl-Marx-Stadt

Fritz Heckert – so hieß auch das einstige DDR-Maschinenbaukombinat und das Neubaugebiet im Süden von Chemnitz, in dem rund 80 000 Menschen lebten. 1990 nannte sich der Klub in »Chemnitzer SV 51 – Heckert« um, die Fußballabteilung machte sich als VfB Chemnitz selbstständig. Im Juli 2003 kehrte Michael Ballack mit dem FC Bayern München im Rahmen eines Benefizspiels zu seinem Heimatverein zurück. 13 000 Zuschauer wohnten im Sportforum dem Auftritt des, neben Eiskunstläuferin Katarina Witt, größten Aushängeschildes der Stadt bei; der FC Bayern siegte gegen den Landesligisten souverän mit 11:1. Wie so viele Vereine der ehemaligen DDR war auch der VfB auf Grund der wirtschaftlichen Lage im Osten der Republik in extreme finanzielle Nöte geraten. Im Oktober 2002 musste die Vorstandschaft Antrag auf Eröffnung eines Insolvenzverfahrens stellen, die Fortführung des Spielbetriebs war gefährdet. Die Erlöse des Spiels wurden dazu verwendet, Altverbindlichkeiten zurückzuzahlen, den Klub finanziell zu konsolidieren und einen soliden Grundstock für die Zukunft aufzubauen.

Initiatoren des Benefizspiels im Juli 2003: Michael Ballack inmitten der Brüder Roy und Rick Furchner.

Initiiert wurde das Benefizspiel von den elf bzw. sieben Jahre alten Brüdern Rick und Roy Furchner, die im Nachwuchsbereich des VfB spielten. Anfang Dezember 2002 reisten beide mit ihren Eltern nach München, wo sie auf dem Trainingsgelände des FC Bayern an der Säbener Straße Michael Ballack einen Brief übergaben, in dem sie die Notlage ihres und seines ehemaligen Vereins schilderten. Michael Ballack leitete den Brief an FC-Bayern-Manager Uli Hoeneß weiter, der, gemeinsam mit Hauptsponsor Telekom, das Spiel im Rahmen des Trainingslagers in Leipzig auf die Beine stellte. Die Saison 2004/05 beendete der Verein in der Landesliga Sachsen auf einem Abstiegsplatz, erhielt jedoch auf Grund der Fusion mit Fortuna Furth/Glösa die Klasse.

oder Karl-Heinz Rummenigge, deren Heldentaten er im West-Fernsehen verfolgte, sondern ein Spieler aus der DDR: »Am meisten bewunderte ich Rico Steinmann vom FC Karl-Marx-Stadt. Als ich klein war, träumte ich davon, eines Tages so gut zu spielen wie er.«

Wechsel zum FC Karl-Marx-Stadt

Mit zehn Jahren, an der Schnittstelle der Altersklassen Kinder und Knaben, wurde Michael Ballack 1986 zum größeren FC Karl-Marx-Stadt »delegiert«. Dazu Steffen Hänisch: »Die BSG Motor Fritz-Heckert spielte damals in Karl-Marx-Stadt nur die zweite Geige hinter dem FC. Wir hatten zwar nahezu ebenbürtige Mannschaften, aber es hat nie für ganz oben gereicht, weil die überdurchschnittlichen Talente immer beim FC konzentriert wurden. Teilweise geschah dies unfreiwillig.« Beim FC Karl-Marx-Stadt, der auch das Bezirks-Trainings-Zentrum des DDR-Fußball-Verbandes DFV beheimatete, kümmerten sich fortan Trainer wie Jürgen Häuberer, Eberhard Schuster, Uwe Fuchs, Werner Dost, Joachim Müller oder Ullus Küttner unter professionellen Bedingungen um seine Ausbildung.

»Immer eine Stufe raufgefallen, Hindernisse fast spielerisch übersprungen, ein Sonntagskind eben.«

»Sport Bild« über die Jugend Michael Ballacks

»Das war für uns Jungs eine große Ehre, zum größten Verein der Stadt gehen zu können. Ich war damals stolz, dass ich ausgewählt wurde«, sagt Michael Ballack. »Ich hab das gerne gemacht, ich habe gerne zweimal am Tag trainiert.« Gleichzeitig wurde er an der Kinder- und Jugendsportschule (KJS; später Sportgymnasium) eingeschrieben, an dem noch heute begabte Sportler besonders gefördert und für Wettkämpfe und Lehrgänge vom Unterricht freigestellt werden (mit Förder-Unterreicht werden ausgefallene Stunden nachgeholt). Eine Altersstufe hinter ihm an der gleichen Schule: Ingo Hertzsch, der später im Trikot des Hamburger SV ebenfalls zum Nationalspieler reifen sollte. Michael Ballack blickt auf seine Schulzeit zurück: »Man hatte einen Zwölfstundentag, von 6 Uhr morgens bis 18 Uhr abends Unterricht, Training, wieder Unterricht, wieder Training. Es war alles abgestimmt. Man verpasste nichts. Wenigstens hatte ich als Stadtschüler in Chemnitz den Vorteil, dass ich zu Hause schlafen konnte und nicht ins Internat musste.«

Seine Beidfüssigkeit und Torgefährlichkeit hat Michael Ballack dem ehemaligen DDR-Nationalspieler und Chemnitzer Fußballidol Joachim Müller (fünf Länderspiele; zwischen 1971 und 1986 in der Oberliga aktiv) zu verdanken: »Du musst mit links wie rechts gleich gut sein, Du musst Dein Kopfballspiel verbessern«, trichterte der FC-Jugendtrainer seinem Schützling ein. Vater Stephan Ballack überprüfte zu

Hause die Fortschritte. »Ich musste den Ball jonglieren, bis ich die Kugel 50 Mal hoch gekickt hatte. Ich tat es vor allem mit rechts. ›Und was ist mit dem linken Fuß?‹, fragte mich mein Vater. Da kann ich es nicht. Seine Antwort: Dann übst du es, bis du es kannst. Zwei Stunden später kam er wieder und kontrollierte«, erinnert sich Michael Ballack an seine Kindheit.

Joachim Müller bezeichnet er heute als den Jugendtrainer, der ihn am meisten prägte. Müller selbst blickt zurück: »Er war ein solches Genie, dem brauchte ich das Fußballspielen nicht mehr beizubringen. Ein Naturtalent halt.« Sein Trainerkollege Jürgen Häuberer erinnert sich: »Michael wollte immer gewinnen, egal ob im Training oder Spiel.« Gleichzeitig lobte Häuberer auch dessen, schon damals mannschaftsdienliche Spielweise: »Er hat nicht nur sich selbst gesehen, sondern immer versucht, Mitspieler einzubinden und in eine bessere Position abzuspielen.«

Intermezzo als Torhüter

Beim FC Karl-Marx-Stadt bzw. Chemnitzer FC absolvierte Michael Ballack die Altersklassen Knaben (10 bis 12 Jahre), Schüler (12 bis 14 Jahre), Jugend (14 bis 16 Jahre) und Junioren (16 bis 18 Jahre). Er war in allen Mannschaften der Star. »Bei ihm musste man andere Maßstäbe als bei anderen Spielern anlegen«, so Müller. »Er war zu ganz anderen Leistungen fähig. Selbstzufriedenheit durfte auf keinen Fall aufkommen.«

Die Verbindung zu seinen »alten Kumpels« vom BSG Motor blieb trotz des Wechsels und der Trainings- und Reisebelastungen quer durch die Stadt erhalten: »Ich hab ja noch dort gewohnt, wir haben weiter zusammen gekickt, im Hof, nach der Schule. Aber so ist es halt als Fußballer: Ich wollte weiterkommen, und da musste man eben was zurücklassen. Das war damals in kleinem Rahmen dasselbe wie später beim Wechsel von Leverkusen nach München. Man lässt etwas zurück, aber dafür gewinnt man etwas hinzu.« Erst später riss der Kontakt ab: 1992 zog Michael Ballack mit seinen Eltern in den nördlichen, schon ländlich geprägten Chemnitzer Stadtteil Wittgensdorf um, wo seine Eltern noch heute leben und ein Architekturbüro betreiben.

»Zu den besten im erfolgreichen CFC-Team gehörte erneut Michael Ballack.«

Chemnitzer »Freie Presse« am 22. Januar 1991 nach einem Hallenturnier für C-Jugendliche

Im Winter 1988/89 erlebte er im Dress des FCKMS eine Niederlage, die er noch viele Jahre später als eine der schmerzhaftesten seiner Karriere bezeichnet: »Als wir bei Jugend-Hallenmeisterschaft der DDR im Endspiel gegen Schwerin 1:2 unterlagen, habe ich sogar Tränen vergossen.« Besser verlief zwei Jahre später mit der C-Jugend des mittlerweile in Chemnitzer FC umbenannten Verein die Teilnahme an einem prominent besetzten Hallenturnier im schwäbischen Esslingen. Die jungen Sachsen sicherten sich in dem 16er-Feld, dem unter anderem der FC Bayern und TSV 1860 München, 1. FC Köln oder Karlsruher SC angehörten, einen beachtlichen dritten Platz. Daraufhin schrieb die Chemnitzer »Freie Presse« am 22. Januar 1991: »Zu den besten im erfolgreichen CFC-Team gehörte erneut Michael Ballack, der zwar nominell als Torhüter eingesetzt wurde, bei eigenem Ballbesitz aber als zusätzlicher Feldspieler operierte. Seine Meinung zum Turnier und CFC: ›Mit dem Abschneiden bin ich bei solch starken Gegnern schon zufrieden‹.«

Lange Pause wegen Knorpelschaden

Während seiner Jugendzeit beim FC Karl-Marx-Stadt, wo er zumeist die Rolle des Liberos einnahm, der von hinten heraus das Spiel gestaltete, erlebte Michael Ballack zwei einschneidende Begebenheiten, die sein weiteres Leben prägen sollten. Im Frühjahr 1990 den schweren Unfall seines Freundes und Mannschaftskameraden Kevin Meinel, mit dem er gemeinsam von der BSG Motor Fritz Heckert zum FC Karl-Marx-Stadt gewechselt war. Mitten während eines Spiels erlitt Meinel einen Schlaganfall. »Das war schlimm«, erinnerte sich Michael Ballack im »Stern«. »Er war ein sehr guter Fußballer, auch im Mittelfeld, ein großes Talent. Er war am Anfang halbseitig gelähmt und hat lange gesundheitlich damit zu tun gehabt. Das war für einen Jugendlichen schon heftig. Und danach ging's natürlich nicht mehr so mit dem Fußball. Das hat ziemlich lange gedauert, bis da alles wieder in Ordnung kam. Kevin hat, glaube ich, einen normalen Beruf und spielt nebenher Fußball. Wir haben uns leider aus den Augen verloren.«

Zwei Jahre später erwischt es ihn selbst. Mit 16 zog er sich seine bis heute schwerste Verletzung zu: einen komplizierten Knorpelschaden im Knie. Fast die komplette Saison 1992/93 musste er pausieren. Die Karriere war gefährdet, doch der Youngster gab nicht auf. Eisern arbeitete er mit Trainer Ullus Küttner, einer ABM-Kraft, an seinem Comeback: tagtäglich Krafttraining für die Oberschenkelmuskulatur, Wasser-Gymnastik und Physiotherapie. Michael Ballack: »Ich danke noch heute Ullus Küttner und Physiotherapeut Burkhardt Wind für die Unterstützung und die Geduld, die sie für mich aufgebracht haben.«

»Zum Glück gab es den Trainer Ullus Küttner, der eine ABM-Stelle und so viel Zeit hatte, den Patienten zu betreuen. Selten war Geld vom Arbeitsamt besser angelegt.«

Autor Karlheinz Mrazek im Buch »Fußball-Bundesliga: Die besten Spieler« (Copress Verlag)

Fußballerisches Vorbild: Rico Steinmann

Wie auch Michael Ballack hatte Rico Steinmann (Jahrgang 1967) im Mittelfeld sein zu Hause und galt als begnadeter Techniker. »Er ist ein Riesenfußballer, ein überragender Spielmacher, in seiner DDR-Zeit war er sogar besser als Matthias Sammer auf derselben Position«, sagte einst sein Trainer beim 1. FC Köln, Peter Neururer.

Vor und kurz nach der Wende war Steinmann der große Star beim FC Karl-Marx-Stadt bzw. Chemnitzer FC, mit dem sein Vater Rolf 1967 DDR-Meister wurde. Bereits als 18-Jähriger debütierte er in der Oberliga, nur ein Jahr später in der DDR-Auswahl, für die er 23 Länderspiele absolvierte; zuvor wurde er mit den Junioren Europameister. Danach wechselte der junge Sachse, wie fast alle Größen des DDR-Fußballs, in den Westen der Republik und schloss sich für eine Ablösesumme von 3,8 Millionen Mark dem 1. FC Köln an. Die »Geißböcke« statteten ihn mit einem großzügigen Drei-Jahres-Vertrag aus, der ihm 750 000 Mark per annum bescherte.

In der Domstadt erlebte der sensible und verletzungsanfällige Mittelfeldspieler jedoch den großen Karriere-Knick. In sechs Jahren absolvierte er lediglich 139 Bundesliga-Spiele, in denen er zehn Tore erzielte und dreimal vom Platz gestellt wurde. »Er hat nie gelernt, sich durchzusetzen, ihm fehlt das Basiswissen im Überlebenskampf der Bundesliga«, urteilte sein Trainer in Köln, Jörg Berger. Nachdem sich 1996 sein Wechsel zu Hertha BSC Berlin in letzter Sekunde zerschlug, versuchte Steinmann bei Twente Enschede einen Neuanfang. Aber auch in Holland wurde er nicht glücklich und beendete im Jahr 2000 seine aktive Laufbahn. Danach kehrte er als Manager und Vorstandsmitglied zu seinem Heimatverein Chemnitzer FC zurück.

»Steinmann galt als ›Jahrhunderttalent‹«, schrieb Autor Gerhard Claus in seinem Buch »100 Jahre Chemnitzer Fußball« (1999). »Noch Ende der 80er Jahre wurde ihm eine größere Karriere als Matthias Sammer vorausgesagt. Doch hat sich Steinmann so entwickelt, wie wir es uns gewünscht hatten und wie es vielleicht auch möglich gewesen wäre? Sicherlich nicht.«

Aber warum hatte Michael Ballack ausgerechnet Steinmann, und nicht etwa Maradona, Platini oder Rummenigge, die großen Stars der damaligen Zeit, zum Vorbild? Im »Stern« begründete er seine Wahl: »So weit habe ich gar nicht gedacht. Klar habe ich Maradona 1986 bei der WM gesehen, da war ich neun Jahre alt. Aber ich konnte mich nicht mit ihm identifizieren, weil das ein ganz anderer Spielertyp war, so wuselig. Auch vom Auftreten her – nee. Man sucht die Vorbilder viel näher, im eigenen Verein. Als ich zehn war und DDR-Oberliga geguckt habe, war auch das weit weg.«

Zweitliga-Debüt beim Chemnitzer FC

Im Frühjahr 1993 durfte Michael Ballack unter Hans Meyer, Trainer des mittlerweile in Chemnitzer FC umbenannten Klubs, erstmals mit der, in der 2. Bundesliga tätigen, Profimannschaft trainieren. »Der Junge hat im Nachwuchs für mich sichtbar einen richtig guten Weg genommen«, begründete der später durch seine flotten Sprüche bundesweit bekannt gewordene Trainer von Borussia Mönchengladbach und Hertha BSC Berlin seine Maßnahme. Am 3. Dezember 1994, als mittlerweile 18-Jähriger, debütierte Michael Ballack im Zweitliga-Kader: Im Heimspiel gegen Tony Woodcocks VfB Leipzig – der CFC siegte nach Treffern von Steven Zweigler und Heiko Gerber 2:0 – wurde er allerdings nicht eingewechselt. Den Rest der Saison spielte er in der A-Jugend, für die er als Libero beeindruckende 37 Treffer erzielte.

Empfehlung genug. Im Februar 1995 unterzeichnete er bei seinem Heimatverein seinen ersten Profivertrag. Das bescheidene Monatsgehalt: 2500 Mark. Michael Ballack war's egal: »Ich hätte auch für 200, 300 Mark unterschrieben.« Drei Monate später legte er am Chemnitzer Sportgymnasium, wie in Sachsen üblich, schon nach der zwölften Schulklasse ab. Sein beachtlicher Notendurchschnitt: 2,5. Das zunächst vorgesehene Studium – ihn interessierten die Fächer Sportwissenschaft, Sportmanagement und Bauwesen – stellte er zu Gunsten des Fußballs zunächst hinten an.

»Durch sein Talent ist er im Training vielleicht mal etwas lockerer zu Werke gegangen.«

CFC-Coach Christoph Franke über seinen Schützling

Die Chemnitzer »Freie Presse« schrieb am 28. Juli 1995 in ihrer Saisonvorschau: »Mit dem 18-jährigen Riesentalent Michael Ballack hat wieder ein Spieler aus dem eigenen Nachwuchs bereits in jungen Jahren den Sprung in die Profimannschaft geschafft. Vor ihm war das auf diese Weise nur Rico Steinmann und Steffen Heidrich gelungen. Bereits vor einem halben Jahr unterzeichnete er beim CFC seinen ersten Profiver-

Zweitliga-Debüt im CFC-Dress: Michael Ballack als 18-Jähriger

trag, um sich weiter an seinen Heimatverein zu binden. Denn auch Späher aus anderen finanzkräftigen Profivereinen waren schon auf das Talent aufmerksam geworden.«

Michael Ballacks Einstand bei den Zweitliga-Profis verlief jedoch durchwachsen: Zwar wurde er gleich am ersten Spieltag, einem Flutlichtspiel am 4. August 1995 im Chemnitzer Sportforum gegen den VfB Leipzig, in der 78. Minute für René Hecker eingewechselt – der CFC verlor jedoch 1:2 und das viel versprechende Mittelfeld-Talent verbrachte die folgenden sieben Spieltage allesamt auf der Ersatzbank oder Tribüne. Erst am 24. September 1995, beim 2:0-Heimsieg vor 4500 Zuschauern über die Spielvereinigung Unterhaching, fand er bei Trainer Reinhard Häfner wieder Berücksichtigung und kam in der 77. Minute für Richard Culek aufs Feld – das Spiel war zu diesem Zeitpunkt nach Treffern von René Hecker und Silvio Meißner jedoch längst entschieden. Es sollten Michael Ballacks einzige Einsatz-Minuten vor der Winterpause bleiben.

Chemnitzer FC Amateure – Saison 1995/96 (Oberliga Süd)

Tor
Rico Langhof
Steffen Süssner

Abwehr
Ingo Hertzsch
Mario Jurk
Tino Müller
Mario Neuhäuser

Mittelfeld
Waldemar Adamovicz
Michael Ballack
Steffen Dünger
Marco Franke
Matthias Großmann
André Krasselt
Danilo Kunze
Alexander Tetzner
David Wagner

Angriff
Gregor Berger
Tino Illgen
Sven Nönnig
Steven Zweigler

Trainer
Christoph Franke

Abschlusstabelle Oberliga Süd:

		Spiele	Punkte	Tore
1.	VFC Plauen	30	66	50:17
2.	Chemnitzer FC Amateure	30	56	69:28
3.	FC Carl-Zeiss Jena	30	55	49:31
4.	Dresdner SC	30	54	52:29
5.	VfB Chemnitz	30	50	45:27
6.	FV Zeulenroda	30	49	52:42
7.	1. Suhler SV 06	30	45	35:35
8.	Meißner SV	30	43	39:37
9.	VfL Halle	30	40	43:40
10.	FSV Hoyerswerda	30	40	33:30
11.	Bornaer SV	30	36	31:31
12.	SC Weimar	30	36	28:46
13.	FC Wernigerode	30	31	30:58
14.	SV Merseburg 99	30	25	28:55
15.	FSV Brieske	30	24	32:55
16.	1. SV Gera	30	5	15:70

Aufschwung im Frühjahr

Den Großteil der Hinrunde (elf Einsätze, drei Tore) verbrachte er unter Trainer Christoph Franke in der überraschend starken Amateur-Mannschaft des CFC in der

Oberliga Süd des Nordostdeutschen Fußballverbandes (NOFV). Die CFC-Amateure schlossen die Saison als Tabellen-Zweiter ab und durften nur deshalb nicht die Relegationsspiele für die Regionalliga Nord-Ost bestreiten, weil die »Erste« aus der 2. Bundesliga genau in diese Klasse abstieg.

Deutlich besser lief es für Michael Ballack in der Rückserie: Bei den Auftaktniederlagen in Meppen (0:2) und gegen Berlin (1:2) wurde er jeweils in der Schlussphase eingewechselt und machte seine Sache ordentlich. Am 23. März 1996 beim 1:1-Unentschieden am 22. Spieltag in Nürnberg stand er schließlich erstmals in der Anfangself – und durfte vor 15 500 Zuschauern die kompletten 90 Minuten durchspielen. »Vor allem in der ersten Halbzeit deutete der etwas schlaksig wirkende Schwarzkopf an, welche Qualitäten in ihm stecken«, kommentierte die Chemnitzer »Freie Presse« das erste »richtige« Zweitliga-Spiel des im defensiven Mittelfeld eingesetzten 19-Jährigen. »Mit einem hervorragenden Auge ausgestattet, stoppte Ballack ein ums andere Mal die Nürnberger Angriffsbemühungen, ergatterte den Ball und spielte mehrfach mit gelungener Kopfballabwehr seine idealen körperlichen Voraussetzungen aus.« Der Youngster sagte über seinen Auftritt: »Die erste Halbzeit war ganz gut, später hat mir dann

Chemnitzer FC – Saison 1995/96 (2. Bundesliga)

Tor
Alexander Kunze
Jens Schmidt
Jörg Weissflog

Abwehr
Torsten Bittermann
Richard Culek
Steffen Dünger
Thomas Laudeley
Jens Melzig
Andrej Panadic
Jens Wahl

Mittelfeld
Michael Ballack
Heiko Gerber
René Hecker
Silvio Meißner
Goran Milanko
Olaf Renn
Lutz Wienhold

Angriff
Ilja Aracic
Henri Fuchs
Torsten Gütschow
Sven Köhler

Trainer
Reinhard Häfner/Christoph Franke

Abschlusstabelle 2. Bundesliga:

		Spiele	Punkte	Tore
1.	VfL Bochum	34	69	68:30
2.	Arminia Bielefeld	34	57	55:45
3.	MSV Duisburg	34	56	55:37
4.	SpVgg Unterhaching	34	52	52:38
5.	FSV Zwickau	34	49	39:48
6.	Carl Zeiss Jena	34	48	49:54
7.	Waldhof Mannheim	34	46	49:47
8.	Fortuna Köln	34	46	37:37
9.	VfB Leipzig	34	45	35:49
10.	SV Meppen	34	44	45:43
11.	FSV Mainz 05	34	44	37:41
12.	VfL Wolfsburg	34	44	41:46
13.	VfB Lübeck	34	44	40:45
14.	Hertha BSC	34	42	37:35
15.	Chemnitzer FC	34	42	43:51
16.	Hannover 96	34	37	38:48
17.	1. FC Nürnberg	34	33	33:40
18.	Wattenscheid 09	34	31	38:57

Premiere in der U-21-Nationalmannschaft: Michael Ballack hielt als Libero die Null.

einfach die Kraft gefehlt.« Bemerkenswert: Auf der Gegenseite wirkten mit Samuel Kuffour, Robert Kovac und Frank Baumann drei Spieler mit, die später seine Mannschaftskameraden bei Bayer 04 Leverkusen, dem FC Bayern oder der Nationalmannschaft werden sollten. Es war nicht die einzige gute Nachricht für den 19-Jährigen: Bernd Stöber, Trainer der U-21-Nationalmannschaft, nominierte ihn für das Duell gegen Dänemark drei Tage später in Regensburg. Michael Ballack, im Jahnstadion auf der Liberoposition eingesetzt, hielt hinten zwar die Null, blieb im Offensivspiel allerdings blass. Am Ende trennten sich beide Teams torlos.

Absturz in der Tabelle

15 Mal stand Michael Ballack in der Saison 1995/96 für die »Himmelblauen«, so der inoffizielle Beiname des CFC, auf dem Feld, spielte fünfmal von Beginn an und wurde dreimal ausgewechselt. Von seiner heutigen Torgefährlichkeit war damals noch nicht viel zu sehen: Er konnte keinen Treffer erzielen und auch keinen vorbereiten; drei Gelbe Karten waren seine einzige statistische Ausbeute. Auch für die Mannschaft verlief die Saison durchwachsen. Lange Zeit hielten die Chemnitzer gut mit. Nach dem 27. Spieltag rangierten sie sogar auf Platz sechs, im DFB-Pokal waren sie erst im Achtelfinale am Erstligisten Fortuna Düsseldorf (1:3) gescheitert.

»Michael hat für den CFC auf Geld, möglicherweise viel Geld, verzichtet. Ich fand dies bemerkenswert, weil wir es mit einem Jungen zu tun hatten, der sich seines Weges bewusst war.«

Ex-CFC-Coach Hans Meyer, später Bundesliga-Trainer bei Borussia Mönchengladbach und Hertha BSC Berlin, nach dem Chemnitzer Abstieg in die Regionalliga

Nach fünf Niederlagen in Folge musste der CFC zu Saisonende jedoch auf einmal noch um den Klassenverbleib bangen. Chaos machte sich breit: Nach einer 0:3-Heimklatsche gegen den FSV Mainz 05 wurde Trainer Reinhard Häfner entlassen und der bisherige Assistent Christoph Franke zum Interimschef befördert. »Michael Ballack hatte die größte Torchance. Aber irgendwie standen seine eigenen Beine im

Weg, als er den Ball im Strafraum vertändelte«, schrieb die Chemnitzer »Freie Presse« in ihrem Nachbericht.

Am 34. und letzten Spieltag der Saison kam es zu einem Fernduell mit den heutigen Bundesligisten FSV Mainz 05 und Hertha BSC Berlin um den rettenden 14. Tabellenplatz. Mainz befreite sich mit einem 1:0-Heimsieg über den längst als Aufsteiger feststehenden VfL Bochum aus dem Abstiegsstrudel. Hertha BSC kam zwar bei Schlusslicht Wattenscheid nicht über ein torloses Remis hinaus – doch der eine Punkt reichte den Hauptstädtern. Sie hatten gegenüber dem CFC, der den VfB Lübeck mit 2:1 besiegte, die um zehn Treffer bessere Tordifferenz. Chemnitz musste als einer von vier Klubs den bitteren Gang in die Regionalliga antreten (außerdem stiegen ab: die heutigen Bundesligisten Hannover 96 und 1. FC Nürnberg sowie die SG Wattenscheid 09). Michael Ballack brummte im letzten Saisonspiel die kompletten 90 Minuten auf der Ersatzbank. »Die größte Niederlage meiner Karriere als Fußballer«, sagt er noch heute über den letzten Spieltag der Saison 1995/96.

Abgefangen: Michael Ballack verhindert im Spiel der Regionalliga Nordost eine Flanke des Erfurters Jan Wehrmann.

»Ehrenrunde« in der Regionalliga

Trotz des Abstieges hielt der junge Mittelfeldakteur den Sachsen auch in der folgenden Spielzeit die Treue und schnürte in der Regionalliga für den CFC die Stiefel. Dabei hatte schon der eine oder andere Bundesliga-Manager seine Fühler nach Chemnitz ausgestreckt und sich telefonisch nach dem Mittelfeld-Techniker erkundigt. Anders als heute war die dritte Liga damals noch viergleisig in den Staffeln Nord, Nord-Ost, West und Süd organisiert, entsprechend niedriger war das sportliche und organisatorische Niveau anzusiedeln und entsprechend tief war der Fall aus der zweiten in die dritte Liga.

Der CFC kürzte seinen Saisonetat um rund die Hälfte auf 4,2 Millionen Mark, die Mannschaft wurde mit 13 Abgängen und zehn Zugängen neu formiert; unter anderem verließen die Leistungsträger Heiko Gerber und Silvio Meißner (beide zu

Arminia Bielefeld) den Verein. Am 22. Juni 1996 schrieb die Chemnitzer »Freie Presse«: »Kleiner Lichtblick beim Ausverkauf des Zweitliga-Absteigers Chemnitzer FC. Michael Ballack verlängerte gestern seinen Vertrag bei den Himmelblauen. Der 19-jährige U-21-Auswahlspieler gilt als großes Talent und durfte bereits in der vergangenen Saison Zweitliga-Luft schnuppern.«

Die Vorbereitung auf die neue Saison verlief viel versprechend: In einem Freundschaftsspiel wurde der gerade durch Deutschland tourende, italienische Spitzenklub Lazio Rom (mit dem tschechischen Weltklasse-Kicker Pavel Nedved) 2:1 besiegt. Michael Ballack bereitete die 1:0-Führung durch Ilja Aracic mit einer Flanke mustergültig vor. Das Präsidium gab den sofortigen Wiederaufstieg als Zielsetzung aus. Vor allem die Rückkehr nach fünf Spielzeiten im ungeliebten Sportforum in das heimische, mit 300 000 Mark renovierte Stadion an der Gellertstraße sollte dem Team Schwung verliehen.

»Ich schließe nicht aus, dass einer der jungen Leute schnell von sich reden macht.«

CFC-Coach Christoph Franke unmittelbar vor Saisonstart 1996/97

Christoph Franke, der zwischenzeitlich vom Interims- zum Cheftrainer befördert wurde, warnte allerdings vor übertriebenen Erwartungen und der neuen Spielklasse: »Dass keine Stars mehr im Team sind, sehe ich nicht unbedingt als Nachteil. In der Mannschaft stecken mehr Potenzial als im vergangenen Jahr. Uns fehlen aber noch die Vergleiche. Nach etwa fünf Spielen werden wir wissen, wo wir stehen.«

Aus Ballack wird Balakov

Zu Saisonbeginn setzte es zwei 0:1-Niederlagen: In der ersten Runde des DFB-Pokals mussten sich die Himmelblauen zu Hause Waldhof Mannheim geschlagen geben (die Partie wurde von schweren Krawallen überschattet). Mit dem gleichen Ergebnis verloren sie zum Regionalliga-Auftakt beim FC Erzgebirge Aue. Danach fasste die Mannschaft in der neuen Spielklasse aber relativ schnell Fuß und etablierte sich im vorderen Tabellendrittel. Beim 4:0-Triumph am dritten Spieltag über den FC Sachsen Leipzig trug sich Michael Ballack erstmals in die Torschützenliste ein: Nach Vorlage von Jens Wahl traf er zum 3:0 (68. Minute). Zweimal, nach einem 2:0-Erfolg über Rot-Weiß Erfurt am 23. Spieltag und einem 2:0-Auswärtssieg drei Spieltage später bei Schlusslicht FSV 90 Velten, rangierte der CFC sogar auf dem zweiten Tabellenplatz.

Michael Ballack spielte sich mit seiner spektakulären und engagierten Spielweise zunehmend in die Herzen der Zuschauer. Von seinen Mitspielern wurde er auf Grund seiner technischen Klasse und seinen schwarzen Haaren »Balakov« getauft – als Anspielung auf den Bulgaren Krassimir Balakov vom VfB Stuttgart, den überragenden Bundesliga-Spielmacher zu dieser Zeit. Wegen eines Schlüsselbeinbruches musste der Jungstar im Winter zwei Monate pausieren. Bei seiner Rückkehr am 22. Februar 1996, einem 1:0 vor 6500 Zuschauer über Dynamo Dresden, gehörte er aber sofort wieder zu den Besten. Die Chemnitzer »Freie Presse« berichtete: »Michael Ballack war sich diesmal für die fußballerische Drecksarbeit nicht zu schade. Der 19-Jährige grätschte und haute dazwischen, dass einigen Besuchern regelrecht der Mund offen stand.«

Letztendlich reichte es für den CFC aber nur zu Tabellenrang vier hinter Aufsteiger FC Energie Cottbus, FC Erzgebirge Aue und Rot-Weiß Erfurt.

Michael Ballack erzielte in 34 Einsätzen zehn Tore. Für Unruhe sorgten immer wieder die finanziellen Probleme des Vereins. Schon in der Winterpause wurde Routinier Jens Wahl zum FC St. Gallen in die Schweiz abgegeben, um mit der Ablösesumme die akuten Löcher zu stopfen. Im Frühjahr allerdings eskalierte die Situation. »Sensenmann klopft an CFC-Tür«, titelte die »Freie Presse« am 28. Mai. Laut Zeitungsbericht beliefen sich die Verbindlichkeiten des Vereins auf rund 3,5 Millionen Mark. Neben dem Rückgang der Fernseh-Gelder von 4,0 Millionen auf 100 000

Chemnitzer FC – Saison 1996/97 (Regionalliga Nord-Ost)

Tor:
Ralph Kircheis
Jens Schmidt
Jörg Weißflog

Abwehr:
Ingo Hertzsch
Thomas Laudeley
Mario Neuhäuser
Torsten Reichelt
Jens Wahl

Mittelfeld:
Michael Ballack
Gregor Berger
Torsten Bittermann
Richard Culek
Matthias Großmann
Kay-Uwe Jendrossek
Sven Köhler
Alexander Tetzner
Lutz Wienhold

Angriff:
Ilja Aracic
Thomas Leonhardt
Mirko Ullmann
David Wagner

Trainer:
Christoph Franke

Abschlusstabelle Regionalliga Nord-Ost:

		Spiele	Tore	Punkte
1.	FC Energie Cottbus	34	80:17	82
2.	FC Erzgebirge Aue	34	60:32	71
3.	FC Rot-Weiß Erfurt	34	80:39	66
4.	Chemnitzer FC	34	60:27	64
5.	1. FC Union Berlin	34	51:37	62
6.	Tennis Borussia Berlin	34	60:27	61
7.	1. FC Dynamo Dresden	34	57:38	57
8.	EFC Stahl	34	56:57	49
9.	FC Sachsen Leipzig	34	61:52	46
10.	VFC Plauen	34	44:50	44
11.	FSV Lok/Altmark Stendal	34	38:34	43
12.	FSV Wacker 90 Nordhausen	34	41:62	36
13.	FC Berlin	34	29:48	35
14.	Reinickendorfer Füchse	34	32:42	32
15.	Hertha 03 Zehlendorf	34	26:52	27
16.	Spandauer SV	34	33:72	25
17.	SC Charlottenburg	34	29:74	17
18.	FSV 90 Velten	34	25:102	17

Ausgespielt: Michael Ballack umdribbelt Gegenspieler Steven Zweigler von Erzgebirge Aue.

Mark machten den Sachsen vor allem Nachzahlungen bei der Berufsgenossenschaft zu schaffen. »Der CFC steht kurz vor der Zahlungsunfähigkeit«, musste Verwaltungsrat Peter Naujokat bei einer kurzfristig einberufenen Pressekonferenz einräumen. Der Verein war also gezwungen, sein »Tafelsilber«, zu dem zweifelsohne Jungstar Michael Ballack gehörte, zu verkaufen.

Wechsel nach Kaiserslautern

Mehrere Bundesligisten, unter anderem Borussia Mönchengladbach und Werder Bremen sowie Absteiger 1. FC Kaiserslautern zeigten reges Interesse an einer Verpflichtung des U-21-Nationalspielers, Anfragen lagen auch vom Hamburger SV und TSV 1860 München vor. Michael Ballack zeigte sich durchaus wechselwillig: »Warum soll ich es nicht machen? Ich will meine Chance nutzen«, machte der Profi seine Wechselabsichten schon Mitte März bei einem Fanstammtisch des CFC publik. Im »kicker«-Interview sagte er: »Jetzt soll es sich endlich auszahlen, dass ich seit 13 Jahren bis zu siebenmal in der Woche trainiere. Da muss man sich auf eine solche Chance freuen und darf sie sich nicht durch Nervosität oder Angst verderben.«

»Ich habe hier eine optimale schulische und sportliche Ausbildung von kompetenten Leuten erhalten, habe hier meinen Freundeskreis – das alles werde ich sehr vermissen.«

Michael Ballack bei seinem Wechsel von Chemnitz nach Kaiserslautern im Juli 1997

Mit Wolfgang Vöge hatte sich Michael Ballack inzwischen einem professionellen Berater angeschlossen, der sich um seine Belange kümmerte. Stephan Dürrschmidt, ehemaliger Pressesprecher des CFC und für Vöge als Talentspäher im Osten der Republik unterwegs, hatte den Jung-Profi an den ehemaligen Bundesliga-Profi von Borussia Dortmund und Bayer 04 Leverkusen vermittelt. Bei Vöge befand sich der jungen Chemnitzer in illustrer Gesellschaft prominenter Klienten wie HSV-Torhüter Richard Golz, Bremens Libero Hany Ramzy oder Kaiserslauterns Brasilianer Ratinho.

Nicht nur die »Freie Presse« hegte jedoch Zweifel an der Bundesliga-Tauglichkeit des 20-Jährigen: »Über eines muss sich Ballack im Klaren sein«, schrieb das Blatt.

»Die Bäume wachsen für ihn noch nicht in den Himmel. Nach seinen sporadischen Einsätzen letzte Saison in der 2. Bundesliga hat der Schwarzkopf gerade mal ein halbes Jahr ›Härtetest‹ im Männerbereich hinter sich.« Michael Ballack nahm die kritischen Stimmen, die ihm eine weitere Saison als Führungsspieler bei seinem Heimatklub ans Herz legten, durchaus ernst: »Ich bin mir schon im Klaren, dass es zu Beginn auch Auswechselbank oder Amateurteam bedeuten kann.«

Berater Vöge stellte die Weichen

Dass er sich unter den Angeboten letztlich für Kaiserslautern entschied, kam wenig überraschend. Berater Vöge verband eine enge Freundschaft zu Otto Rehhagel, dem Trainer der »Roten Teufel« (Vöge spielte von 1976 bis 1978 unter Trainer Rehhagel bei Borussia Dortmund) und dieser bediente sich bevorzugt aus Vöges Portfolio (das Magazin »11 Freunde« bezeichnete beide sogar als »Busenfreunde«). Zudem zeigte Rehhagel von allen Interessenten das größte Interesse und lud Michael Ballack und dessen Eltern bereits Anfang März nach Kaiserslautern ein, um sich von den Spiel- und Trainingsbedingungen auf dem Betzenberg einen persönlichen Eindruck zu verschaffen. Dieser fiel durchweg positiv aus. Michael Ballack: »Viele Spieler aus dem Westen haben über unsere guten Bedingungen in Chemnitz gestaunt. Doch in Kaiserslautern ist alles noch mehr als einen Zahn schärfer.«

Vor allem von seinem neuen Vorgesetzten Otto Rehhagel zeigte sich der 1,89-Meter-Mann angetan: »Seine Ausstrahlung und seine Persönlichkeit haben mich sofort fasziniert. Er hat sich persönlich um mich bemüht, hat mit meinen Eltern gesprochen und sich dann auch weiter um mich gekümmert.« Die Entscheidung war gefallen, Vöge handelte mit dem 1. FCK einen, allerdings nur für den Fall des Bundesliga-Aufstieges gültigen Drei-Jahres-Vertrag aus – und den ohne die von Christoph Franke erhoffte Klausel für ein Leihgeschäft: Nach Vorstellung des CFC-Trainers sollte Michael Ballack von den Pfälzern zunächst noch eine weitere Saison bei seinem Heimatverein »geparkt« werden, um Spielpraxis zu sammeln.

Eine weitere Rolle für Michael Ballacks Wechsel in die Pfalz spielte U-21-Nationaltrainer Hannes Löhr, der vom einzigen Regionalliga-Profi in seinen Reihen einen möglichst hochklassigen Arbeitgeber forderte, bei dem er auch eingesetzt werde. »In Kaiserslautern«, sagte Michael Ballack, »ist die Chance am größten, dass ich nicht der 25. im Team bin.« Der Chemnitzer FC erhielt vom Bundesliga-Rückkehrer eine Ausbildungsentschädigung in Höhe von 150 000 Mark.

»Neuer Mann am Betzenberg: Auf den Spuren von Balakov. Michael Ballack zählt zu den hoffnungsvollsten Talenten im deutschen Fußball.«

Der »kicker« nach Michael Ballacks Vertragsunterschrift in Kaiserslautern

Harte Lehrzeit bei den »Roten Teufeln«

Gut gelaunt und selbstbewusst (»Die Konkurrenz in der Mannschaft schreckt mich nicht ab. Die anderen kochen auch nur mit Wasser. Ich werde mich im Training so reinhängen, dass mich Trainer Rehhagel nicht übersehen kann«) trat Michael Ballack im Juli 1997 seinen Dienst in Kaiserslautern an, wo er im Vorort Otterbach ein schmuckes Appartement bezog. Akribisch hatte er sich auf seine erste Bundesliga-Saison vorbereitet: Statt im Urlaub auf der faulen Haut zu liegen, arbeitete er an seiner Kondition und drehte er gemeinsam mit seinem Ex-Mannschaftskameraden Jens Wahl tagtäglich im Sportforum seine Runden. Dass vor ihm andere ehemalige »Ossis« (Rainer Ernst, Dirk Anders, Mario Kern) beim 1. FCK gescheitert waren, machte ihm nichts aus: »Ich beschäftige mich nie mit Angelegenheiten, die ich nicht einschätzen kann. Ob ich dort bestehen werde oder nicht, wird garantiert nicht an ehemals gescheiterten Spielern liegen«, sagte der 20-Jährige im »kicker«.

Otto Rehhagel war es auch, der den jungen Sachsen, erstmals in seinem Leben fern der Heimat, behutsam aufbaute. »Besonders privat war das eine schwierige Umstellung, weil ich zum ersten Mal von zu Hause fort war. Ich war auf mich allein gestellt«, erinnerte sich Michael Ballack im »Stern«-Interview an seine ersten Tage und Wochen in der Pfalz zurück. »Sportlich war es ein großer, wichtiger Schritt nach vorn, schließlich wechselte ich von einem Regionalligisten zu einem der Top-Klubs des ganzen Landes.«

»Ich habe ihm immer gesagt: ›Ich kritisiere nur deine Leistung. Als Mensch bist du mir heilig, und ich liebe dich‹.«

Trainer Otto Rehhagel über seinen Schützling

Auf den Tag genau ein Jahr nach dem ersten Bundesliga-Abstieg ihrer Vereinsgeschichte, hatten die »Roten Teufel« am 18. Mai 1997, bereits vier Spieltage vor Saisonende, die sofortige Rückkehr in die Beletage perfekt gemacht. Um einen ähnlichen »Betriebsunfall« (BILD am SONNTAG) wie im Vorjahr zu vermeiden, wurden 13 Millionen Mark in Neueinkäufe investiert. Neben Michael Ballack kam der bulgarische Nationalstürmer Marian Hristov (Levski Sofia), der tschechische Torhüter Petr Kouba (Deportivo La Coruña), der ungarische Innenverteidiger Janos Hrutka (Ferencvaros Budapest) und der einst zum erweiterten DFB-Kader gehörende Mittelfeldspieler Andreas Buck aus Stuttgart, mit dem Michael Ballack fortan im Trainingslager das Zimmer teilte. Der Schweizer Ciriaco Sforza, zwischen 1993 und 1995 schon einmal am Betzenberg tätig, wurde für sechs Millionen von Inter Mailand zurückgeholt – der teuerste Einkauf der Klubgeschichte.

Michael Ballack hatte in Kaiserslautern die für einen Bundesliga-Neuling durchaus üblichen Anlaufschwierigkeiten. In der Hinrunde kam er auf lediglich drei Einsätze; und im Training wurden ihm von Otto Rehhagel schon mal die Leviten gelesen: »Zu lässig«. Eine harte Lehrzeit für den jungen Spieler, der sich am Betzenberg doch so viel vorgenommen hatte.

Bundesliga-Debüt im Wildpark

Mit sechs Siegen (darunter einem 1:0 zum Auftakt beim FC Bayern) und einem Unentschieden starteten die »Roten Teufel« so gut in die Saison wie noch nie zuvor ein Aufsteiger. Und Rehhagel sah keine Notwendigkeit, von seiner bewährten Mittelfeldachse mit Ciriaco Sforza, Andreas Buck, Martin Wagner und Ratinho abzurücken. Michael Ballack verbrachte die Hinrunde zumeist in der Amateurmannschaft, die in der Regionalliga Südwest an den Start ging. Auch sein Einsatz in der U-21-Natioalmannschaft beim 1:1-Unentschieden Anfang September in Frankfurt/Oder gegen Portugal bedeutete einen Schritt zurück. Der »kicker« berichtete: »Michael Ballack fehlte, untern den Augen seiner eigens angereisten Eltern, die Spritzigkeit und Dynamik, die ihn in der vergangenen Saison ausgezeichnet hatte.«

»Micha unterlag in jungen Jahren starken Formschwankungen, Stabilität und Leistungskonstanz waren nicht gegeben. Das war eine Mentalitätsfrage. Er musste erst lernen, sich durchzubeißen.«

Michael Ballacks erster Trainer Steffen Hänisch zu den Anlaufschwierigkeiten seines Ex-Schützlings im Profi-Fußball

Am Freitag, 19. September, eine Woche vor seinem 21. Geburtstag, wurde er im Flutlichtspiel vor 33 000 Zuschauern im Karlsruher Wildpark, erstmals ins Bundesligateam eingewechselt: Vier Minuten vor Spielende kam er beim Spielstand von 3:2 für Ratinho. Kaiserslautern gewann durch einen weiteren Treffer von Marco Reich in der Nachspielzeit 4:2. Auf seinen nächsten Einsatz musste der junge Sachse fast einen Monat warten: Am 18. Oktober, beim 1:1 bei Bayer 04 Leverkusen, kam er sechs Minuten vor Schluss für Harry Koch. Sein vorerst letzter Einsatz in der Vorrunde, die Kaiserslautern mit zwölf Siegen, drei Unentscheiden und nur zwei Niederlagen völlig überraschend mit dem inoffiziellen Titel des Herbstmeisters beendete, war am 22. November bei der 1:2-Niederlage beim VfL Wolfsburg, als er sieben Minuten vor Ende Abwehrchef Miroslav Kadlec ablöste.

Schönspieler mit guten Haltungsnoten: Michael Ballack hatte lange Zeit mit Vorurteilen zu kämpfen.

»Am Anfang war ich enttäuscht und frustriert und überlegte mir, wieder wegzugehen« sagte Michael Ballack später über seine geringen Einsatzzeiten. »Aber im Nachhinein betrachtet, war es genau richtig, dass mich Otto Rehhagel Stück für Stück eingebaut hat. Ich musste mich zunächst anpassen an das höhere Niveau in der Bundesliga.« Zwar eilte Rehhagel der Ruf voraus, mit jungen Spielern nicht umgehen zu können – Michael Ballack hatte jedoch nie den Eindruck, von seinem Vorgesetzten im Stich gelassen worden zu sein: »Das Umfeld hat die ganze Zeit gestimmt, dann kommt auch irgendwann die Leistung.« Trotz des Reservistendaseins brachte ihn BILD Mitte Oktober erstmals mit der Nationalmannschaft in Verbindung. Im Hinblick auf die bevorstehende Weltmeisterschaft in Frankreich riet das Blatt Bundestrainer Berti Vogts: »Jetzt muss Vogts Talente sichten. In Frage kämen Kai Michalke, Markus Schroth, Michael Ballack oder Andreas Neuendorf.« Stürmer Michalke spielte seinerzeit beim VfL Bochum, Kopfball-Spezialist Schroth beim Karlsruher SC und Mittelfeldstratege Neuendorf in Leverkusen.

»Bisher keine Chance bei den Profis: Ballack tritt auf der Stelle.«

»kicker« vom 1. September 1997

Gelb-Rot im Weserstadion

In der Rückrunde rückte Michael Ballack immer stärker in den Mittelpunkt und kam auf zwölf weitere Einsätze. Beim 1:1 gleich im ersten Spiel nach der Winterpause bei Schalke 04 durfte er die komplette zweite Halbzeit mitwirken; vom Fachblatt »kicker« erhielt er die Note 4. Beim 1:1 in Bremen kam er sogar schon nach 22 Minuten für den verletzten Andreas Buck aufs Feld. »Berg- und Talfahrt für Ballack«, titelte der »kicker« in seiner Nachberichterstattung. Was war passiert? Schon nach wenigen Minuten wurde der Mittelfeldakteur nach einem Foul an Andreas Herzog von Schiedsrichter Weber (Essen) mit der Gelben Karte verwarnt. In der 70. Minute flog er nach einer weiteren Attacke an Bernhard Trares mit Gelb-Rot vom Platz. Dazwischen nutzte er jedoch die Chance, für sich zu werben, und erhielt vom

Erster Platzverweis der Bundesliga-Karriere: Schiri Weber zeigt Michael Ballack beim Auswärtsspiel in Bremen Gelb-Rot.

»kicker«, als bester Kaiserslauterer, die Note 2. »Schade, der Feldverweis und die daraus resultierende Spielsperre werfen mich natürlich zurück«, haderte der Jung-Profi mit sich selbst. »So richtig realisiert man das erst hinterher. Und in Überzahl hätten wir vielleicht gewonnen.«

Auch sein erster Einsatz in der Anfangself, am 28. März im Fritz-Walter-Stadion gegen Bayer 04 Leverkusen, verlief nicht optimal (»kicker«-Note 3,5): Gegen den Werksklub kassierte der 1. FCK mit 0:3 eine von nur zwei Heimniederlagen der Saison. Trotzdem zeigte sich Trainer Otto Rehhagel immer mehr angetan von der Vielseitigkeit des 21-Jährigen, den er überall im Mittelfeld einsetzen konnte. Je länger die Saison dauerte, umso größer wurde sein Vertrauen. Michael Ballack kam noch zwei weitere Partien von Beginn an zum Einsatz, die »Roten Teufel« gaben die Pole Position in der Tabelle bis Saisonende nicht mehr ab und wurden als erster Aufsteiger in der Bundesliga-Geschichte Meister. Nach einem 4:0-Erfolg über den VfL Wolfsburg durften die Pfälzer bereits am vorletzten Spieltag im heimischen Fritz-Walter-Stadion den Titelgewinn bejubeln; Michael Ballack stand von Beginn an im defensiven Mittelfeld auf dem Feld. Nach Abpfiff sagte er: »Der schönste Sieg meiner Karriere.«

1. FC Kaiserslautern Amateure – Saison 1997/98 (Regionalliga West/Südwest)

Tor
Thomas Antes
Mirko Bitzer
Gerald Ehrmann

Abwehr
Stefan Caporaso
Jörg Grubert
Rainer Hauck
Sascha Hild-mann
Thomas Lechner
Roger Lutz
Sven Neumann
André Schmitt
Rüdiger Ziehl

Mittelfeld
Michael Ballack
Michael Berndt
Stefan Ertl
Brandon Fonseca
Peter Kobel
Björn Krieghäuser
Alexander Kutz
Marc Meyer
Pascal Ojigwe
Thomas Riedl
Steffen Volz
Tobias Weis

Angriff
Daniel Graf
Jesus Junior
Sascha Koch
Marco Reich
Frank Weber

Trainer
Stefan Majewski

Abschlusstabelle Regionalliga West/Südwest:

		Spiele	Tore	Punkte
1.	Rot-Weiß Oberhausen	34	66:31	71
2.	Sportfreunde Siegen	34	69:37	65
3.	FC Homburg	34	70:38	59
4.	1. FC Saarbrücken	34	70:43	59
5.	Eintracht Trier	34	56:41	54
6.	LR Ahlen	34	62:52	51
7.	Alemannia Aachen	34	62:46	49
8.	Preußen Münster	34	57:48	49
9.	SC Paderborn 07	34	61:37	48
10.	SC Verl	34	52:56	47
11.	1. FC Kaiserslautern Amat.	34	45:46	46
12.	Wuppertaler SV	34	49:58	43
13.	FC Remscheid	34	40:55	38
14.	FSV Salmrohr	34	33:66	37
15.	SpVgg Erkenschwick	34	41:69	36
16.	Bonner SC	34	34:65	35
17.	Rot-Weiß Essen	34	41:80	30
18.	FC Germania Teveren	34	32:72	24

Meister mit dem 1. FCK

Obwohl zumeist nur Einwechselspieler, schloss Michael Ballack die Saison im »kicker«-Ranking mit einer beachtlichen Durchschnittsnote von 2,9 als drittbester Pfälzer hinter Torjäger Olaf Marschall (2,6) und Andreas Buck (2,8) ab. Insgesamt 627 Minuten kam er in der Kaiserslauterer Meistermannschaft zum Einsatz. Hinzu kommen 90 Minuten im DFB-Pokal, wo er beim 5:0-Erfolg in der ersten Runde gegen die eigene Amateurmannschaft mitwirken durfte, allerdings keine Akzente setzen konnte. In den folgenden Pokalrunden gegen den 1. FC Saarbrücken (4:0) und FC Bayern München (1:2) fand er allerdings keine Berücksichtigung mehr. Im Profiteam blieb der Youngster ohne Treffer. Seine Torjäger-Qualitäten stellte er dafür in der zweiten Mannschaft in der Regionalliga Südwest unter Beweis, in der er mit acht Treffern zum erfolgreichsten Schützen avancierte – und das, obwohl er in der gesamten Rückrunde, auf Grund der Terminüberschneidungen mit der Bundesliga, nur noch dreimal eingesetzt wurde.

»Riesenjungs«, sagte Rehhagel über seine Youngsters Michael Ballack (21) und Marco Reich (20). »Wenn beide tüchtig an sich arbeiten, sind sie die Nationalspieler von morgen. Michael ist technisch stark, schießt beidfüssig, erinnert mit seinem Laufstil ein bisschen an den jungen Franz Beckenbauer.« Der Fußball-Lehrer dachte zeitwillig sogar darüber nach, die zu Saisonende freiwerdende Position des Liberos – Routinier Miroslav Kadlec kehrte in seine Heimat zurück – mit dem jungen Sachsen zu besetzen: »Der Junge hätte das Zeug dazu.«

Der »Kaiser« selbst lobte den Senkrechtstarter der Rückrunde ebenfalls. In seiner BILD-Kolumne schrieb er: »Ich habe in dieser Saison Talente gesehen, die große Perspektiven haben. An erster Stelle Michael Ballack, den Kaiserslautern beim Chemnitzer FC entdeckte. Ein eleganter und intelligenter Spieler, dieser Libero der U 21. Er ist erst 21 Jahre alt und wird seinen Weg gehen.« Ballack und die beiden Münchner Carsten Jancker und Dietmar Hamann bezeichnete Beckenbauer als »meine drei Aufsteiger der Saison.«

1. FC Kaiserslautern – Saison 1997/98 (1. Bundesliga)

Tor
Peter Kouba
Andreas Reinke
Lajos Szücs

Abwehr
Janos Hrutka
Miroslav Kadlec
Harry Koch
Roger Lutz
Axel Roos
Oliver Schäfer
Michael Schjönberg

Mittelfeld
Michael Ballack
Andreas Brehme
Andreas Buck
Frank Greiner
Marian Hristov
Pascal Ojigwe
Ratinho
Thomas Riedl
Ciriaco Sforza
Martin Wagner

Angriff
Stefan Ertl
Pavel Kuka
Olaf Marschall
Marco Reich
Jürgen Rische

Trainer
Otto Rehhagel

Abschlusstabelle Bundesliga:

		Spiele	Tore	Punkte
1.	1. FC Kaiserslautern	34	63:39	68
2.	FC Bayern München	34	69:37	66
3.	Bayer 04 Leverkusen	34	66:39	55
4.	VfB Stuttgart	34	55:49	52
5.	Schalke 04	34	38:32	52
6.	Hansa Rostock	34	54:46	51
7.	Werder Bremen	34	43:47	50
8.	MSV Duisburg	34	43:44	44
9.	Hamburger SV	34	38:46	44
10.	Borussia Dortmund	34	57:55	43
11.	Hertha BSC Berlin	34	41:53	43
12.	VfL Bochum	34	41:49	41
13.	TSV 1860 München	34	43:54	41
14.	VfL Wolfsburg	34	38:54	39
15.	Borussia Mönchengladbach	34	54:59	38
16.	Karlsruher SC	34	48:60	38
17.	1. FC Köln	34	49:64	36
18.	Arminia Bielefeld	34	43:56	32

Nach WM im Blickfeld der Nationalmannschaft

Die WM in Frankreich erlebte Michael Ballack zu Hause in Chemnitz am TV-Schirm mit. Nach dem frühen Scheitern Deutschlands, bereits im Viertelfinale mit 0:3 gegen Kroatien, fiel sein Name immer häufiger im Zusammenhang mit der nötigen Verjüngung der DFB-Auswahl, mit durchschnittlich 29,7 Jahren ältestes Team des gesamten Turniers. Die angesehene »Süddeutsche Zeitung« etwa schrieb: »Zweifellos braucht das künftige

Marco Reich – das ewige Talent

Beim 1. FC Kaiserslautern wurden Michael Ballack und Marco Reich zumeist in einem Atemzug genannt. Die beiden Jungstars waren die Hoffnungsträger des pfälzischen Bundesligisten, spielten Seite an Seite in der U 21. Obwohl ein Jahr jünger, war der pfeilschnelle Angreifer Mittelfeldmann Michael Ballack zunächst immer einen Schritt voraus. Ex-Bundestrainer Berti Vogt beschrieb ihn einst als »eines der größten Talente im deutschen Fußball.« Bereits in der Zweitliga-Saison 1996/97 gehörte der gebürtige Pfälzer, der in der B-Jugend aus Merxheim an den Betzenberg gewechselt war, zum Stammpersonal (15 Einsätze), in der Meistersaison 1997/98 stand er sogar 31 Mal auf dem Platz (jeweils ein Tor). Im Februar 1999, und damit drei Monate früher als Michael Ballack, debütierte er gegen Kolumbien in der Nationalmannschaft. So mancher Experte hätte ihn sogar schon gerne im Aufgebot für die WM 1998 in Frankreich gesehen.
Es sollte allerdings das einzige Länderspiel des Angreifers bleiben. Die beiden jungen Fußballer entwickelten sich in höchst unterschiedliche Richtungen: Marco Reich verkümmerte sollte im Laufe der Jahre zum »ewigen Talent«. Die Illustrierte »Sport Bild« beschrieb ihn im Juli 2001 als »das verdorbene Talent, der abhob und zu oft auf die falschen Einflüsterer hörte«. Statt auf dem Rasen sorgte der Dribbelkünstler auf den Tanzflächen und an den Tresen von Kaiserslauterns Lokalitäten für Furore. Sein in der Szene umstrittener Berater Klaus Gerster (Spitzname: »der schwarze Abt«) sorgte zudem mit ständigen Wechselabsichten seines Klienten für zusätzliche Unruhe.
In Kaiserslautern hatte Reich, trotz langfristigen Vertrages bis 2004, ausgespielt und heuerte 2001 für die Ablösesumme von 3 Millionen Euro beim 1. FC Köln an. Aber auch bei den »Geißböcken« holte den bis dato teuersten Einkauf der Vereinsgeschichte schnell der Ruf des schnöselhaften Schönwetterspielers ein, allein seine Körperhaltung brachte die Fans in

Nationalteam neue, frische Gesichter, Spieler im Alter von 18 bis 24, wie sie die Engländer in Michael Owen (18) oder die Franzosen in den 20-jährigen Klassestürmern Henry und Trezeguet haben.« Und weiter: »Auf längere Sicht haben Libero Mustafa Dogan (Fenerbahce Istanbul/22), Verteidiger Ingo Hertzsch (Hamburger SV/22), die Mittelfeldspieler Michael Ballack (Kaiserslautern/21) und Kai Michalke (Bochum/22) sowie Stürmer Marco Reich (Kaiserslautern/20) Perspektiven.«

Michael Ballack nahm entsprechende Zeitungs- und Fernsehberichte wohlwollend zur Kenntnis: »Man freut sich natürlich, wenn man genannt wird«, sagte er während des Trainingslagers in der Vorbereitung auf die neue Saison, »aber das waren überstürzte Reaktionen nach der WM. Um für Berti Vogts wirklich interessant zu sein, muss ich auch Stammspieler im Verein sein.«

Bei einem sechsstündigen Krisengipfel des DFB unmittelbar nach der WM legte Vogts den Verbands-Oberen jedoch ein Papier vor, auf dem sich die Namen von acht bis zehn Spielern befanden, die noch kein Länderspiel absolviert hatten, aber für die

Rage. In Köln sei er als Mensch und Spieler fast gänzlich zerbrochen, bekannte Reich später. Nach einem katastrophalen Jahr im Rheinland, das mit dem Bundesliga-Abstieg und seinem vorzeitigen Rauswurf endete, suchte der Offensivspieler bei Werder Bremen eine neue Chance. Für nur 250 000 Euro ließ ihn Köln ziehen. Doch auch an der Weser bekam der 1,85 Meter-Mann kein Bein auf den Boden (nur 17 Einsätze in eineinhalb Jahren) und wurde zeitweise sogar ins Amateurteam abgeschoben.
In der Winterpause 2003/04 gab Werder den Profi vorzeitig an den englischen Zweitligisten Derby County ab, wo er zeitweise wieder an die Form aus früheren Kaiserslauterer Tagen anknüpfen konnte. Das Engagement bei den »Rams« dauerte aber auch nur eineinhalb Jahre. Nach dem verpassten Aufstieg in die Premier League legte ihm der Verein im Frühjahr 2005 nahe, sich einen neuen Arbeitgeber zu suchen. Für die Saison 2005/06 unterschrieb Reich, mangels anderer Angebote, als erster Deutscher bei Roter Stern Belgrad in Serbien-Montenegro.
In 143 Bundesliga-Spielen erzielte Reich acht Tore und bereitete sieben weitere vor. Für Michael Ballack standen bis Saisonstart 2005/06 insgesamt 206 Bundesliga-Einsätze mit 61 Toren und 31 Vorlagen sowie 58 Länderspiele mit 29 Toren zu Buche.

Galten als die Hoffnungsträger des deutschen Fußballs: Michael Ballack und Marco Reich bei gemeinsamen Dehnübungen auf Malta im Nationaldress.

im Oktober beginnende Qualifikation zur WM in Belgien und Holland eine Rolle spielen könnten: darunter neben dem Dortmunder Champions-League-Helden Lars Ricken auch die beiden Kaiserslauterer Marco Reich und Michael Ballack. Zudem wurde die Begnadigung von Routinier Stefan Effenberg beschlossen, der vier Jahre zuvor bei der WM in der USA nach seinem legendären »Stinkefinger« gegen die Fans aus dem Kader geworfen wurde.

Debüt auf Malta

Michael Ballack schien eine glänzende Zukunft bevorzustehen: Otto Rehhagel brachte ihn gleich zum Bundesliga-Auftakt, einem 2:1-Auswärtssieg im Münchner Olympiastadion gegen den TSV 1860, von Beginn an im Mittelfeld zum Einsatz (»kicker«-Note 3,5). Und Bundestrainer Vogts nominierte den Jungstar gemeinsam mit Klubkamerad Marco Reich tatsächlich in den 24-köpfigen Kader für die Malta-Reise der Nationalmannschaft Ende August mit Spielen gegen die Gastgeber und Rumänien. Die beiden Kaiserslauterer gehörten zu den acht Debütanten (außerdem

Otto Rehhagel – der erste Bundesliga-Trainer

Es gibt wohl nur wenige Trainer in der Fußball-Branche, die derart polarisieren wie der mittlerweile 67 Jahre alte Essener: Die einen lieben ihn, die anderen hassen ihn. Zudem eilt Rehhagel seit jeher der Ruf voraus, nicht mit jüngeren Spielern umgehen zu können. Der Trainer gilt als korrekter, ehrlicher, aber auch konservativer Mensch, der Werte vertritt, die vielen jungen Leuten fremd sind. Eines seiner Mottos: »Ich brauche Spieler, die am Ball besser sind als vor der TV-Kamera«. Nicht zuletzt deshalb setzt Rehhagel verstärkt auf ältere Profis, die auf Grund ihrer Routine weniger Fehler auf dem Platz machen und zudem ein ruhigeres Privatleben führen. Mit der deutschen Medienszene liegt er seit seinem gescheiterten Engagement beim FC Bayern München im Clinch. Den meisten Reportern unterstellt er fehlende Fachkenntnis.

Auch Michael Ballacks Verhältnis zu dem ehemaligen Bundesliga-Verteidiger (201 Spiele für Hertha BSC Berlin und den 1. FC Kaiserslautern) war gespalten. Anfangs sah er in Rehhagel den Förderer, der ihn behutsam an die Bundesliga heranführte und ins Profi-Team einbaute: »Otto Rehhagel ist ein Trainer, mit dem man wirklich sehr gut auskommen kann, weil er vom Menschlichen her gut mit den Spielern umgeht.«

Nach seinem steilen Aufstieg und dem Debüt in der Nationalmannschaft verbannte der erfahrene Übungsleiter, der gerne mit Alltagsweisheiten wie »Geld schießt keine Tore« oder »Die Wahrheit liegt auf dem Platz« glänzt, den jungen Profi jedoch auf die Ersatzbank. Michael Ballack unterstellte Rehhagel gekränkte Eitelkeit, weil er seinen Vertrag beim 1. FCK nicht vorzeitig verlängern wollte. Der Streit wurde in aller Öffentlichkeit ausgetragen. Erst nach einem halben Jahr waren die Wogen wieder geglättet: »Das ist alles bereinigt. Ich habe kein Problem mit Otto Rehhagel«, erklärte Michael Ballack nach seinem Wechsel zu Bayer 04 Leverkusen.

Nach dem verpatzten Bundesliga-Auftakt verließ Otto Rehhagel im September 2000 den 1. FC Kaiserslautern und heuerte zehn Monate später als Nationaltrainer in Griechenland an. In der Bundesliga trainierte er neben Kaiserslautern 14 Jahre lang Werder Bremen (1981 bis 1995), außerdem Kickers Offenbach, Borussia Dortmund, Fortuna Düsseldorf, Arminia Bielefeld und kurzzeitig den FC Bayern. Mit 820 Bundesliga-Spielen ist er Rekordhalter in der Trainergilde; neben Kaiserslautern führte er auch Bremen zweimal zum Gewinn der Deutschen Meisterschaft (1988, 1993) und 1992 zum Gewinn des Europapokals der Pokalsieger. Mit Bremen (1991, 1994) und Düsseldorf (1980) gewann er zudem den DFB-Pokal. Im Juli 2004 lehnte er ein Angebot des Verbandes ab, die deutsche Nationalmannschaft als Bundestrainer auf die WM im eigenen Land vorzubereiten.

Gleich zweimal schrieb Rehhagel Fußball-Geschichte: 1997 führte er den 1. FC Kaiserslautern aus der 2. Bundesliga zurück ins Oberhaus und wurde dort als erster Aufsteiger auf Anhieb Meister. Ebenso sensationell gewann er 2004 mit Außenseiter Griechenland die Europameisterschaft. Seither wird er in »Hellas« als Nationalheld verehrt.

Mustafa Dogan, die Rostocker Marko Rehmer und Oliver Neuville, die Leverkusener Stefan Beinlich und Paulo Rink sowie der Dortmunder Christian Nerlinger). Und das, obwohl Michael Ballack zu diesem Zeitpunkt gerade einmal drei Bundesliga-Partien von Beginn und insgesamt 677 Minuten in der höchsten Spielklasse absolviert hatte.

Nicht mehr im Kader wieder fanden sich Torhüter Andreas Köpke, die Abwehrspieler Jürgen Kohler, Thomas Helmer und Lothar Matthäus, die Mittelfeldakteure Olaf Thon, Stefan Reuter, Thomas Häßler und Andreas Möller sowie Angreifer Jürgen Klinsmann, die aus freien Stücken von der internationalen Bühne abgetreten waren bzw. keine Berücksichtigung mehr fanden. Vogts vollzog damit die tief greifendste personelle Zäsur in der Geschichte der Nationalmannschaft. »Ich musste alters- und formbedingt einen großen Schnitt machen«, begründete er die Maßnahme. »Das wäre auch der Fall gewesen, wenn wir das Viertelfinale gegen Kroatien gewonnen hätten oder wenn wir sogar Weltmeister geworden wären.« Das Durchschnittsalter des Teams sank auf 25,6 Jahre.

»Es ist sensationell, wie jemand, der nach der Saison zwei Wochen lang auf Mallorca in der Sonne liegt, einen solchen Stellenwert erreichen kann.«

1. FCK-Trainer Otto Rehhagel über Zeitungsberichte, die Michael Ballack und Marco Reich nach der verpatzten WM 1998 mit der Nationalmannschaft in Verbindung brachten

Die beiden Tests im Hinblick auf die bevorstehenden EM-Qualifikationsspiele wurden jedoch, wie zuvor schon die WM, zu einem einzigen Desaster: Gegen Fußball-Zwerg Malta quälte sich die DFB-Elf zu einem 2:1-Arbeitssieg, gegen Rumänien kam sie nur zu einem 1:1. Die Umstellung in der Abwehr vom System mit Libero auf eine Viererkette misslang gründlich. Und der mit großen Erwartungen zurückgekehrte Stefan Effenberg erklärte sein Comeback nach den beiden Einsätzen schon wieder für beendet. Für Michael Ballack und Marco Reich, die jüngsten Spieler im Aufgebot, war die Teilnahme an der Länderspielreise nur als Schnupperkurs vorgesehen, wie Vogts von Anfang an klar stellte. Und so fanden sie sich in beiden Spielen nur auf der Ersatzbank wieder. In den Trainingseinheiten zeigte sich der Bundestrainer allerdings »beeindruckt« von Michael Ballack. Für Vogts sollte es eine seiner letzten Stellungnahmen als Bundestrainer gewesen sein: Einen Tag nach der Rückkehr nach Deutschland erklärte er seinen Rücktritt. Als Nachfolger reaktivierte der DFB den 61-jährigen Erich Ribbeck aus dem Vorruhestand in Teneriffa.

Von Realität eingeholt

Zurück im Verein, wurde der Neu-Nationalspieler, der sich selbst gar nicht als solcher fühlte (»Das ist man erst, wenn man einmal gespielt hat«), schnell von der Realität eingeholt. Trainer Rehhagel verbannte das Mittelfeld-Talent auf die Bank. Bis einschließlich des achten Spieltages wurde er in fünf Partien lediglich eingewechselt, teilweise wurden ihm sogar Vertragsamateure wie Pascal Ojigwe vorgezogen. Auch seine gute Leistung im DFB-Pokal brachte Michael Ballack in der Gunst des Trainers nicht entscheidend weiter: Bei der Heimblamage in der 2. Runde gegen den VfL Bochum behielt er im Elfmeterschießen die Nerven, traf zum 3:2, konnte damit aber die 4:5-Niederlage nicht verhindern. Michael Schjönberg und Thomas Riedl waren an Bochums Schlussmann Thomas Ernst gescheitert, die »Roten Teufel« damit ausgeschieden.

»Die Nationalmannschaft ist ein Riesentraum von mir. Aber meine Entwicklung in den letzten eineinhalb Jahren war sehr rasant, deshalb bin ich realistisch, dass es jetzt erst einmal in kleinen Schritten weitergehen wird.«

Michael Ballack im Juni 1998 über sein Traumziel Nationalmannschaft

Die beiden ersten Spiele in der Champions League, für die sich der 1. FCK erstmals in der Vereinsgeschichte qualifiziert hatte, gegen Benfica Lissabon (1:0) und bei HJK Helsinki (0:0) verbrachte er komplett auf der Reservebank. »Das Talent tritt auf der Stelle: Ballack nur Notnagel«, schrieb das Fachblatt »kicker« im Oktober 1998. Neben seiner Vielseitigkeit wurde ihm das gestiegene Anspruchsdenken der Öffentlichkeit durch das Debüt im Kreise der Nationalmannschaft zum Verhängnis.

Kam Michael Ballack als Einwechselspieler zum Einsatz, fand er sich mal als Sforza-Stellvertreter im zentralen Mittelfeld, mal halbrechts, rechts oder halblinks, ein anderes mal gar als Manndecker mit Spezialauftrag wieder. Der Jungstar hatte keine Chance, sich auf einer Position festzusetzen und sich ins Blickfeld von DFB-Teamchef Erich Ribbeck zu spielen. Zum Auftakt der EM-Qualifikation Anfang Oktober fehlte er im Aufgebot (die DFB-Auswahl verlor gegen die Türkei in Bursa 0:1). Im »kicker« rechnete Michael Ballack daraufhin, ungewohnt offen, mit Ex-Bundestrainer Berti Vogts ab. Über seinen Mannschaftskameraden Marco Reich und sich sagte er: »Für Vogts waren wir nur Alibi, er hat sich dem Druck der Medien gebeugt. Vogts hat uns nur als Aushängeschild benutzt, wir waren nie wirklich ein Thema.« Und weiter: »Mit der Berufung für die Malta-Reise hat er uns keinen Gefallen getan. Seitdem werden wir an wesentlich höheren Ansprüchen gemessen.«

Kaiserslauterns Vorstandsvorsitzender Jürgen Friedrichs empfahl seinem Profi indes, sich zuvorderst auf sich selbst zu konzentrieren: »Michael ist ein junger Mann mit vielen Möglichkeiten, die er im Moment aber auf dem Rasen nicht effektiv umsetzen kann.«

Erstes Bundesliga-Tor als Libero

Erst am dritten Spieltag der Champions League, dem Auswärtsspiel Ende Oktober beim holländischen Meister PSV Eindhoven, stand Michael Ballack wieder in der Startelf. Der Youngster zeigte bei seinem Europapokal-Debüt eine beeindruckende Leistung und musste nach 59 Minuten völlig erschöpft gegen Thomas Riedl ausgewechselt werden. Kaiserslautern gewann 2:1. Die Partie sollte für ihn die Wende zum Guten bedeuten. Drei Tage später, am 9. Spieltag der Bundesliga, war der 22-Jährige im Münchner Olympiastadion erneut erste Wahl. Zwar konnte er die 0:4-Klatsche gegen den FC Bayern nicht abwenden, war aber mit Abstand bester Spieler seines Teams (»kicker«-Note 3) und hatte fortan seinen Stammplatz sicher.

Präzise Flanke: Michael Ballack spielte sich im Herbst 1998 in die Stammelf des 1. FCK.

»Wenn er auf dem Teppich bleibt, wird er seinen Weg gehen.«

Kaiserslauterns Präsident Hubert Keßler über den 21-jährigen Michael Ballack

Weil der als neuer Abwehrchef geholte Ägypter Ibrahim Samir Kamouna ebenso schwächelte wie sein Landsmann und Stellvertreter Hany Ramzy, stellte ihn Trainer Rehhagel in der Halbzeit des Heimspiels gegen Hansa Rostock erstmals auf die Position des letzten Mannes – und der mittlerweile 22-Jährige bot eine brillante Vorstellung (»kicker«-Note 2). Die »Roten Teufel« wandelten einen 0:2-Pausenrückstand noch in einen 3:2-Sieg um, Michael Ballack erzielte mit einem direkten Freistoß in der 67. Minute zum 2:2-Ausgleich sein erstes Bundesliga-Tor und wurde vom »kicker« erstmals in die »Elf des Tages« gewählt – sein Durchbruch.

In den acht Begegnungen bis zur Winterpause gehörte er sechs Mal zur Anfangsformation (zumeist im halbrechten Mittelfeld, wo der Brasilianer Ratinho verletzt fehlte), erntete dabei ausgezeichnete Kritiken und der 1. FCK arbeitete sich mit sechs Siegen und einem Unentschieden auf den dritten Tabellenplatz empor. Beim 2:1 ge-

Erstmals in der »Elf des Tages«

Nach dem 3:2-Heimsieg über Hansa Rostock am 10.Spieltag der Saison 1998/99 wurde Michael Ballack vom Fachblatt »kicker« erstmals in die »Elf des Tages« gewählt.

Claus Reitmeier (VfL Wolfsburg)

Holger Greilich (TSV 1860 München)
Jens Nowotny (Bayer 04 Leverkusen)
Claus Thomsen (VfL Wolfsburg)

Jens Jeremies (FC Bayern München)
Ralf Weber (Eintracht Frankfurt)

Michael Ballack (1. FC Kaiserslautern)
Stefan Beinlich (Bayer 04 Leverkusen)
Zé Roberto (Bayer 04 Leverkusen)

Jonathan Akpoborie (VfB Stuttgart)
Ulf Kirsten (Bayer 04 Leverkusen)

gen Eintracht Frankfurt erzielte Michael Ballack bereits in der vierten Spielminute mit einem satten Linksschuss den Führungstreffer.

In Champions League gesetzt

Auch im weiteren Verlauf der Champions League konnten der Jung-Star und die »Roten Teufel« brillieren. Michael Ballack war im defensiven Mittelfeld gesetzt und die Illustrierte »Sport Bild« wagte erneut den Vergleich mit dem jungen Franz Beckenbauer: »Die Fans in der Pfalz konnten lange nichts anfangen mit seiner aufreizend lässigen Spielweise. Er schnitt den Ball mit dem Außenrist an wie einst Franz Beckenbauer und hatte es auch nicht so mit dem Grätschen. Kein Wunder, dass Ballack auf den Spitznamen ›Franz‹ hört. In den vergangenen Monaten jedoch hat sich viel getan am Betzenberg. Der ›Franz‹, der kämpft, der rennt dem Gegner hinterher, der handelte sich sogar – ein völlig ungewohntes Gefühl – drei Gelbe Karten in der Hinrunde ein.«

»Von allen Spielern, die mit mir verglichen werden, kommt er mir am nächsten. Das liegt daran, dass er seinen Kopf oben hat. Er braucht keinen Blickkontakt zum Ball: Der gehorcht ihm auch so.«

Franz Beckenbauer

Kaiserslautern beendete seine Vorrundengruppe in der Champions League mit vier Siegen, einem Unentschieden und nur einer Niederlage souverän als Erster vor Benfica Lissabon, PSV Eindhoven und HJK Helsinki. Bei der Auslosung fürs Viertelfinale im Frühjahr wartete allerdings eine böse Überraschung auf die Pfälzer: Mit dem FC Bayern München wurde ihnen ausgerechnet der zweite deutsche Vertreter zugelost.

Die guten Leistungen im Vereinsteam blieben auch dem neuen DFB-Teamchef Erich Ribbeck nicht verborgen. Nach zwei Spielen Pause gehörte der junge Kaiserslauterer bei der Florida-Reise Anfang Februar wieder zum Aufgebot, ebenso wie Lothar Matthäus und Andreas Möller, die ihren Rücktritt vom Rücktritt erklärten. Michael Ballack musste jedoch lange um seine Teilnahme zittern. Seit Dezember laborierte er an einer schmerzhaften Reizung im linken Knie. Erst nach einer Spezialbehandlung beim Stuttgarter Orthopäden Dr. Rüdiger Degwert gab er »grünes Licht«.

»Die Schmerzen sind weg. Ich weiß aber leider nicht, wo ich derzeit stehe. In Sachen Fitness habe ich Nachholbedarf und mir fehlt die Wettkampfpraxis«, sagte er vor dem Transatlantik-Flug. Bei der 0:3-Blamage gegen die USA in Jacksonville kam der Mittelfeld-Akteur ebenso wenig zum Einsatz wie beim 3:3 gegen Kolumbien in Miami. Trotzdem gab es von Ribbecks Assistenten Uli Stielike Lob: »Vom fußballerischen Potenzial bringt Michael sehr viel mit. Aufgrund seiner Körpergröße und Korpulenz fehlt ihm zwar ein bisschen die Antrittsschnelligkeit, doch er macht das wett, weil er ein Spiel lesen kann, weil er mehr als andere mit dem Auge antizipiert.«

»Ballack ist ein Talent, das noch viel lernen muss. In jeder Beziehung.«

Trainer Otto Rehhagel im Frühjahr 1999

Zoff mit Mentor Rehhagel

In der zweiten Halbserie der Bundesliga gehörte Michael Ballack trotz der Rückkehr von Ratinho weiterhin zur Stammformation. Beim 1:1 gegen Stuttgart fehlte er wegen seiner fünften Gelben Karte, umso beachtlicher war dann sein Comeback eine Woche später im Berliner Olympiastadion. Für Trainer Otto Rehhagel war er »der beste Mann auf dem Platz«, nicht nur seines spektakulären Treffers in der zweiten Spielminute wegen: Der junge Kaiserslauterer zog mit dem Ball dynamisch Richtung Tor und hämmerte ihn aus 20 Metern ins rechte obere Toreck. Das Spiel endete 1:1 und Michael Ballack erhielt die »kicker«-Note 1,5 – nur der Hattrick des Duisburgers Markus Beierle verhinderte seine Berufung zum »Spieler des Tages«.

Geradezu süffisant beschrieb der Torschütze seinen dritten Bundesliga-Treffer: »Ich habe einfach abgezogen. Da kommt mir natürlich zugute, dass ich mit links auch

Einen Schritt zu spät: Im Champions-League-Viertelfinale kassiert Kaiserslautern eine 0:4-Heimschlappe gegen den FC Bayern. Münchens Carsten Jancker dreht nach seinem Treffer jubelnd ab.

ein bisschen schießen kann.« Trotz des Lobes zeigte er sich mit der eigenen Leistung aber nicht vollauf zufrieden. In der 56. Minute war er freistehend vorm Tor an Hertha-Schlussmann Gabor Kiraly gescheitert: »Ich hätte das Tor machen müssen, dann wären wir hier als Sieger vom Platz gegangen.«

»Ich bin ein junger Spieler, der Verantwortung übernehmen will. Ich bin aber nicht verantwortlich, wenn unser Spiel nicht läuft.«

Michael Ballack über seine Probleme mit Trainer Otto Rehhagel in der Schlussphase der Saison 1998/99

Nach einem 2:0-Sieg gegen Nürnberg übernahmen die »Roten Teufel« hinter dem souveränen Spitzenreiter FC Bayern München den zweiten Tabellenplatz – und in der Champions League kam es zum mit Spannung erwarteten Aufeinandertreffen der beiden deutschen Spitzenteams. Kaiserslautern verlor das Hinspiel im Olympiastadion 0:2. Michael Ballack hinterließ auf die Bayern-Verantwortlichen dabei offensichtlich einen überzeugenden Eindruck, denn wenige Tage vor dem Rückspiel berichtete BILD, dass die Münchner den gebürtigen Sachsen auf ihrem Einkaufszettel hätten: »Bayern an Ballack dran«.

Das Objekt der vermeintlichen Begierde maß der Meldung aber nicht allzu viel Bedeutung zu: »Ich denke, das ist ein Störfeuer der Bayern. Mit mir hat jedenfalls noch niemand gesprochen, für mich ist das im Moment kein Thema.« Auch im Rückspiel war Kaiserslautern ohne Chance: Auf dem Betzenberg setzte es ein ernüchterndes 0:4-Debakel. Und Trainer Otto Rehhagel übte an seinem Schützling auf einmal ungewohnte, öffentliche Kritik: »Man hat gesehen, das der Michael noch eine Menge lernen muss, um so wie Stefan Effenberg zu werden.«

»Beraterkrieg« am Betzenberg

Das Verhältnis zwischen dem erfahrenen Fußball-Lehrer und seinem Musterschüler begann sich merklich abzukühlen. Was war passiert? Bereits in der Winterpause war Kaiserslauterns Vorstandsvorsitzender Jürgen Friedrich mit dem Wunsch nach vorzeitiger Verlängerung des bis 2000 laufenden Vertrages an den ehemaligen Chemnitzer herangetreten. Just zu diesem Zeitpunkt vollzog Michael Ballack jedoch einen Wechsel seines Beraters: Von Rehhagels Intimus Wolfgang Vöge, von dem er sich nicht mehr zufrieden stellend vertreten fühlte, zum aufstrebenden Luxemburger Rechtsanwalt Dr. Michael Becker (siehe Kapitel »Der Berater«).

»Wenn ich tausche müsste, dann auf jeden Fall mit meinem Berater. So oft wie der möchte ich auch mal verreisen können.«

Michael Ballack auf die Frage nach seinem Traumjob (außer Fußballer)

Nach Vorstellungen des 1. FCK sollte sich Michael Ballack bis ins Jahr 2004 an den Verein binden. Auf Rat seines neuen Beraters zog er aber sein anfängliches Interesse (»Ich kann mir vorstellen, hier zu bleiben«) auf einmal zurück: »Ich will jetzt nichts überstürzen und erst einmal die weitere Entwicklung abwarten. Im Moment besteht keinerlei Handlungsbedarf, über einen neuen Vertrag zu sprechen.« Was die Verantwortlichen und Trainer Rehhagel natürlich vergrätzte. Beim Bundesliga-Schlager des 26. Spieltages – erneut gastierte der FC Bayern auf dem Betzenberg – verbannte Otto Rehhagel seinen formstärksten Spieler auf die Ersatzbank. Der 22-Jährige wurde erst in der 52. Minute für Martin Wagner eingewechselt, half dann aber mit, die 2:1-Pausenführung über die Zeit zu retten.

Gefragter Gesprächspartner: SAT.1-Feldreporter und Ex-Bundesliga-Profi Michael Schulz interviewt Michael Ballack.

Der Berater: Dr. Michael Becker

Der 51 Jahre alte Rechtsanwalt ist Michael Ballacks zweiter Berater nach Ex-Bundesliga-Profi Wolfgang Vöge. Anfang 1999 war er von Vöge zu Becker gewechselt. »Das war eine persönliche Entscheidung«, sagte der Profi damals. »Durch Michael Becker fühle ich mich besser betreut.«
Becker (Wohnsitz Luxemburg) stammt aus Kaiserslautern und ist Mitglied beim 1. FCK. 1980 baute der Jurist in Mainz sein Examen, zwei Jahre später promovierte er mit dem Thema »verfassungsrechtliche Probleme von Berufssportlern in der Bundesrepublik am Beispiel von Lizenzfußballspielern«. 1987/98 verbrachte er ein Jahr an der Elite-Universität Harvard (Massachusetts). Bis Dezember 1998 arbeitete Becker als Rechtsberater des Präsidenten am Europäischen Rechnungshof (EuRH) in Luxemburg. Danach nahm er sich der Belange von Michael Ballack und einiger weiterer Fußballer an. Heute ist der Jurist neben der Agentur ROGON (Roger Wittmann, Wolfgang Fahrian) und Vöge wichtigster »Strippenzieher« im deutschen Profi-Fußball. Nach dem Wechsel von Michael Ballack zu Bayer 04 Leverkusen ging auf der Kaiserslauterer Geschäftsstelle ein Antrag auf Beckers Vereinsausschluss ein. Bei den Pfälzern hatte dieser seine ersten Spieler angeworben und sich mit Thomas Riedl und Olaf Marschall eine kleine Hausmacht aufgebaut.
Zu Beckers Klienten gehören heute neben Michael Ballack gestandene Bundesliga-Profis wie Bernd Schneider (Bayer 04 Leverkusen), Miroslav Klose (Werder Bremen), Thomas Brdaric (Hannover 96) und Oliver Neuville (Borussia Mönchengladbach) ebenso wie junge Talente wie Michael Delura (Hannover 96), Mathias Abel (Mainz 05) oder Borut Semler (Bayern München Amateure). Becker kooperiert mit der Saarbrücker Agentur »Soccer and more«; in der US-amerikanischen MLS hat er die ehemaligen Bundesliga-Profis Landon Donovan (Los Angeles Galaxy), Frankie Hejduk (Columbus Crew) und Anthony Sanneh (Chicago Fire) unter Vertrag. Mit www.mediocritysucks.de unterhält er zudem eine eigene Homepage im Internet, die sich nicht mit Fußball, sondern mit dem zunehmenden Verfall der deutschen Gesellschaft und deren Kulturgutes befasst.
Das Internetportal www.transfermarkt.de schätzt den Gesamtwert der von Becker betreuten Spieler auf 72 Millionen Euro. Becker sagte einmal über seinen berühmtesten Klienten Michael Ballack: »Er ist wissbegierig, lernfähig und hat in brutal kurzer Zeit das Geschäft durchschaut. Dem muss man nicht mehr erklären, wo seine Freunde sind und dass man sich als Profi nicht mit dem Bierglas in der Hand fotografieren lässt.«

Insider vermuteten dahinter eine Retourkutsche des Trainers. Zum einen, weil Michael Ballack seine Vertragsverlängerung hinauszögerte. Zum anderen, weil Rehhagels Intimus Wolfgang Vöge und damit auch der Trainer selbst beim Pfälzer Klub zusehends an Einfluss verlor. Am Betzenberg tobte seinerzeit ein geradezu bizzarer »Beraterkrieg«. Neben Becker fasste vor allem der Ludwigshafener Immobilienmakler Roger Wittmann zusehends beim 1. FCK Fuß. Mit Michael Ballack hatte

Vöge eines der begehrtestes Objekte auf dem Transfermarkt verloren. Neben dem FC Bayern bekundeten auch Bayer 04 Leverkusen, Juventus Turin, Chelsea London und Giovanni Trapatonis AC Florenz Interesse an seiner Verpflichtung.

Debüt im Nationalteam

Das 2:1 gegen den FC Bayern sollte der letzte Kaiserslauterer Sieg für längere Zeit bleiben. Die Mannschaft geriet in eine Formkrise, verlor anschließend in Rostock (1:2) und zu Hause gegen Freiburg (0:2). Bei der Blamage gegen den Aufsteiger aus dem Breisgau wurde Michael Ballack öffentlich zum Sündenbock gestempelt: Vor dem 0:1 durch Marco Weißhaupt (38. Minute) hatte er den Ball verloren und blieb, als Konsequenz, nach der Pause in der Kabine. Dort soll es in der Halbzeitpause eine kräftige Schimpftirade des Trainers gegeben haben, die Rehhagel angeblich mit den Worten schloss: »Ich rufe den Ribbeck an, dass er Dich auch aus der Nationalmannschaft nimmt!« Michael Ballack klagte hernach öffentlich: »Ich weiß, dass ich einen Fehler gemacht habe.

1. FC Kaiserslautern – Saison 1998/99 (1. Bundesliga)

Tor
Andreas Reinke

Abwehr
Janos Hrutka
Samir Ibrahim Kamouna
Harry Koch
Hany Ramzy
Axel Roos
Oliver Schäfer
Michael Schjönberg
Martin Wagner

Mittelfeld
Michael Ballack
Andreas Buck
Marian Hristov
Pascal Ojigwe
Ratinho
Thomas Riedl
Ciriaco Sforza

Angriff
Daniel Graf
Jesus Junior
Olaf Marschall
Marco Reich
Jürgen Rische
Uwe Rösler

Trainer
Otto Rehhagel

Abschlusstabelle Bundesliga:		**Spiele**	**Tore**	**Punkte**
1.	FC Bayern München	34	76:28	78
2.	Bayer 04 Leverkusen	34	61:30	63
3.	Hertha BSC Berlin	34	59:32	62
4.	Borussia Dortmund	34	48:34	57
5.	1. FC Kaiserslautern	34	51:47	57
6.	VfL Wolfsburg	34	54:49	55
7.	Hamburger SV	34	47:46	50
8.	MSV Duisburg	34	48:45	49
9.	TSV 1860 München	34	49:56	41
10.	Schalke 04	34	41:54	41
11.	VfB Stuttgart	34	41:48	39
12.	SC Freiburg	34	36:44	39
13.	Werder Bremen	34	41:47	38
14.	Hansa Rostock	34	49:58	38
15.	Eintracht Frankfurt	34	44:54	37
16.	1. FC Nürnberg	34	40:50	37
17.	VfL Bochum	34	40:65	29
18.	Borussia Mönchengladbach	34	41:79	21

Champions League

Vorrunden-Gruppe F:		**Spiele**	**Tore**	**Punkte**
1.	1. FC Kaiserslautern	6	12:6	13
2.	Benfica Lissabon	6	8:9	8
3.	PSV Eindhoven	6	10:11	7
4.	HJK Helsinki	6	8:12	5

Viertelfinale: 1. FC Kaiserslautern – FC Bayern München 0:2, 0:4

Debüt im Nationaldress: Michael Ballack wird vom Schotten Colin Hendry in den Schwitzkasten genommen.

Doch es kann nicht sein, dass die Schuld für die Niederlage bei einem Einzelnen gesucht wird.«

Ungeachtet der Probleme am Betzenberg debütierte Michael Ballack am 28. April 1999 in der Nationalmannschaft. Nachdem er in den EM-Qualifikationsspielen Ende März in Belfast gegen Nordirland (3:0) und in Nürnberg gegen Finnland (2:0) zwar erneut zum Kader gehörte, aber nicht eingesetzt wurde, kam er im Freundschaftsspiel gegen Schottland im Bremer Weserstadion in der 60. Minute für England-Legionär Dietmar Hamann (Newcastle United) auf den Platz. Wie so viele seiner Premieren ging auch diese daneben: Sechs Minuten später erzielen die Schotten den Siegtreffer zum 1:0.

Nach dem Ausscheiden in der Champions League war die Zielsetzung des 1. FC Kaiserslautern für die Bundesliga klar: die erneute Qualifikation für die europäische Königsklasse. Trainer Rehhagel ließ seinen Neu-Nationalspieler jedoch ausgerechnet in der heißen Saisonphase immer häufiger auf der Bank. So auch unmittelbar nach dessen Länderspiel-Debüt: Im Hamburger Volksparkstadion kam Michael Ballack erst in der 53. Minute für den Dänen Michael Schjönberg in die Partie – der 1. FCK verlor 0:2. »Auch überraschend für mich«, verstand der 1,89-Meter-Mann die Welt nicht mehr und rannte unmittelbar nach Schlusspfiff enttäuscht und deprimiert direkt in die Kabine.

Reservistendasein als Retourkutsche

Auch in den verbleibenden fünf Spielen bis Saisonende wurde Michael Ballack lediglich als Einwechselspieler berücksichtigt. »Kaiserslautern in der Krise, Ballack in der Kritik«, schrieb das Fachblatt »kicker« nach fünf Niederlagen in sieben Spielen und stellte die Vermutung auf: »Soll da etwa einer klein gehalten werden, der auf dem

Reservistendasein: In der Schlussphase der Saison 1998/99 degradiert Otto Rehhagel seinen Schützling Michael Ballack zum Bankdrücker (neben ihm Jürgen Rische).

Weg ist, ein Großer zu werden?« Otto Rehhagel blieb eine Begründung für das Reservistendasein lange Zeit schuldig. Später warf er Michael Ballack Überheblichkeit vor und erklärte, der 22-Jährige habe nach seinem Nationalmannschafts-Debüt im Training das nötige Engagement vermissen lassen; den »Beraterkrieg« hinter den Kulissen erwähnte er mit keinem Ton. Der Betroffene selbst wollte keine Stellungnahme abgeben: »Wir müssen als Mannschaft aus dem Tief herauskommen. Gegenseitige Schuldzuweisungen helfen da nicht weiter.«

Am letzten Spieltag gastierte der 1. FCK bei Eintracht Frankfurt. Trotz der Krise der vergangenen Wochen hätte ein Punkt für die Qualifikationsrunde zur Champions League gereicht. Für die Eintracht ging es um den Klassenerhalt – und der Überlebenswille war offenbar größer. Mit einer desolaten Leistung kamen die »Roten Teufel« im Waldstadion 1:5 unter die Räder. Michael Ballack wurde in der 58. Minute eingewechselt, als die Hessen erst 1:0 führten.

Trotz der Turbulenzen im letzten Viertel der Saison war das zweite Jahr in Kaiserslautern Michael Ballacks Durchbruch in der Bundesliga. Er bestritt 30 Spiele, in denen er vier Treffer erzielte; seine persönlichen Statistiken in den Rubriken gewonnene Zweikämpfe (59 Prozent) und vollendete Pässe (58) lagen deutlich über dem Bundesliga-Durchschnitt (50 bzw. 33 Prozent). Hinzu kamen sechs Partien in der Champions League und das Debüt im Nationalteam. Das Spiel im Frankfurter Waldstadion war jedoch das letzte von Michael Ballack im 1. FCK-Dress.

Leverkusen macht das Rennen

In der Schlussphase der Saison verdichteten sich immer mehr die Anzeichen, dass der 22-Jährige zum FC Bayern München wechseln werde. In ihrer Ausgabe vom 12. März 1999 berichtete die »Süddeutsche Zeitung« über die Personalplanungen des Deutschen Meisters: »Deutsch, Nationalspieler, charakterlich integer: Wie die Einkaufsliste des FC Bayern München im Frühjahr Begehrlichkeiten weckt.« Dabei wurden Nürnbergs Flügelflitzer Michael Wiesinger, Frankreich-Legionär Christian Wörns (Paris St. Germain), Bremens Marco Bode und Michael Ballack mit den Münchnern in Verbindung gebracht. Von einem Zehn-Millionen-Mark-Angebot an den jungen Mittelfeldakteur war die Rede. Und 1. FCK-Vorstandvorsitzender Jürgen Friedrich bestätigte im internen Kreis: »Bayern-Vize Kalle Rummenigge hat mich mehrmals offiziell wegen Ballack angesprochen.«

Der Umworbene (»Ich bekam Anrufe, auch von Trainer Ottmar Hitzfeld«) erteilte den Münchnern jedoch eine Absage: »München kommt für mich zu früh, erst recht, wenn die Bayern in diesem Jahr alles gewinnen sollten. Ich bin erst 22 Jahre alt und längst noch kein fertiger Spieler. Daher weiß ich nicht, ob es für einen jungen Spieler wie mich in München so rosig wäre, wo ich möglicherweise kaum spielen würde.«

Das Rennen machte etwas überraschend Bayer 04 Leverkusen. Anfang Mai waren Manager Reiner Calmund, Trainer Christoph Daum und Sportdirektor Rudi Völler in die Pfalz gereist, um Michael Ballack und seinem neuen Berater einen Wechsel schmackhaft zu machen. Calmund kannte Michael Ballack schon von 1997, als er, vor seinem Wechsel von Chemnitz in die Pfalz, Gespräche mit dem schwergewichtigen Manager geführt hatte. Das Reservistendasein und die Probleme mit Trainer Otto Rehhagel beschleunigten seinen Entschluss: Michael Ballack einigte sich mit den Bayer-Verantwortlichen per Handschlag auf einen Drei-Jahres-Vertrag (inklusive Option und Freigabeklausel), gültig ab 1. Juli 2000.

Noch vor Ablauf der Bundesliga-Saison gab Leverkusen den Wechsel bekannt. Michael Ballack: »Ich wollte hier nicht weg. Aber Herr Rehhagel hat mich nicht mehr regelmäßig spielen lassen, ohne dass ich die Gründe kenne oder mit mir gesprochen wurde. Ich will Nationalspieler bleiben, unbedingt mit zur Europameisterschaft. Beides sehe ich in Kaiserslautern gefährdet.« Aus München waren kritische Töne zu vernehmen, dass der Jung-Nationalspieler nicht dem Branchenprimus, sondern dem Werksklub den Vorzug gegeben hatte. Trainer Ottmar Hitzfeld: »Wenn einer nicht den Mumm hat, sich hier durchzubeißen, dann hat's halt keinen Sinn.« Michael Ballack konterte: »Wenn du ein Angebot vom FC Bayern hast, musst du es annehmen, sonst sagen alle, du bist feige. Aber in Leverkusen ist die Konkurrenz ähnlich stark. Und das Konzept stimmt.«

Kaiserslautern verweigert Freigabe

Natürlich strebten Leverkusen und Michael Ballack einen früheren Vertragsbeginn an – und zwar schon zum 1. Juli 1999, was mit der Zahlung einer Ablösesumme an den 1. FCK verbunden gewesen wäre (ein Jahr später, nach Ablauf seines Vertrages in Kaiserslautern, wäre der Spieler ablösefrei gewesen). Vorstandsvorsitzender Jürgen Friedrich wollte den Jung-Profi aber nicht vorzeitig aus seinem laufenden Vertrag entlassen: »Wir lassen und nicht von Dritten sagen, was wir mit unserem Personal machen.« Es entwickelte sich eine Schmierenkomödie der übelsten Art.

In Kaiserslautern wurden Gerüchte gestreut, Michael Ballack habe sich lediglich des Geldes wegen für einen Wechsel nach Leverkusen entschieden; die Vereinsverantwortlichen verurteilten zudem die Leverkusener Vorgehensweise beim Transfer. »Es ist unkorrekt, unanständig und verstößt zudem gegen die FIFA-Bestimmungen, wie sich Leverkusen an unseren Spieler herangemacht hat«, so Friedrich. Diese sehen vor, dass ein Klub »auf keinen Fall an einen bei einem anderen Verein unter Vertrag stehenden Spieler herantreten darf, mit der Absicht, den Spieler zur vorzeitigen Vertragsauflösung zu bewegen.«

»Es war eine schöne Zeit für mich. Ich wurde Meister da, wir haben Champions League gespielt.«

Michael Ballack im Nachhinein über seine Zeit in der Pfalz

Michael Ballack war bemüht, die Gerüchte zu dementieren: »Das mit dem Geld ist doch eine Milchmädchenrechnung. Wenn ich ein Jahr warten würde, wäre ich ablösefrei und könnte richtig Handgeld abkassieren. Aus rein sportlichen Gründen habe ich mich für Leverkusen entschieden. Deshalb habe ich mir von Kaiserslautern gar kein Angebot mehr machen lassen.« Es glaubten ihm jedoch die wenigsten. Vorstandsvorsitzender Friedrich drohte sogar mit einer Untersuchung des Transfers vor dem DFB-Kontrollausschuss: »Laut FIFA hätte uns Leverkusen schriftlich bitten müssen, Kontakt zu Ballack aufnehmen zu dürfen. Fakt ist aber, dass Ballack bei der Nationalmannschaft der Mund wässrig gemacht worden ist, schon auf der Florida-Reise Anfang Februar. Danach sprach er plötzlich davon, er fühle sich beim 1. FCK unwohl, unter Druck gesetzt und werde vom Trainer nicht mehr akzeptiert.«

Bayer-Manager Reiner Calmund schlug via Kölner »Express« zurück: »Es ist von Lautern pharisäerhaft, sich zu beschweren. Sie haben es bei unserem Nico Kovac genauso gemacht. Die Bundesliga ist kein anständiges Spiel, aber wir sind ja auch nicht im Sanatorium.« Und auch Michael Ballack wollte Friedrichs Vermutungen nicht auf sich sitzen lassen. Im »kicker« sagte er: »Wie soll noch eine Zusammenarbeit möglich sein, wenn immer wieder neue Lügen über mich erzählt werden?« Der Verein brummte ihm daraufhin eine Geldstrafe von 5000 Mark auf.

Ein unmoralisches Angebot

Der Hintergrund von Friedrichs Verhalten war klar: Er versuchte, eine möglichst hohe Ablösesumme herauszuschlagen. Und auf einmal kam wieder der FC Bayern München ins Spiel, der im Frühjahr fast doppelt so viel geboten hatte wie die 5,2 Millionen Mark, die Leverkusen für eine sofortige Freigabe locker machen wollte.

Verweigert Michael Ballack die vorzeitige Freigabe: Kaiserslauterns Vorstandsvorsitzender Jürgen Friedrich.

Friedrichs Plan: Nach München würde er den Spieler sofort ziehen lassen, nach Leverkusen nicht – ein geradezu unmoralisches Angebot, das Michael Ballack entsprechend kommentierte: »Das wäre pure Erpressung, ja Viehhandel. Ohne meine Zustimmung ginge das nicht. Ich stehe bei Bayer im Wort, da kann München zahlen, was es will.«

Die Wochen zogen ins Land, ohne dass sich Kaiserslautern und Leverkusen auf einen Transfer einigen konnten. Michael Ballack setzte den Klubs daraufhin Anfang Juli ein Ultimatum: »Wenn ich am Montag das Training auf dem Betzenberg aufnehmen sollte, dann werde ich mich nicht mehr verkaufen lassen und bis Saisonende bleiben. Dann gehe ich am 1. Juli 2000 nach Leverkusen: ablösefrei.« Damit befanden sich beide Parteien unter Druck: Kaiserslautern stünde völlig ohne Einnahme da, Leverkusen ohne seinen Wunschspieler. Doch das Ultimatum verstrich ergebnislos.

Also nahm Michael Ballack Anfang Juli das Training am Betzenberg auf. Jürgen Friedrich erklärte das Wechselthema offiziell für beendet und alles deutete darauf hin, dass der Jung-Profi tatsächlich seinen Vertrag bei den »Roten Teufeln« erfüllen werde. Im »kicker«-Sonderheft zur Saison 1999/2000 posierte das »Streitobjekt« auf dem Mannschaftsfoto der »Roten Teufel«. »Da hatte ich schon mit Leverkusen abgeschlossen«, erinnert sich Michael Ballack. Otto Rehhagel konnte sich mit dem Verbleib des 22-Jährigen anfreunden und versprach, ihm eine faire Chance auf einen Stammplatz zu geben: »Ich werde ihn so behandeln, wie alle anderen Spieler auch.« Die Fans indes bereiteten Michael Ballack beim Trainingsauftakt einen »heißen Empfang«. Alle seiner Aktionen wurden mit Pfiffen begleitet.

Wie es der Zufall wollte, führte das Los Kaiserslautern und Leverkusen in der 1. Runde des Ligapokals zusammen. Michael Ballack fiel allerdings für die Partie in Jena mit einer Reizung der linken Gesäßmuskulatur aus; Leverkusen gewann 3:1. Am Rande des Spiels unternahm Leverkusens Sportdirektor Rudi Völler einen letzten Versuch, den Mittelfeldakteur doch noch in die Farbenstadt zu lotsen: Leverkusen war bereit, über das bisherige Ablöseangebot von 5,2 Millionen Mark hinaus zu gehen. »Im Interesse von Michael ziehen wir schnell einen Schlussstrich, führen in den nächsten Tagen Gespräche und beenden die unbefriedigende Situation«, ließ Rudi Völler verlauten.

Für 7,8 Millionen Mark nach Leverkusen

Fünf Tage später war der Transfer endlich in trockenen Tüchern. Leverkusen zahlte sofort 6,0 Millionen Mark an die »Roten Teufel« und verpflichtete sich zudem, einen Nachschlag zu entrichten, wenn mit Michael Ballack ein Titel gewonnen wird, wenn der Profi eine gewisse Anzahl an Pflichtspielen absolviert und/oder wenn er zu einem späteren Zeitpunkt zu einem anderen Verein transferiert wird (nach Berechnungen des Internet-Portals www.transfermarkt.de spülte der Transfer am Ende insgesamt knapp 7,8 Millionen Mark in die Kasse der Pfälzer). Michael Ballack unterschrieb beim Werksklub statt der ursprünglich vereinbarten drei Jahre gleich einen Sechs-Jahres-Vertrag bis zum 30. Juni 2005 (!), inklusive Freigabeklausel für einen vorzeitigen Wechsel. Sein Salär sollte anfangs 2,5 Millionen, später 4,5 Millionen Mark betragen.

Wechselwillig: Michael Ballack posierte bei Fotoaufnahmen zu Saisonbeginn 1999/2000 mit sichtlich unzufriedener Miene noch im Dress der »Roten Teufel«.

Leverkusens Geschäftsführer Wolfgang Holzhäuser erklärte zwar, dass eine derartige Ablösesumme für einen Spieler, der zwölf Monate später kostenlos zu haben gewesen wäre, »aus betriebswirtschaftlicher Sicht keinen Sinn« mache, gleichzeitig sagte er aber auch: »Wir sehen den Transfer in erster Linie unter sportlichen Gesichtspunkten.« Trainer Christoph Daum, wie Michael Ballack gebürtiger Sachse, hatte für seinen Wunschspieler einen Stammplatz im defensiven Mittelfeld vorgesehen. Zufrieden erklärte der Neu-Leverkusener: »Ich bin froh, dass das endlose Theater endlich vorbei ist und ich mich wieder voll auf den Fußball konzentrieren kann.«

Nach einer kurzen Stippvisite in seiner neuen Heimat, um die nötigen Formalitäten wie Wohnungssuche und Fotoaufnahmen für Autogrammkarten zu erledigen, trat Michael Ballack gemeinsam mit seinen neuen Mannschaftskameraden Paulo Rink, Oliver Neuville und Bernd Schneider, beide Zugänge aus Rostock bzw. Frankfurt, die Reise mit der Nationalmannschaft zum Confederations Cup nach Mexiko (siehe Kapitel »Reise ohne Gegenliebe«) an.

»In Leverkusen sehe ich ein Konzept, beste Chancen für mich. Wenn es mir nur ums Geld gehen würde, hätte ich ins Ausland wechseln müssen.«

Michael Ballack über seinen Wechsel zu Bayer

Die Nummer des Ex-Weltmeisters

Müde von der Mexiko-Reise mit der Nationalmannschaft und als einer der Versager von Guadalaja abgestempelt, trat Michael Ballack Mitte Juli 1999 verspätet seinen Dienst bei seinem neuen Arbeitgeber an. Nach zwei zweiten und einem dritten Platz in den vergangenen drei Jahren formulierte der schwergewichtige Manager Reiner Calmund das Saisonziel kurz und bündig mit den Worten: »Volle Attacke auf die Spitze.« Auch Trainer Christoph Daum gab sich angriffslustig: »Wir müssen alles daran setzen, die Schale herzuholen.« Dafür ließ Bayer nichts unversucht: Fast 23 Millionen Mark wurden in Neuverpflichtungen investiert.

Neben Michael Ballack kamen unter anderem die Neu-Nationalspieler Bernd Schneider von Eintracht Frankfurt und Oliver Neuville von Hansa Rostock, der Brasilianer Robson Ponte vom FC Guarani und Zweitliga-Torjäger Thomas Brdaric von Fortuna Köln. Der junge Sachse ließ sich von der Euphorie in der Farbenstadt anstecken: »Qualitativ hat sich Leverkusen so verstärkt, dass wir am Thron der Bayern rütteln können.«

»Der tägliche Konkurrenzkampf mit den absoluten Spitzenspielern, das bringt einen jungen Spieler weiter. Man muss ständig um seine Chance kämpfen.«

Michael Ballack über seine ersten Eindrücke bei seinem neuem neuen Klub

Vor allem die Zusammenarbeit mit Trainer Christoph Daum hatte es ihm schon nach wenigen Übungseinheiten angetan: »Ein Top-Trainer. Im taktischen Bereich, an verschiedenen Systemen und am Zweikampfverhalten arbeiten wir bei ihm mehr. Deshalb wollte ich ja auch unbedingt zu ihm wechseln, weil ich fest davon überzeugt bin, dass ich mich bei ihm weiterentwickeln werde.«

Eigentlich war für Michael Ballack bei Bayer die Rückennummer 15 reserviert, die in der Saison zuvor Paulo Rink trug. Der Deutsch-Brasilianers sollte zum FC Santos ausgeliehen werden, das Geschäft scheiterte jedoch in letzter Sekunde und der 22-Jährige musste sich eine Alternative suchen: Die Wahl fiel auf die legendäre 13, die bei Bayer in den drei Jahren seit dem Karriereende von Ex-Weltmeister Rudi Völler nicht mehr vergeben wurde. »Rudi hat mich jedoch gebeten, seine Rückennummer weiter zu tragen«, erinnert sich Michael Ballack, der sich auch bei künftigen Auftritten in der Nationalmannschaft auf die »Unglückszahl« festlegte.

Parallelen zu Fernando Redondo

In seiner Kindheit und Jugend war für Michael Ballack der ehemalige DDR-Nationalspieler Rico Steinmann das fußballerische Vorbild. In seinem weiteren Karriereverlauf hatte es ihm vor allem ein anderer Techniker angetan: Fernando Redondo von Real Madrid, später beim AC Mailand. »Ich mag es, ihm zuzusehen«, sagte er.

Redondo galt in der zweiten Hälfte der Neunziger Jahre als der Inbegriff des besten defensiven Mittelfeldspielers der Welt. Michael Ballack hatte es vor allem die Spielanlage des sieben Jahre älteren Argentiniers angetan – kein Wunder, ähnelt sie doch der seinen: Redondo galt als Mittelfeldstratege, dessen Stärken im Spiel aus der Tiefe liegen. Einer, der meist die gegnerischen Angriffe abfing, das Spiel lesen konnte und Angriffe aus der Defensive einleitete. Dazu Michael Ballack: »Auch ich mag es, wenn ich das Spiel vor mir habe.«

Der aus der Talentschmiede der Argentinos Juniors aus Buenos Aires stammende Redondo, mit vollem Namen Fernando Carlos Neri Huerta Redondo, kam 1990 nach Europa. Mit 21 Jahren schloss er sich dem spanischen Erstligisten CD Teneriffa an. Nach vier Jahren veränderte sich der 1,86 Meter große und damit auch von der Statur her Michael Ballack ähnelnde Spielgestalter innerhalb der Primera Division zu Real Madrid. 1998 und 2000 gewann er mit den »Königlichen« die Champions League, 1995 und 1997 die Meisterschaft. In der Saison 1999/2000 wurde er zum besten Spieler der Champions League gewählt.

Im Jahr 2000 wechselte Redondo für die Ablösesumme von 22 Millionen Euro zum AC Mailand. Unmittelbar nach seiner Ankunft in der Lombardei zog er sich im Training einen Kreuzbandriss zu, infolgedessen er fast zweieinhalb Jahre (!) pausieren musste. Nach Ende dieser Leidenszeit gewann der Argentinier mit »Milan« 2003 zwar noch einmal die Champions League und 2004 die Meisterschaft, konnte aber nie mehr an seine Form früherer Tage anknüpfen. Nach einem kurzen Flirt mit dem englischen Erstligisten Bolton Wanderers beendete der 29-fache Nationalspieler und WM-Teilnehmer 1994 im Herbst 2004 seine Karriere. Bemerkenswert: Während seiner Verletzungspause verzichtete Redondo freiwillig auf das Gros seines Gehaltes.

Zweikampf der Superstars: Milans Fernando Redondo (links) gegen Reals Luis Figo

Schwere Knieverletzung

Das Engagement beim Werksklub begann allerdings denkbar schlecht. Nach seinem durchwachsenen Einstand beim 0:0 zum Bundesliga-Auftakt in Duisburg (»kicker«-Note 4) zog er sich im Training einen Innenbandriss im linken Knie zu – und das ausgerechnet zwei Tage vor dem Schlagerspiel gegen den FC Bayern. Bei einem Zweikampf um den Ball war Mannschaftskollege Miroslav Spizak auf sein gestrecktes Bein gestürzt; nach ersten Untersuchungen war von zehn Wochen Pause die Rede. Bayer siegte auch ohne seinen Mittelfeldmann nach späten Toren von Ulf Kirsten (79. Minute) und Oliver Neuville (85.) mit 2:0 – Michael Ballack erlebte die Partie im Krankenbett, nachdem er sich einer Operation unterziehen musste.

Zum Zuschauen verdammt: Knapp drei Monate fiel Michael Ballack anfangs verletzungsbedingt in Leverkusen aus.

Insgesamt fiel der Sachse 93 Tage aus – nach der Meniskusverletzung sieben Jahre zuvor war es die schwerste Verletzung seiner Karriere. Als mitten in den Reha-Maßnahmen auch noch eine Sehnenreizung auftrat und eine konservative Behandlung nicht den gewünschten Erfolg zeigte, musste Michael Ballack Ende Oktober ein zweites Mal unters Messer. »Es war wie ein Teufelskreis«, erinnert er sich zurück.

»Ich bin einer, der in zentraler Position spielt und sich oft zwischen Sicherheits- und Risikopass entscheiden muss. Ich gehe meistens das Risiko ein. Das beinhaltet natürlich auch Ballverluste, die schnell nach Lässigkeit aussehen. Ist es aber nicht.«

Michael Ballack über den Vorwurf, seine Spielweise wirke phlegmatisch

Die komplette Vorrunde der Champions League fand ohne den Mittelfeldmann statt. Und verlief für Bayer ausgesprochen unglücklich: Nach zwei 1:1-Unentschieden gegen den späteren Gruppensieger Lazio Rom, einem 2:0-Auswärtssieg bei NK Maribor, einem 1:1 und einer 2:4-Niederlage gegen den ukrainischen Meister Dynamo Kiew sollte das letzte Heimspiel zum großen Triumph werden – gegen Schlusslicht Maribor musste fürs Weiterkommen nur noch ein Sieg her. 22 500 Zuschauer in der ausverkauften BayArena, darunter Michael Ballack, trauten jedoch ihren Augen nicht: Die völlig verängstigte Bayer-Elf blamierte sich beim 0:0 bis auf die Knochen und verspielte die so gut wie sicher geglaubte Teilnahme an der Zwischenrunde. Punkt- und torgleich mit dem Zweiten Dynamo Kiew, aber auf Grund eines weniger erzielten Treffers, landete Leverkusen nur auf Platz drei. Der damit verbundene Quereinstieg in die dritte Runde des Uefa-Cups war da nur ein schwaches Trostpflaster.

Auch im nationalen Spielbetrieb lief es für Bayer, gemessen an den eigenen Ansprüchen und Erwartungen, nicht wunschgemäß: Im DFB-Pokal scheiterte die Mannschaft nach Freilos in den Runden eins und zwei gleich im ersten Auftritt beim Zweitligisten Waldhof Mannheim mit 2:3 nach Verlängerung. Und in der Bundesliga rangierte der Vizemeister nach elf Spieltagen mit drei Zählern Rückstand auf Tabellenführer Bayern München lediglich auf Position vier. Hinter vorgehaltener Hand wurde erste Kritik an Trainer Christoph Daum geübt, dessen häufige Trainingsabsenzen aus privaten Gründen für zusätzliche Unruhe sorgten.

Siegtreffer im Friuli-Stadion

Erst mit Verspätung konnte Michael Ballack seinem neuen Arbeitgeber zeigen, was er wert ist. Am 20. November, dem 12. Spieltag, meldete er sich ins Bayer-Team zurück. Beim 1:1-Unentscheiden gegen Hansa Rostock feierte er sein Heimdebüt: In der 62. Spielminute wurde er für Zoran Mamic eingewechselt. Nur drei Tage später stand das Uefa-Cup-Spiel beim italienischen Vertreter Udinese Calcio auf dem Programm. Und Michael Ballack, erstmals seit über drei Monaten wieder in der Anfangself, avancierte im Friuli-Stadion zum Matchwinner: Mit seinem »goldenen Schuss« zum 1:0-Sieg in der 76. Minute stieß

Kein Respekt vor dem späteren Vorgesetzten: Michael Ballack bringt den Milan-Profi und späteren Nationalmannschafts-Manager Oliver Bierhoff bei einem Freundschaftsspiel im August 1999 zu Fall.

er für Bayer das Tor zum Achtelfinale ganz weit auf. Nach einem Pass von Jens Nowotny brachte der 23-Jährige den Ball akrobatisch unter Kontrolle und drosch ihn, aus der Drehung, aus 13 Metern ins Netz.

»Heute hat man gesehen, warum wir Michael sofort haben wollten«, resümierte Manager Reiner Calmund in Anspielung auf das Wechseltheater im Sommer. Und der Torschütze selbst sagte: »Bei dem Tor fühlte ich mich einfach Klasse, da wurde ich belohnt für die zwölfwöchige Quälerei in der Reha.« Zugleich warnte er vor dem Rückspiel zwei Wochen später: »Wenn du auswärts gewonnen hast, gibt es immer diesen Hang zum ›Lala‹ im Rückspiel. Udine hat keine tollen Einzelspieler, die Mannschaft wirkt aber sehr kompakt. Wir dürfen auf keinen Fall in Rückstand geraten, das wäre fatal.«

»Ein Griff ins Glück. Ballack schießt in der 27. Minute das Tor. Hat die Ablöse schon fast wieder eingespielt.«

BILD nach dem 1:0-Auswärtssieg im Uefa-Cup in Udine

Vier Länderspiele fanden ohne den Rekonvaleszenten statt, doch Michael Ballack gab sich im Hinblick auf die bevorstehende Europameisterschaft in Holland und Belgien optimistisch: »Um einen Platz im EM-Kader zu schaffen, ist es noch nicht zu spät.« Mut gaben ihm regelmäßige Telefonate mit Teamchef Erich Ribbeck: »Er hat mich während meiner Verletzung aufgemuntert.« Auch im Rückspiel gegen Udine war Michael Ballack Torschütze des einziges Bayer-Treffers – der allerdings nicht für den Einzug ins Achtelfinale reichen sollte. Denn wie schon fünf Wochen zuvor gegen Maribor versagten Bayer vor eigenem Publikum erneut die Nerven.

Nach 18 Minuten lagen die Italiener nach zwei Treffern von Massimo Margiotta schon mit 2:0 in Front. Trotz Michael Ballacks Anschlusstreffer in der 22. Minute kam Udine auf Grund der mehr erzielten Auswärtstore weiter. »Wir haben zwar acht Europacupspiele bestritten und 30 Millionen Mark eingenommen, aber am Ende stand ein bitteres Frusterlebnis«, kommentierte Manager Reiner Calmund den vorzeitigen K.o. Der Sport-Informationsdienst (sid) schob Trainer Christoph Daum die Schuld in die Schuhe: »Der Bayer-Coach trug ein gerüttelt Maß Schuld an der Niederlage, denn seine Aufstellung erwies sich als Flop. Daum nominierte mit Abwehrspieler Torben Hoffmann einen Unsicherheitsfaktor in seiner Anfangsformation und erlitt mit seiner eher abwartenden Taktik mit nur einer Angriffsspitze (Ulf Kirsten) Schiffbruch.«

Technisch versierte Mittelfeldachse

In den verbleibenden vier Bundesliga-Spielen bis zur Winterpause wurde Michael Ballack jeweils ausgewechselt. Allerdings nicht auf Grund schwacher Leistungen, sondern wegen seines Trainingsrückstandes. Auf dem Rasen gehörte er, motiviert durch die Treffer im Uefa-Cup, zu den besseren Leverkusenern und bildete auf der halbrechten Position gemeinsam mit den Brasilianern Emerson und Zé Roberto sowie dem Deutschen Stefan Beinlich die technisch wohl versierteste Mittelfeldachse der gesamten Bundesliga. »Wenn ich fit bin, darf ich mich sicherlich als Stammspieler sehen«, sagte der Sachse. Beim 3:2-Heimsieg gegen Werder Bremen holte er nach einem Foul von Dieter Eilts einen Elfmeter heraus, den Ulf Kirsten zum 2:1 verwandelte. Und beim 2:2 gegen den Hamburger SV bereitete er das 1:1 durch Stefan Beinlich mustergültig vor.

»Die Vergleiche mit Franz Beckenbauer ehren mich einerseits, andererseits habe ich meinen eigenen Stil und den muss ich entwickeln.«

Michael Ballack über die immer wiederkehrenden Vergleiche mit Franz Beckenbauer

Michael Ballack verdiente sich Bestnoten und wurde am 15. Spieltag vom Fachblatt »kicker« erstmals in der neuen Saison und zum dritten Mal in seiner Karriere in die »Elf des Tages« gewählt. BILD am SONNTAG verglich ihn am 2. Januar 2000 abermals mit dem jungen Franz Beckenbauer: »Wie Ballack den Körper einsetzt, den Ball führt und spielt, erinnert an die Eleganz eines Franz Beckenbauer. ›Franz‹ ruft man ihn auch auf Grund seiner Lässigkeit im Umgang mit dem Spielgerät. Dass man ihm, wie einst dem ›Kaiser‹, Fehler verzeiht, so weit ist er aber noch nicht.«

Im Wintertrainingslager von Bayer an der türkischen Riviera arbeitete Michael Ballack besonders ehrgeizig, schob Sonderschichten und holte rasch den nach seiner Verletzung entstandenen Konditionsrückstand auf. Nach Rückkehr nach Leverkusen erklärte er: »Ich stehe voll im Saft.« Und das bekam am ersten Spieltag nach der Pause gleich der MSV Duisburg zu spüren: Mit einer überragenden Leistung (»kicker«-Note 1,5) spielte sich Michael Ballack erneut in die »Elf des Tages«. BILD am SONNTAG bezeichnete seinen Auftritt als »absolut Weltklasse« und Bayer siegte ungefährdet 3:0. Mit einem Traumpass über 40 Meter bereitete er den letzten Treffer durch Beinlich vor. In der Tabelle schloss Leverkusen zu Spitzenreiter Bayer München (beide 37 Punkte) auf.

Ballack statt Häßler?

Und schon am zweiten Spieltag nach der Winterpause, einem nasskalten Mittwochabend Anfang Februar, stand das Spitzenspiel zwischen beiden Teams auf dem Programm. »Wir brauchen uns nicht zu verstecken, sind auf einzelnen Positionen sogar besser besetzt«, gab sich Michael Ballack vor dem großen Duell angriffslustig. Die Partie hielt jedoch nicht, was sie versprach. Die Münchner erteilten dem Herausforderer eine Lektion: Bereits in der zweiten Minute leitete der technisch wie läuferisch erneut überforderte Innenverteidiger Torben Hoffmann mit einem Eigentor die 1:4-Niederlage ein; Michael Ballack erzielte mit einem direkt verwandelten Freistoß in der 65. Minute den Leverkusener Ehrentreffer.

Für den Mittelfeldmann war es der erste Bundesliga-Treffer im Bayer-Dress, gleichzeitig ging für ihn aber auch eine kleine Erfolgsserie zu Ende: Im neunten Bundesliga-Einsatz für Leverkusen kassierte er die erste Niederlage. Stück für Stück arbeitete sich Michael Ballack an seine Bestform heran und wurde immer mehr zu einer tragenden Säule im Bayer-Spiel. Der »kicker« schrieb in seiner Ausgabe vom 14. Februar 2000: »Ballack – ein Mann für alle Fälle. Die Investition hat sich für Bayer Leverkusen gelohnt. Der Allrounder entpuppte sich nach Startproblemen als Volltreffer.«

DFB-Teamchef Erich Ribbeck weilte immer öfter in der BayArena, um die Entwicklung des 23-Jährigen persönlich in Augenschein zu nehmen. Jupp Derwall, einer seiner Amtsvorgänger, empfahl ihm sogar, den jungen Leverkusener dem international erfahrenen Dribbelkünstler und Weltmeisters von 1990, Thomas Häßler, bei der bevorstehenden EM in Belgien und Holland vorzuziehen. »Ballack statt Häßler« schrieb Derwall in seiner »kicker«-Kolumne.

Hier geblieben: Kaiserslauterns Ciriaco Sforza stoppt Michael Ballack unfair. Mario Basler und Ulf Kirsten (links) beobachten die Szene.

Wiedersehen mit Otto Rehhagel

Der 23. Spieltag hielt dann eine besonders reizvolle Aufgabe für den Neu-Leverkusener bereit: Die Rückkehr auf den Kaiserslauterer Betzenberg und das Wiedersehen mit Otto Rehhagel. Michael Ballack rechnete mit einem freundlichen Empfang durch die Fans (»Warum nicht? Ich hatte eigentlich immer ein gutes Verhältnis zu ihnen«) und ein ebenso entspanntes Aufeinandertreffen mit seinem ehemaligen Trainer, der ihn in der Schlussphase der vorangegangenen Saison zum Bankdrücker degradierte: »Das ist alles bereinigt. Ich werde ihm ganz normal gegenüberstehen. Ich habe kein Problem mit Otto Rehhagel.« Zumindest was die Fans betraf, sollte sich der Mittelfeldmann irren: Mit üblen und lautstarken Beschimpfungen empfingen sie ihren »verlorenen Sohn«.

»Das Verhältnis war tot. Er hat nicht mehr mit mir gesprochen. Aber heute reden wir wieder miteinander. Ich bin froh, dass ich mal so einen Trainer hatte.«

Michael Ballack vor dem ersten Wiedersehen mit seinem Ex-Trainer Otto Rehhagel

Die Schmähgesänge perlten an Michael Ballack unbeeindruckt ab und nach anfänglichen Orientierungsschwierigkeiten (»Klar war ich zunächst nervös und musste aufpassen, dass ich bei der Ankunft nicht in die falsche Kabine ging«) wurde die Rückkehr zu einem einzigen Triumphlauf: Gemeinsam mit Zé Roberto, Stefan Beinlich und Emerson wirbelte er im Mittelfeld (»kicker«-Note 2,5) und war maßgeblich am 3:1-Erfolg beteiligt. »Verflucht! Ballack ging als Sieger«, titelte tags darauf BILD am SONNTAG. Trainer Christoph Daum gab seinem Jungstar als Belohnung für den nächsten Tag trainingsfrei – Michael Ballack durfte in der Pfalz alte Freunde und seine künftigen Schwiegereltern besuchen.

Michael Ballack tat das Vertrauen seines Trainers gut und im folgenden Heimspiel gegen den VfL Wolfsburg legte er noch eine Schippe drauf. Manager Reiner Calmund kam vor Begeisterung über die erneut spektakuläre Vorstellung des Mittelfeldmannes, die der »kicker« mit der Note 1,5 und der dritten Berufung in die »Elf des Tages« innerhalb von zehn Spieltagen belohnte, aus dem Schwärmen nicht mehr heraus: »Er ist einer für die Zukunft, der unser deutsches Mittelfeld beleben kann, er sieht so gut aus wie der junge Franz Beckenbauer, hat den Weitblick wie Franz, bewegt sich wie Franz und spielt Pässe wie Franz.« Auch DFB-Teamchef Erich Ribbeck, abermals in der BayArena zu Gast, war angetan: »Er war

Regenschlacht: Beim Freundschaftsspiel in Zagreb feiert Michael Ballack nach achtmonatiger Pause ein gelungenes Comeback im Nationalteam.

super. In dieser Verfassung ist er eine echte Alternative für meinen Kader.« Als Ribbeck wenige Tage später sein Aufgebot für das Länderspiel in Kroatien benannte, war Michael Ballack erstmals nach achtmonatiger Pause wieder vertreten.

Bei sintflutartigen Regenfällen vor nur 8000 Besuchern im Maksimir-Stadion von Zagreb feierte der Sachse ein gelungenes Comeback. Nach dem 1:1 titelte BILD »Vier Neue machen uns Hoffnung« und meinte damit neben Torschütze Marko Rehmer und Mittelfeld-Regisseur Dariusz Wosz (beide Hertha BSC Berlin) auch die Leverkusener Jens Nowotny und Michael Ballack. Das Springer-Blatt schrieb: »Ein Defensiv-Mann, der auch elegant Fußball spielen kann. Manager Calmund nennt ihn den ›kleinen Kaiser‹.« Michael Ballack sagte nach seiner geglückten Nationalmannschafts-Rückkehr: »Ich bin meinem EM-Traum einen Schritt näher gekommen.«

»Mich erinnert Michael Ballack an Bernd Schuster. Auch er lässt sich nicht von 98 Fehlpässen hintereinander beirren. Die Nummer 99 und 100 kommen garantiert an und bringen uns meist die Riesenchance.«

Bayer-Manager Reiner Calmund übt einen Vergleich mit dem »blonden Engel«

Traum von der zweiten Meisterschaft

In der Bundesliga-Rückrunde lief es für Leverkusen immer besser, zeitweise spielte sich die Mannschaft sogar in einen Rausch. Wie beim 9:1-Sieg beim SSV Ulm, zu dem Michael Ballack in der 75. Minute das 7:0 beisteuerte, oder dem 2:1 am 27. Spieltag beim Tabellen-Vierten TSV 1860 München, mit dem die Farbenstädter den FC Bayern (nur 1:1 in Wolfsburg) erstmals seit dem 6. Spieltag wieder an der Tabellenspitze ablösten. Immer häufiger fiel das Wort »Meisterschaft« rund um die BayArena und Michael Ballack gab sich kampfeslustig: »Mit unserem Kader muss man Meister werden wollen, oben mitspielen tun wir ohnehin.« Ebenso optimistisch zeigte er sich im Hinblick auf seine Teilnahme an der bevorstehenden EM in Belgien und Holland: »Wenn ich so weiterspiele wie zuletzt, habe ich gute Chancen.«

Mit einem 4:1-Erfolg gegen Arminia Bielefeld – Michael Ballack erzielte in der 38. Minute auf

Champions League

Vorrunden-Gruppe F:		Spiele	Tore	Punkte
1.	Lazio Rom	6	13:3	14
2.	Dynamo Kiew	6	8:8	7
3.	Bayer 04 Leverkusen	6	7:7	7
4.	NK Maribor	6	2:12	4

Uefa-Cup

3. Runde: Bayer 04 Leverkusen – Udinese Calcio 1:0, 1:2

Vorarbeit von Zé Roberto seinen erster Kopfball-Treffer in der Bundesliga – und der gleichzeitigen 1:2-Derby-Niederlage des FC Bayern gegen den TSV 1860 München bauten die Leverkusener ihren Vorsprung am 30. Spieltag sogar auf drei Punkte aus – die erste Meisterschaft der Vereinsgeschichte rückte immer mehr in Reichweite. Und Michael Ballack, der als Einziger im Bayer-Team schon einmal die Schale in den Händen halten durfte, lehnte sich in Interviews mit Äußerungen wie »Wir werden Meister – zu 100 Prozent« (Sport Bild) oder »Wir haben am Ende fünf Punkte Vorsprung« (Bravo Sport) ungewohnt weit aus dem Fenster. Was ihn so zuversichtlich stimmte: »Unser großer Vorteil ist, dass wir aus eigener Kraft Platz eins halten können. Die Bayern dagegen müssen auf Ausrutscher von uns hoffen. Zudem können wir uns ganz auf das Titelrennen konzentrieren, während der FC Bayern mit DFB-Pokal und Champions League noch in zwei anderen Wettbewerben dabei ist.«

Bayer 04 Leverkusen – Saison 1999/2000 (1. Bundesliga)

Tor
Dirk Heinen
Frank Juric
Adam Matysek

Abwehr
Markus Happe
Torben Hoffmann
Robert Kovac
Zoran Mamic
Jens Nowotny
Boris Zivkovic

Mittelfeld
Michael Ballack
Stefan Beinlich
Emerson
Vratislav Gresko
Frankie Hejduk
Robson Ponte
Carsten Ramelow
Jörg Reeb
Bernd Schneider
Jurica Vranjes
Zé Roberto

Angriff
Thomas Brdaric
Ulf Kirsten
Oliver Neuville
Thomas Reichenberger
Paulo Rink

Trainer
Christoph Daum

Abschlusstabelle Bundesliga:

		Spiele	Tore	Punkte
1.	FC Bayern München	34	73:28	73
2.	Bayer 04 Leverkusen	34	74:36	73
3.	Hamburger SV	34	63:39	59
4.	TSV 1860 München	34	55:48	53
5.	1. FC Kaiserslautern	34	54:39	50
6.	Hertha BSC Berlin	34	39:46	50
7.	VfL Wolfsburg	34	51:58	49
8.	VfB Stuttgart	34	44:47	48
9.	Werder Bremen	34	65:52	47
10.	SpVgg Unterhaching	34	40:42	44
11.	Borussia Dortmund	34	41:38	40
12.	SC Freiburg	34	45:50	40
13.	Eintracht Frankfurt	34	42:44	39
	Schalke 04	34	42:44	39
15.	Hansa Rostock	34	44:60	38
16.	SSV Ulm 1846	34	36:62	35
17.	Arminia Bielefeld	34	40:61	30
18.	MSV Duisburg	34	37:71	22

Auch vom Ausfall des bis dahin überragenden Bundesliga-Spielers dieser Saison, dem Brasilianer Emerson (Bänderriss), ließ sich Bayer nicht stoppen. Michael Ballack schlüpfte nahtlos in die Rolle des Chefs, dirigierte und lenkte den Rhythmus des Leverkusener Spiels. »Der beste Ballack, den es je gab«, schrieb der »kicker« nach dem 3:1-Sieg am 31. Spieltag bei Werder Bremen, bei dem der 23-Jährige er-

Bayers Erfolgsachse: Zé Roberto, Oliver Neuville, Stefan Beinlich und Michael Ballack sind im Frühjahr 2000 kaum zu stoppen.

neut eine überragende Vorstellung (»kicker«-Note 1,5) ablieferte. Die statistischen Werte der Bundesliga-Datenbank belegten das Formhoch: Michael Ballack gewann 55 Prozent seiner Zweikämpfe – der Liga-Durchschnitt liegt fünf Prozent darunter. Insgesamt 50 Mal, und damit alle 29 Minuten, schoss er auf das gegnerische Tor. Geradezu sensationell seine Kopfballbilanz in der Defensive: 72 Prozent aller Duelle endeten zu seinen Gunsten – kein Mittelfeldspieler der Bundesliga war besser.

»Der beste Ballack, den es je gab.«

»kicker« am 25. April 2000 nach dem 3:1-Sieg in Bremen

Das Drama von Unterhaching

Der junge Fußballer befand sich »im siebten Himmel«, aus dem er allerdings jäh gerissen wurde. Nach weiteren Siegen beim HSV (2:0) und gegen Eintracht Frankfurt (4:1) ging Bayer mit drei Zählern Vorsprung in den letzten Spieltag. Allerdings erlaubten sich die Münchner in ihren Spielen gegen Rostock (4:1) und auf der Bielefelder Alm (3:0) nicht den erhofften Ausrutscher und konnten noch dazu das um drei Treffer bessere Torverhältnis vorweisen. Trotzdem hätte Leverkusen ein Unentschieden zum Gewinn der Meisterschaft gereicht.

11 300 Besucher strömten am letzten Spieltag in den kleinen Sportpark von Unterhaching, um den großen Triumph oder tiefen Sturz von Bayer 04 mitzuerleben. Der DFB bereitete alles für eine rauschende Meisterfeier vor: Am VIP-Haus wurde ein Podest errichtet, Plakate aufgezogen und, streng bewacht von Sicherheitsleuten, die Meisterschale bereitgestellt. Die Mannschaft der gastgebenden Spielvereinigung, die sich zwei Spieltage zuvor den Klassenverbleib gesichert hatte, gab sich allerdings kampfeslustig und versprach dem großen Nachbarn FC Bayern, der gleichzeitig Werder Bremen im Olympiastadion empfing, noch einmal alles aus sich herauszuholen.

Leverkusen war jedoch auch im dritten »Endspiel« der Saison – nach dem letzten Vorrunden-Spieltag in der Champions League gegen Maribor und dem Achtelfinale im Uefa-Pokal gegen Udinese Calcio – der Drucksituation nicht gewachsen und zeigte Nerven. In der 20. Minute passierte ausgerechnet Michael Ballack ein folgenschweres Missgeschick: Der Mittelfeldmann grätschte im eigenen Strafraum in eine Flanke und leitete den Ball am völlig verdutzten Torhüter Adam Matysek zum 0:1 ins Bayer-Gehäuse – sein erstes Eigentor im Profi-Fußball, das zudem den Anfang vom Ende der Leverkusener Meisterträume einläutete. Die Mannschaft erholte sich von diesem Schock nicht mehr, wirkte von Minute zu Minute nervöser und kassierte in der 72. Minute durch Markus Oberleitner einen weiteren Gegentreffer zum 2:0-Endstand.

»Der packt das und wird unseren Fußball in den kommenden Jahren prägen.«

Unterhachings Trainer Lorenz Köstner zu den Spekulationen, Michael Ballack würde an seinem Eigentor psychisch zerbrechen

Abgang mit Tränen in den Augen: Michael Ballack verlässt den Unterhachinger Sportpark.

Michael Ballack weinte nach seiner Auswechslung in der 67. Minute hemmungslos auf der Ersatzbank, die Meisterschale wurde schon vor Abpfiff per Motorrad-Kurier ins 25 Kilometer entfernte Olympiastadion transportiert, wo der FC Bayern gegen Bremen kurz vor Schluss 3:1 führte. Buchstäblich auf der Zielgeraden hatte Bayer die sicher geglaubte Meisterschaft noch aus den Händen gegeben – ein brutaler Sturz aus der wochenlangen Euphorie ins Desaster.

Traumsaison endet mit Albtraum

Nach dem Schlusspfiff von Schiedsrichter Fandel spielten sich auf dem Rasen unbeschreibliche Szenen ab. Michael Ballack (»Das ist alles wie ein schlechter Traum«) war umgehend in der Kabine verschwunden, als er das Endergebnis (3:1) aus dem Olympiastadion hörte. Trainer Christoph Daum, der sich hinter dem Tor minutenlang mit seinem Sohn Marcel weinend in den Armen lag, hatte sich als einer der Ersten wieder gefasst und sagte: »Bei uns ist eine Stimmung wie auf dem Zentralfriedhof von Chicago.« Manager Reiner Calmund konstatierte: »Wir haben die

Meisterschaft verschenkt. Die Nervenbelastung war einfach zu groß. Die Spieler konnten ihre normale Leistung nicht abrufen.« Zum dritten Mal in den zurückliegenden vier Jahren wurde Bayer nur »Vize«.

Selbst beim Heimflug in einer Chartermaschine – in der eigentlich die Meisterfeier hätte stattfinden sollen – kullerten Michael Ballack immer wieder die Tränen über das Gesicht. Bei der Ankunft am Köln-Bonner Flughafen konnte ihn auch Freundin Simone Lambe nicht trösten. »Ich halte es hier nicht mehr aus. Nichts wie heim – dort werde ich die Kissen weiter vollheulen«, sagte er. »Er ist sicher der unglücklichste Mensch in ganz Deutschland«, zeigte sogar Unterhachings Trainer Lorenz Köstner Mitleid. »So etwas zerreißt einem die Seele.«

»Von den deutschen Bundesliga-Spielern hat es mir Michael Ballack am meisten angetan, der als 23-Jähriger seine Feuertaufe bestanden hat. Es macht ja sowieso schon Freude, ihm beim Spielen zuzusehen; wie er sich bewegt, in die Taktik einfügt, wie er mit dem Ball arbeitet. Aber wie er zuletzt Emerson ersetzte – das ist seine eigentlich große Leistung.«

»Premiere«-Kommentator Marcel Reif

Tags darauf hatte Bayer zu einem »Tag der offenen Tür« in die BayArena eingeladen – was eigentlich zu einer rauschenden Party mit den Fans werden sollte, wurde zu einer vergleichsweise ruhigen Abschiedzeremonie der Mittelfeldakteure Emerson und Stefan Beinlich, die den Verein Richtung AS Rom bzw. Hertha BSC Berlin verließen. Trainer Christoph Daum sorgte mit seiner Dankensrede für eine einigermaßen aufgeheiterte Atmosphäre: »Es war das beste Team, was sich je in meiner Trainer-Laufbahn hatte. Es hat eine großartige Saison gespielt, darauf können wir stolz sein.« Als Michael Ballack die Bühne betrat, hatten ihm die Fans das Eigentor von Unterhaching längst verziehen und skandierten lautstark seinen Namen. »Was soll ich sagen? Ich kann mich nur bedanken«, sagte der 23-Jährige ins Mikrofon. »Die Nacht habe ich halbwegs überstanden. Jetzt hilft nur eines: Mund abputzen – und im nächsten Jahr greifen wir wieder an.«

Für Michael Ballack ging die Traumsaison mit Albtraum zu Ende. Mit drei Toren in 23 Einsätzen hatte er seine bislang beste Bundesliga-Saison absolviert, mit einer »kicker«-Durchschnittsnote von 2,8 war er zweitbester Leverkusener Feldspieler hinter dem Brasilianer Emerson (2,6). Auch DFB-Teamchef Erich Ribbeck war überzeugt von seinem Mittelfeldstrategen und nominierte ihn ins Aufgebot für die EM in Belgien und Holland: »Michael Ballack ist ja noch ein relativ junger Spieler. Wenn er solche Rückschläge richtig verarbeitet, ist es durchaus möglich, dass sie ihm weiterhelfen.«

Ersatz für Emerson

Nach dem Debakel bei der Europameisterschaft in Belgien und Holland lechzte der spielerisch verarmte deutsche Fußball geradezu nach technisch begnadeten Spielern wie Michael Ballack. Und in der Saison 2000/2001 sollte der junge Sachse die Chance erhalten, sein Talent unter Beweis zu stellen. Der Brasilianer Emerson, überragender Leverkusener der vergangenen Saison, wechselte für 45 Millionen Mark zu AS Rom nach Italien. Trotz der Ablöse und der 15 Millionen Mark, die der neue Geldgeber RWE, der mit seinem Markenstrom »avanza« fortan auf den Bayer-Trikots warb, per annum in die Vereinskasse zahlte, agierte der Werksklub auf dem Transfermarkt zurückhaltend: Mit Berlin-Rückkehrer Andreas Neuendorf, dem Kaiserslauterer Pascal Ojigwe und dem Brasilianer Marquinhos wurden ausschließlich Spieler aus der »zweiten Reihe« geholt.

»Emerson: Der 45 Millionen Mann ist nicht zu ersetzen. Ballack, Ramelow und Vranjes sollen in diese Rolle schlüpfen – undankbare Aufgabe.«

»Sport Bild« zum Saisonstart 2000/2001

Vielmehr wurde Michael Ballack von den Bayer-Verantwortlichen das Vertrauen ausgesprochen, Emerson auf der Spielmacherposition zu ersetzen. Der Brasilianer hatte vor seinem Abgang ein gutes Wort für den 23-Jährigen eingelegt: »Er kann das spielen.« Und auch Michael Ballack gab sich erstaunlich selbstbewusst: »Wenn Emerson geht, wird hier nicht das Chaos ausbrechen. Verantwortung habe ich nie abgelehnt. Emerson ist nicht zu hundert Prozent ersetzen. Aber ich kann diese Position spielen.« Die Nackenschläge von Unterhaching und der EM glaubte er, im Urlaub verarbeitet zu haben: »Das ist eben Sport. Die Zeit heilt die Wunden sehr schnell. Ich hatte die Sache schnell aus dem Kopf. Andere haben auch schon Eigentore geschossen.« Dass mit Stefan Beinlich (ablösefrei zu Hertha BSC Berlin) ein weiterer Kreativspieler das Team verließ, machte die Aufgabe aber alles andere als leicht.

Zunächst stand Michael Ballack allerdings im Schatten eines anderen Leverkuseners: Trainer Christoph Daum wurde vom DFB als neuer Bundestrainer und Nachfolger des glücklosen Erich Ribbeck (siehe Kapitel »Die Nationalelf der Schande«) auserkoren. Weil Bayer jedoch auf eine Vertragserfüllung des 46-Jährigen pochte und der DFB eine Doppelfunktion ablehnte, wurde zwischen Klub und Verband folgender Deal geschlossen: Daum bleibt noch eine Saison in Leverkusen, dafür stellt Bayer dem DFB leihweise für eine Saison seinen Sportdirektor Rudi Völler als Teamchef zur Verfügung.

Endlich Stammplatz im Nationalteam

Mit Erfolgen in einem Testspiel gegen Spanien (4:1 in Hannover) und zum Auftakt der WM-Qualifikation gegen Griechenland (2:0 in Hamburg) feierte Völler wenige Wochen nach der EM ein geglücktes Trainerdebüt – und Michael Ballack, nach Sebastian Deisler jüngster Spieler im Team, gehörte in beiden Spielen zu seiner Startformation. Gegen die Griechen bereitete der Mittelfeldmann mit einem langen Einwurf (»Ich wusste gar nicht, dass ich so weit werfen kann«) den Führungstreffer vor und verdiente sich das Lob von Assistenztrainer Michael Skibbe: »Er hat sehr clever und gut gespielt, war sehr engagiert und hat ein prima Laufpensum absolviert.«

Historischer Sieg in Wembley: Der Engländer Paul Scholes kann Michael Ballack nur mit Foulspiel stoppen.

Rudi Völler forderte von dem Jung-Profi, künftig auch im Nationaldress mehr Verantwortung zu übernehmen – und Michael Ballack wurde dem gerecht. Auch Anfang Oktober, beim legendären 1:0-Erfolg in der WM-Qualifikation gegen England, dem letzten Spiel im alten Wembley-Stadion vor dessen Abriss, gehörte er zu den besseren Spielern auf dem Platz. Die Gazetten überschlugen sich danach mit Lob. BILD am SONNTAG analysierte: »Eine sehr starke Vorstellung des jungen Leverkuseners. Mut zum Solo und Abschluss, dazu viel ›Drecksarbeit‹ mit Bode gegen Beckham.« Und »Sport Bild« berichtete: »Das deutsche Spiel hat eine neue Mitte: Ein schöner, junger Mann, der sich leicht und elegant bewegt. Michael Ballack, 24 Jahre, eine Hoffnung. Aber auch ein Schnösel. Der mit seinen 1,89 Metern den 1,66 Meter kleinen ›Icke‹ Häßler wie einen Kasper nach dem Ball zappeln lässt.«

»Bode und Ballack ackerten David Beckham weg.«

BILD am Sonntag nach dem 1:0-Sieg der Nationalmannschaft im Londoner Wembley-Stadion

Der Leverkusener war einer der Spieler, die am meisten vom Trainerwechsel im Nationalteam profitierten. In einem »kicker«-Interview sagte er über den neuen DFB-Teamchef: »Er kennt mich besser als Erich Ribbeck, weil er ja in Leverkusen tagtäglich an der Mannschaft dran war. Er kennt meine Stärken, meine Schwächen, mein Potenzial. Deshalb kann er besser entscheiden, wo ich spiele. Erich Ribbeck hat mich wohl nicht so gut gekannt, außerdem anderen mehr vertraut als mir.«

In der Vorbereitung und zu Beginn der neuen Bundesliga-Saison hatte Michael Ballack indes noch Probleme, sich in seiner neuen Rolle zurecht zu finden. Das Vertrauen und die aufmunternden Worte von Trainer Christoph Daum (»Michael ist zwar bei weitem noch nicht in Form, genießt aber einen Vertrauensbonus im Verein. Den hat er sich durch die tolle Rückrunde verdient«) taten ihm gut. »Es war eine harte Zeit«, sagte der Jung-Profi. »Aber gerade Christoph Daum hat mich unterstützt. Er hat in jedem Training, in jedem Spiel viel von mir verlangt.«

»Michael ist einer der besten, komplettesten Fußballspieler der Welt. Der macht Dinge mit dem Ball, die nur von ganz wenigen gesehen habe, und liest dabei nebenher sogar die Zeitung. Wenn er will, kann er ein Fußballer ohne Fehler werden.«

Bayer-Trainer Christoph Daum

Revanche gegen Unterhaching

Am 3. Spieltag erzielte Michael Ballack gegen die Spielvereinigung Unterhaching das »goldene Tor« zum 1:0-Sieg. Mit seinem rechten Fuß zirkelte er den Ball aus 17 Metern ins Gehäuse – schon sein zweiter Treffer der Saison, nachdem er zuvor schon bei der 1:4-Niederlage in Stuttgart erfolgreich war. »Ballack traf diesmal in das richtige Tor«, titelte der »Sport-Informationsdienst« in Anspielung auf das verkorkste Finale der vergangenen Saison. Der Torschütze entgegnete 107 Tage nach seinem legendären Eigentor: »Ich habe mich nach dem Eigentor nicht als Sündenbock gesehen und sehe mich jetzt nicht als großer Gewinner.«

In einem von der Illustrierten »Sport Bild« vorgenommenen Test aller Spielmacher der 18 Bundesligisten heimste er danach eine gute Bewertung ein: »Ballack Spitze«, titelte das Springer-Blatt. Und schrieb weiter: »Der Leverkusener spielt die Rolle aus der Defensive heraus – wie Vorgänger Emerson. Michael Ballack ist torgefährlich und zweikampfstark. Er sucht das Duell ›Mann gegen Mann‹ geradezu. Alle 3,1 Minuten ein Zweikampf ist Spitze bei den Spielgestaltern.«

Bayer-Trainer Christoph Daum hatte in dieser Tagen allerdings nicht so viel Grund zur Freude. In die Champions League starteten die Leverkusener mit einer

0:2-Niederlage bei Spartak Moskau. Und nach der 1:2-Heimblamage am 5. Spieltag gegen Tabellen-Schlusslicht Hansa Rostock geriet der designierte Bundestrainer sogar in die Schusslinie. Zahlreiche Experten stellten sich die Frage, ob es denn überhaupt noch der Notwendigkeit seiner Verpflichtung bedürfe, wenn der bis dato zweimal siegreiche Rudi Völler doch so erfolgreich als DFB-Teamchef arbeite. Michael Ballack stellte sich öffentlich auf die Seite seines Trainers: »Das ist doch völliger Quatsch und nicht in Ordnung, dass nach so kurzer Zeit schon wieder alles in Frage gestellt wird, bloß weil Rudi Völler zwei Spiele gewonnen und Christoph Daum zwei Spiele verloren hat. Ich finde die Diskussion unfair. Dass er Bundestrainer wird,

Positiver Drogentest bei Christoph Daum

»Ich tue das, weil ich ein absolut reines Gewissen habe« – die Worte von Christoph Daum sind legendär. Mit einer unbedachten Aussage (»der verschnupfte Daum«) hatte Daums Intimfeind, Bayern-Manager Uli Hoeneß, eine beispiellose Lawine ins Rollen gebracht. Der künftige Bundestrainer wurde in der Fußballszene immer häufiger mit Drogenkonsum und Prostitution in Verbindung gebracht. Daum schaltete den Hamburger Staranwalt Matthias Prinz ein und erstattete gegen Hoeneß Strafanzeige wegen Verleumdung. Die Öffentlichkeit stand ganz klar auf der Seite des Leverkuseners: Während Daum beim Leverkusener Auswärtsspiel in Bremen von den Werder-Fans lautstark gefeiert wurde, musste Hoeneß zeitgleich in Cottbus unter Polizeischutz das Stadion verlassen. Daraufhin wies Hoeneß auf einer Pressekonferenz im Münchner Nobelhotel Arabella Sheraton, zu der mehrere hundert Journalisten und 14 Kamerateams erscheinen, alle gegen Daum erhobenen Vorwürfe zurück: »Ich habe und hatte nicht vor, Christoph Daum zu diskreditieren.«
Um die Drogen-Gerüchte zu entkräften und seine vermeintliche Unschuld zu beweisen, stimmte Daum Mitte Oktober 2000 einer Haaranalyse zu. Mit dem positiven Ergebnis überführte er sich jedoch selbst und verlor in der Öffentlichkeit Glaubwürdigkeit und Ansehen. Daum bat die Geschäftsleitung von Bayer 04 Leverkusen daraufhin um die sofortige Entbindung von seinen Aufgaben; auch der DFB löste die Vereinbarung, nach der Daum am 1. Juni 2001 Bundestrainer hätte werden sollen, mit sofortiger Wirkung auf. Daum flüchtete nach Florida.
Später trainierte er Austria Wien und den türkischen Erstligisten Fenerbahce Istanbul. In der Bundesliga wird der öffentlich als Lügner überführte Fußball-Lehrer wohl nie mehr einen Job bekommen. Michael Ballack wollte die turbulenten Ereignisse nicht weiter kommentieren. Über den Fußball-Lehrer Christoph Daum sagte er: »Ihm habe ich viel zu verdanken. Unter ihm habe ich den größten Schritt nach vorne gemacht.«

haben vor kurzem die fähigsten Fußball-Leute Deutschlands beschlossen. Die haben ihn angebettelt, dass er es macht. Hinter diesem Beschluss sollten jetzt alle stehen.«

Gala-Auftritt gegen Real

Zwei Siege, ein 2:1 bei Aufsteiger Energie Cottbus (Michael Ballack bereitete den 1:1-Ausgleich durch Paulo Rink vor) und ein 3:2 in der Champions League gegen Sporting Lissabon, ließen die Kritiker verstummen – zumindest vorerst. Die volle Aufmerksamkeit von Verein und Umfeld galt nun vielmehr dem Champions-League-Gastspiel von Titelverteidiger Real Madrid in der BayArena und dem Aufeinandertreffen von Michael Ballack mit dem Superstar der Madrilenen, dem für 116 Millionen Mark vom FC Barcelona abgeworbenen Portugiesen Luis Figo. Einen Tag nach seinem 24. Geburtstag lieferte Michael Ballack eine Gala ab und erzielte mit einem Traumtor die 2:1-Führung der Gastgeber.

»Er könnte sofort bei Real spielen.«

Bayer-Trainer Christoph Daum nach dem Champions-League-Duell

Obwohl Real nach einem Doppelschlag von Guti und Roberto Carlos (69. und 75. Minute) als glücklicher Sieger das Feld verließ, stand Michael Ballack danach im Mittelpunkt der Ovationen. »Er könnte sofort bei Real spielen«, lobte ihn sein Trainer Christoph Daum. Und auch DFB-Teamchef Rudi Völler war begeistert: »Sein Tor war der Höhepunkt des Abends.« Michael Ballack, der nach dem Spiel mit Figo das Trikot tauschte, wollte jedoch von all den Lobeshymnen nichts hören: »Wenn man nicht gewinnt, dann ist es nicht so wichtig, wie man selbst gespielt hat. Auch wenn die Partie sicherlich zu den guten meiner Karriere gehört.« Angetrieben von der guten Leistung aus dem Real-Spiel schwangen sich Michael Ballack und das Bayer-Team immer mehr zu einem Leistungshoch auf. Beim 3:3 in Bremen steuerte der Nationalspieler ein Tor bei. Ebenso den 1:0-Siegtreffer gegen Eintracht Frankfurt. Bei einem Freistoß aus 20 Metern Entfernung nahm er in der 70. Minute genau Maß und drosch den Ball an der Mauer vorbei ins Netz. In der Tabelle kletterte Bayer auf den vierten Rang.

»Ich bin jetzt 24, da ist man raus aus dem Talente-Alter. Im Verein bin ich auf dem Weg zur Führungsperson. Ich hoffe, in der Nationalmannschaft irgendwann auch in diese Rolle wachsen zu können.«

Michael Ballack über seinen Status quo im Herbst 2000

Selbst von einem der größten Skandale der Bundesliga-Geschichte ließ sich der Vizemeister nicht aus dem Rhythmus bringen: Für den bei einem Drogentest überführten Christoph Daum (siehe »Positiver Drogentest bei Christoph Daum«) nahm für vier Bundesliga- und zwei Champions-League-Spiele der von Bayer an den DFB ausgeliehene Rudi Völler als Interimscoach auf der Bank Platz.

Mit Berti Vogts an die Spitze

Auch im Champions-League-Rückspiel in Madrid, noch unter der Regie von Christoph Daum, verkaufte Bayer seine Haut teuer. Die 60 000 Zuschauer im Bernabeu-Stadion erlebten ein Torfestival, in dem Leverkusen nach Treffern von Brdaric, Kirsten und Rink mit 3:5 den Kürzeren zog. Guti (2), Helguera, Raul und Figo trafen für Real. Am vorletzten Spieltag stand das Schlüsselspiel gegen Spartak Moskau auf dem Programm – der 1:0-Erfolg über die Russen, bei dem erneut Michael Ballack das »goldene Tor« erzielte, war für Bayer allerdings zu wenig: Moskau hatte vor dem abschließenden Spieltag nicht nur drei Punkte Vorsprung, sondern konnte noch dazu eine um acht Treffer bessere Tordifferenz vorweisen. Die Chancen auf die Zwischenrunde waren allenfalls noch theoretischer Natur.

Umsonst getroffen: Trotz Michael Ballacks 1:0-Siegtreffer gegen Spartak Moskau ist für Bayer in der Champions League schon nach Vorrunde Schluss.

Rudi Völler gönnte seinem Antreiber im abschließenden Gruppenspiel gegen Schlusslicht Sporting Lissabon (0:0) deshalb eine schöpferische Pause. Wie schon in der Saison zuvor war für Leverkusen nach der Vorrunde Endstation. Trotzdem war Rudi Völlers Bilanz als Interimscoach beeindruckend: In sechs Spielen blieb er unbesiegt, das Team kassierte dabei nur einen Gegentreffer.

»In der Bundesliga ist Michael Ballack neben Mehmet Scholl der beste Kreativspieler mit deutschem Pass.«

Bayer-Trainer Berti Vogts

Mitte November machte er vereinbarungsgemäß für seinen Nachfolger Platz: Bayer verpflichtete den unweit von Leverkusen, in Korschenbroich, lebenden Ex-Bundestrainer Berti Vogts als neuen Übungsleiter. Für den 53-Jährigen war es seine erste Station in der Bundesliga – und er schrieb gleich Schlagzeilen: Mit den Ex-Nationalspielern Pierre Littbarski, Wolfgang Rolff und Toni Schumacher brachte er gleich drei Assistenten (genannt: »das Funktionsteam«) mit. Zudem nahm er in den ersten 20 Spielminuten auf der Tribüne statt Ersatzbank Platz, um sich einen besseren Überblick über Taktik und Aufstellung des Gegners zu verschaffen. Michael Ballack sagte über seine neuen Vorgesetzten: »Natürlich erfinden wir hier in Leverkusen den Fußball nicht neu. Um Erfolg zu haben, kommt es oft auf Kleinigkeiten an. Und ich habe den Eindruck, die vier erkennen diese Kleinigkeiten. In dem Bereich leisten sie sehr gute Arbeit.«

Berti Vogts erlebte einen Einstand nach Maß: Obwohl mit Michael Ballack der überragende Spieler der vergangenen Wochen wegen eines Muskelfaserrisses in der linken Wade ausfiel, triumphierte Bayer beim Hamburger SV mit 3:1 und übernahm erstmals in der Saison die Tabellenspitze.

»Real will Ballack für 37 Millionen holen.«

Die spanische Sport-Tageszeitung »AS« im November 2000

Auf der Wunschliste von Real

Seine starken Leistungen auf internationaler Bühne hatten natürlich die europäischen Großvereine aufmerksam werden lassen. Vor allem Florentino Perez, Präsident des Champions-League-Rivalen Real Madrid, war begeistert vom Können des Deutschen (»sensationell, wie er im Hinspiel gegen uns gespielt hat«) und beauftragte seinen Sportdirektor Jorge Valdano, die Möglichkeiten eines Transfers auszuloten. Die spanische Sport-Tageszeitung AS berichtete daraufhin, dass Michael Ballack noch in der Winterpause zu den »Königlichen« wechseln solle. 37 Millionen Mark Ablöse seien die Spanier bereit, zu zahlen. Bayer-Geschäftsführer Wolfgang Holz-

Spielt sich mit seinen flotten Dribblings ins Herz von Real-Präsident Florentino Perez: Michael Ballack hier im Duell mit Roberto Carlos.

häuser erteilte diesem Ansinnen jedoch eine sofortige Absage: »Ein Verkauf von Michael Ballack steht nicht zur Diskussion.« Und der Betroffene selbst sagte: »Mit mir hat niemand Kontakt aufgenommen.«

In der Winterpause kochte das Wechselthema noch einmal auf, nachdem Real seinen Chefscout Miguel Angel Portugal ins Bayer-Trainingslager nach Gran Canaria geschickt hatte. »Ballack schon klar mit Real«, titelte BILD am SONNTAG am 28. Januar 2001. Angeblich seien sich Verein und Michael Ballacks Berater Michael Becker über einen Wechsel des Spielers in der Sommerpause einig, berichteten auch die spanischen Sport-Gazetten »AS« und »Marca«. Als Ablöse standen diesmal sogar 40 Millionen im Raum. »Sport Bild« wollte sogar schon Details des Vertrages in Erfahrung gebracht haben: »Michael Ballack wird in Madrid acht Millionen Mark verdienen, netto, Steuern bezahlt Real. Und wenn er sich bei Real nicht durchsetzen sollte, kann er zu einer festgeschriebenen Ablöse (um 30 Millionen Mark) wieder gehen.«

»Leverkusen muss klar sein, dass der Verein für einen solchen Spieler eine Durchgangsstation ist«

Michael Ballacks Berater Michael Becker über die Wechselabsichten seines Klienten

Erneut musste der Umworbene dementieren: »Es ist für einen Spieler schmeichelhaft, wenn so ein Verein interessiert ist. Aber ein Wechsel ist absoluter Blödsinn. Ich werde auch in der nächsten Saison bei Bayer spielen.« Auch Berater Becker meldete sich zu Wort: Während spanische Reporter ihn bei einem Geheimtreff mit Real-Sportdirektor Jorge Valdano ausgemacht haben wollten, »war ich mit Michael Ballack auf Urlaub in Miami«, so Becker.

»Er ist einer der Besten in Deutschland. Das wird mal ein ganz Großer, garantiert.«

Real-Superstar Luis Figo über Michael Ballacks Gala-Auftritt in der Champions League

Aufgeschreckt vom hartnäckigen Interesse Reals an seinem Mittelfeld-Regisseur forderte der neue Bayer-Trainer Berti Vogts von der Vereinsführung, alles dafür zu tun, die Freigabeklausel aus Michael Ballacks Vertrag wegzuverhandeln. Diese sah vor, dass der Profi den Verein 2002 für eine fixierte Ablösesumme von 28 Millionen Mark verlassen dürfe, wenn er bei der WM in Japan und Südkorea zum deutschen Aufgebot gehört. Vogts: »Wir müssen Michael Ballack langfristig an uns binden.« Bis zu zehn Millionen Mark Handgeld soll Manager Reiner Calmund der Verzicht auf die Ausstiegsklausel wert gewesen sein – Michael Ballack allerdings winkte ab: »Ich bin erst eineinhalb Jahre in Leverkusen und habe keine Lust, jetzt schon über meinen Vertrag zu reden.« Im Nachhinein war er über die Veröffentlichung seiner Ausstiegsklausel sogar verärgert: »Seitdem hatte ich keine ruhige Minute mehr.«

Pause nach Schultereckgelenksprengung

Unmittelbar vor der Winterpause erlebte Bayer zwei Parallelen zur Vorsaison: Im DFB-Pokal blieb das Team vorzeitig auf der Strecke. Im Achtelfinale im Freiburger Dreisamstadion unterlag die Werkself vor 18 000 Zuschauern 2:3. Michael Ballack war einmal mehr der beste Spieler auf dem Platz (»kicker«-Note 2), bereitete sowohl das 0:1 durch Robson Ponte (23. Minute) als auch das 2:2 durch Ulf Kirsten (74.) vor. Und auch im Uefa-Cup schied Leverkusen sofort aus. Im Hinspiel gegen AEK Athen erlebten die Zuschauer beim 4:4 ein Torfestival. Zwei Wochen später spielte das Team im Athener Olympiastadion völlig uninspiriert und unterlag verdient mit 0:2. Michael Ballack fehlte verletzungsbedingt – auch ein Beleg für den Wert des mittlerweile 24-Jährigen im Bayer-Spiel.

Fünf Wochen Pause nach einer Schultereckgelenksprengung: Für Michael Ballack ist die Hinrunde der Saison 2000/01 vorzeitig gelaufen.

Anfang Dezember hatte sich der Bayer-Profi eine weitere Verletzung zugezogen. Im Gastspiel beim FC Bayern im Münchner Olympiastadion fiel er nach einem Zweikampf mit Jens Jeremies in der 27. Spielminute unglücklich auf die Schulter (»es war ein Foul, aber kein schlimmes. Ich bin halt unglücklich aufgekommen«) und musste sofort ausgewechselt werden. Vereinsarzt Dr. Thomas Pfeifer diagnostizierte in der Kabine: »Schultereckgelenksprengung rechts.« Von fünf Wochen Pause und einer Operation war die Rede. Die 0:2-Niederlage bei den Münchnern geriet zur Nebensache. »Wir hatten wohl ein Kopfproblem«, sagte Michael Ballack. »Dass wir in dieser Art und Weise untergehen, damit habe ich nicht gerechnet.«

Dafür hatte der Nationalspieler tags darauf nach eingehenden Untersuchungen im Krankenhaus Leverkusen-Schlebusch gute Nachrichten parat: Eine Operation der lädierten Schulter sei nicht nötig. Michael Ballack glücklich: »Die Ärzte haben mir nur eine Schlinge verpasst, damit ich Arm und Schulter ruhig halte.« Für den Rest der Vorrunde fiel er zwar aus, aber den geplanten Florida-Urlaub mit Freundin Simone Lambe konnte er antreten.

Traumstart in die Rückrunde

Beim Trainingslager für die Rückrunde auf Gran Canaria war der Jungstar wieder am Ball. Zudem stießen drei neue Spieler zum Team: Der Werksklub griff tief in die Kasse und rüstete seinen Kader mit dem brasilianischen Innenverteidiger Lucio von International de Porto Alegre, dem argentinischen Defensivkünstler Diego

Rodolfo Placente von River Plate Buenos Aires und dem bulgarischen Stürmer Dimitar Berbatov von ZSKA Sofia auf – zusammen kosteten die drei Neuen stattliche 29 Millionen Mark.

Der Start in den zweiten Saisonabschnitt verlief für Bayer und Michael Ballack optimal: Gegen den VfB Stuttgart bereitete er die 1:0-Führung durch Bernd Schneider vor, das 3:0 erzielte er per Linksschuss selbst; danach holte er auch noch den Elfmeter zum 4:0-Endstand heraus – vom »kicker« erhielt er die Note 1,5 und wurde erstmals in der laufenden Saison in die »Elf des Tages« berufen. Im Interview sagte er selbstsicher: »Wir werden Meister, weil wir fest daran glauben und weil wir einfach dran sind.« Allerdings sah er auch seine fünfte Gelbe Karte der Saison und war für die kommende Partie – Bayer gewann in Unterhaching 2:1 – gesperrt. Beim 4:1-Derbysieg am 21. Spieltag gegen den 1. FC Köln sahen die 22 500 Zuschauer in der BayArena wieder einen bestens aufgelegten Michael Ballack, der in der 65. Minute per Kopfball bereits seinen siebten Saisontreffer erzielte.

»Er zieht den Ball an, als hätte er Klebstoff am Schuh. Plötzlich schüttelt er Gegner wie Fliegen ab. Und grätscht wie ein Erdarbeiter.«

»Sport Bild« über die Spielanlage von Michael Ballack

Die immer stärkenden Leistungen des Jungstars ließen auch den FC Bayern wieder aufmerksam werden und nach den eher halbherzigen Bemühungen im Frühjahr 1999 nahm der Rekordmeister einen neuen Anlauf, Michael Ballack zu sich zu lotsen. Unter der Überschrift »Die Aktion Ballack läuft« berichtete der »kicker« von den Bemühungen der Münchner und zitierte Michael Ballacks Berater Michael Becker mit den Worten: »Es gibt viele Anfragen. Auch die Bayern haben sich wegen der Laufzeit von Michaels Vertrag und der Ausstiegsklausel erkundigt.« Um die Angebote zu sichten und in Ruhe die Zukunft zu erörtern, lud Becker seinen Schützling zu Besprechungen in sein Büro nach Luxemburg. Der in die Jahre gekommene Bayern-Spielmacher Stefan Effenberg schlug den Leverkusener derweil sogar als seinen Nachfolger vor und riet seinem Arbeitgeber: »Ballack ist einer. Den würde ich sofort kaufen.«

Michael Ballack war das Buhlen der Münchner nicht unangenehm. Im Kölner »EXPRESS« sagte er: »Wenn ich jetzt innerhalb von Deutschland wechseln sollte, dann sowieso nur zum FC Bayern.« Warum? »Lange um die Champions League mitspielen, Halbfinale, Finale – das reizt mich schon.« Der Poker war eröffnet.

Kritik unter der Gürtellinie

Nach dem Traumstart in die Rückrunde wollte es für Bayer jedoch auf einmal nicht mehr richtig laufen. Einer 1:2-Niederlage bei Hansa Rostock folgte eine 1:3-Blamage

vor eigenem Publikum gegen den bislang auswärts sieglosen Aufsteiger Energie Cottbus. Michael Ballack bot seine bislang mit Abstand schwächste Saisonleistung (»kicker«-Note 5) und die Werkself verpasste die Gelegenheit, mit Tabellenführer Bayern München nach Punkten gleichzuziehen. Der Nationalspieler übte danach an sich selbst und seinen Mitspielern unverhohlen Kritik: »Wir müssen uns ganz schnell was überlegen«, sagte er. »Es ist wirklich nicht normal, innerhalb einer Woche gegen zwei Kellerkinder zu verlieren. Wenn der letzte Tick Einstellung fehlt, verlierst du auch gegen Cottbus. Wir müssen uns endlich wieder den Arsch aufreißen.« Trainer Berti Vogts und dessen »Funktionsteam« nahm er indes in Schutz: »Es gibt überhaupt keinen Ansatz für irgendeine Schuld beim Trainerteam.«

0:1-Niederlage in Paris: Michael Ballack und seine Mitspieler Marko Rehmer, Dietmar Hamann, Carsten Jancker und Marco Bode (von links) versuchen, dem Freistoß von Frankreichs Superstar Zinedine Zidane zu stoppen.

Michael Ballacks Worte verfehlten allerdings ihre Wirkung: Bei 1860 München setzte es mit 0:1 die dritte Pleite in Folge, bei der Michael Ballack erneut unter seinen Möglichkeiten blieb (»kicker«-Note 4). Nachdem der Jungstar auch bei der 0:1-Niederlage in einem Freundschaftsspiel der Nationalmannschaft in Paris gegen Frankreich nicht überzeugen konnte und zu allem Überfluss mit einem Fehlpass den Siegtreffer des Welt- und Europameisters einleitete, kamen die Kritiker aus ihren

Löchern und fielen wie die Hyänen über den jungen Fußballer her: »Ballack drohte die gleiche (schlechte) Entwicklung wie Andy Möller«, schrieb beispielsweise Ex-Weltmeister Paul Breitner in seiner Kolumne in BILD am SONNTAG. Hintergrund: Möller galt Ende der Achtziger Jahre als kommender Weltklassespieler, konnte die Vorschusslorbeeren allerdings nur in wenigen Spielen rechtfertigen, wurde als »ewiges Talent« abgestempelt und bekam die Spitznamen »Heulsuse« und »Heintje« verpasst. Breitner weiter: »Spielt Leverkusen gut, ist er auch gut. Spielt Leverkusen schlecht – Sie wissen schon. Ähnlich läuft es mit ihm in der Nationalmannschaft.«

»Ballack: So wird er kein neuer Netzer.«

»Hamburger Morgenpost« nach der 0:1-Niederlage der Nationalmannschaft im Februar 2001 in Frankreich

Damit nicht genug von Breitners Vergleich mit Andreas Möller: »Er hat es nie geschafft, eine Mannschaft wirklich mitzureißen und zu führen. Warum? Weil er es nie gelernt hat, es auch nie lernen durfte, Verantwortung zu übernehmen. Wirklich zu beißen, auch mal Gras zu fressen, wie es manche nennen. Möller wurde von seinem Umfeld immer verhätschelt, gestreichelt, gelobt, auch wenn es nicht angebracht war. Um ihn herum gab und gibt es viele Schönredner, die es ihm zu leicht gemacht haben. Er wurde letztlich nie richtig gefordert. Und hier sehe ich eine Parallele zu Michael Ballack.« Von Rekord-Nationalspieler Lothar Matthäus musste sich Michael Ballack derweil in »Sport Bild« die Vorwürfe »schon zu satt« und »zu wenig erfolgshungrig« gefallen lassen; das Blatt rückte ihn zudem auf Platz drei der unbeliebtesten Bundesliga-Profis.

Kritik als psychischer Knackpunkt

Auch die »Hamburger Morgenpost« rechnete schonungslos ab: »In Frankreich enttäuschte Michael Ballack auf ganzer Linie. Als Visitenkarte für Beobachter der europäischen Top-Klubs taugte seine klägliche Darbietung als zweikampfschwacher Mitläufer in Paris nicht.« Selbst Rudi Völler, nach der Affäre Daum vom Interimstrainer zum DFB-Teamchef befördert, und Bayer-Manager Reiner Calmund gewährten ihrem Schützling keine Rückendeckung: »Er hat ja große Träume, will in die Welt hinaus. Jetzt hat er gesehen, dass er sich bei all seinem Talent und Können auf derart hohem Niveau auch erst mal

Champions League

Vorrunden-Gruppe A:		Spiele	Tore	Punkte
1.	Real Madrid	6	15:8	13
2.	Spartak Moskau	6	9:3	12
3.	Bayer 04 Leverkusen	6	9:12	7
4.	Sporting Lissabon	6	5:15	2

Uefa-Cup

3. Runde: Bayer 04 Leverkusen – AEK Athen 4:4, 0:2

durchsetzen muss«, so Völler. Die verbale Breitseite Calmunds: »Wenn er wirklich ein großer Spieler werden will, reichen nicht ein oder zwei gute Spiele. Dann muss endlich Kontinuität rein.« Calmund, vielleicht auch aus Kalkül, weiter: »Der Lothar Matthäus hat Recht. Ballack ist längst noch kein großer Spieler, er muss die elementaren Dinge des Fußballs lernen.«

Michael Ballack gab sich von der Kritik äußerlich unbeeindruckt (»damit muss ich leben, wenn ich schlecht spiele«). Innerlich hatte er jedoch schwer daran zu knabbern. Beim 3:0-Kantersieg gegen Werder Bremen war ihm noch nichts anmerken, danach aber wurden seine Leistungen immer schwächer. Beim 3:1-Erfolg im Dortmunder Westfalenstadion kassierte er in der 75. Spielminute wegen wiederholtem Foulspiels die Gelb-Rote Karte und war für das folgende Heimspiel gegen Schalke 04 gesperrt. Leverkusen verlor 0:3. Auch im WM-Qualifikationsspiel gegen Albanien in der heimischen BayArena (2:1) musste er pausieren, nachdem er in den Spielen zuvor gegen Griechenland und England jeweils verwarnt wurde. »Für Michael Ballack kommt's derzeit knüppeldick«, schrieb der »kicker«.

Bayer 04 Leverkusen – Saison 2000/01 (1. Bundesliga)

Tor
Frank Juric
Adam Matysek
Pascal Zuberbühler

Abwehr
Torben Hoffmann
Robert Kovac
Lucio
Jens Nowotny
Diego Placente
Boris Zivkovic

Mittelfeld
Marko Babic
Michael Ballack
Anel Dzaka
Vratislav Gresko
Frankie Hejduk
Andreas Neuendorf
Pascal Ojigwe
Robson Ponte
Carsten Ramelow
Jörg Reeb
Bernd Schneider
Jurica Vranjes
Zé Roberto

Angriff
Dimitar Berbatov
Thomas Brdaric
Markus Daun
Ulf Kirsten
Oliver Neuville
Paulo Rink

Trainer
Christoph Daum/
Rudi Völler/
Berti Vogts

Abschlusstabelle Bundesliga

		Spiele	Tore	Punkte
1.	FC Bayern München	34	62:37	63
2.	Schalke 04	34	65:35	62
3.	Borussia Dortmund	34	62:42	58
4.	Bayer 04 Leverkusen	34	54:40	57
5.	Hertha BSC Berlin	34	58:52	56
6.	SC Freiburg	34	54:37	55
7.	Werder Bremen	34	53:48	53
8.	1. FC Kaiserslautern	34	49:54	50
9.	VfL Wolfsburg	34	60:45	47
10.	1. FC Köln	34	59:52	46
11.	TSV 1860 München	34	43:55	44
12.	Hansa Rostock	34	34:47	43
13.	Hamburger SV	34	58:58	41
14.	Energie Cottbus	34	38:52	39
15.	VfB Stuttgart	34	42:49	38
16.	SpVgg Unterhaching	34	35:59	35
17.	Eintracht Frankfurt	34	41:68	35
18.	VfL Bochum	34	30:67	27

Verlor beim 3:1-Sieg im Dortmunder Westfalenstadion die Nerven: Schiri Heynemann zeigt Michael Ballack wegen wiederholten Foulspiels Gelb-Rot.

»Es war mein Fehler«, gab sich der Sünder nach dem Platzverweis in Dortmund reumütig. »Ich hätte mich mehr zurücknehmen müssen.« Trainer Berti Vogts wollte sich allerdings nicht in die Reihe der Kritiker einreihen und gab seinem Schützling Rückendeckung: »Er besitzt halt Temperament. In anderen Ländern wird in diesem Fall von einem klugen Foul gesprochen.«

Freundin Simone meldet sich zu Wort

Auch bei seiner Rückkehr auf den Platz nach dreiwöchiger Pause blieb Michael Ballack weit unter seinen Möglichkeiten: Zweikämpfe gingen verloren, Fehlpässe häuften sich. Beim 3:1-Erfolg bei der Frankfurter Eintracht kassierte er die »kicker«-Note 5 und bei der 1:3-Heimblamage gegen den SC Freiburg, der fünften Niederlage aus den zurückliegenden acht Partien, war auch Trainer Berti Vogts mit seiner Geduld am Ende: Nach 57 Minuten nahm er seinen Spielmacher mit dem Kommentar »He, was soll denn das?« vom Platz. In der anschließenden Pressekonferenz sagte er: »Michael sollte sich mal sehr, sehr kritisch hinterfragen: Was ist los mit mir, warum spiele sich so? Muss ich nicht mehr leisten für den Klub« Im »kicker«-Interview gab sich der so Getadelte auf die Frage nach den Gründen für sein Formtief ratlos: »Wenn ich es wüsste. Tatsache ist, dass wir uns als Mannschaft nicht so leicht tun wie im vergangenen Jahr.«

»Der Herr Ballack: Viel hui ... und auch ein bisschen pfui«

»Sport Bild« über den eleganten Laufstil, der die Fans polarisierte

Für den 24-Jährigen war die Auswechslung nicht der einzige Tiefschlag: Die Bayer-Verantwortlichen verweigerten ihm die versprochene Heimreise nach Chemnitz, wo seine Eltern Silberhochzeit feierten, und ordneten, trotz trainingsfreiem Sonntag, eine Behandlung bei Physiotherapeut Dieter Trzolek an, wo Michael Ballack sein nach einem Foul von Freiburgs Sebastian Kehl leicht lädiertes Sprunggelenk untersuchen lassen sollte. Reine Schikane, vermutete Michael Ballacks Freundin Simone Lambe und hatte nach dem Spiel einen ihren seltenen öffentlichen Auftritte: Am Spielerausgang wartete die 24-Jährige, im sechsten Monat schwanger, auf Manager Reiner Calmund, um diesen zur Rede zu stellen: »Lasst meinen Micha in Ruhe!«

Nicht nur das Fußgelenk, sondern auch die Psyche von Michael Ballack waren angeschlagen. Mehr schlecht als recht brachte er die restlichen Spiele der Saison über die Runden. Das Verhältnis zu Trainer Berti Vogts und den anderen Bayer-Verantwortlichen war, nach deren öffentlicher Kritik, angekratzt. Der Treffer beim 4:1-Sieg über den 1. FC Köln am 21. Spieltag sollte sein letzter der Saison gewesen sein. »Sport Bild« schrieb: »Kein Vergleich zur Hinrunde, als Michael Ballack in Weltklasse-Manier die Fäden zog« und rechnete vor, dass die Quote seiner gewonnenen Zweikämpfe von 57,6 auf 53,7 Prozent geschrumpft sei und er seinen fünf Treffern vor der Winterpause danach nur noch zwei weitere hinzufügen konnte. Die Springer-Illustrierte mutmaßte: »Kritiker glauben, dass ihm das Angebot von Real Madrid den Kopf verdreht hat.« Die »kicker«-Durchschnittsnote von 3,5 war die bisher schwächste in Michael Ballacks vier Bundesliga-Jahren.

Und selbst sein ehemaliger Trainer beim Chemnitzer FC, Hans Meyer, inzwischen beim Bundesliga-Konkurrenten Borussia Mönchengladbach an der Seitenlinie, wendete sich von dem Leverkusener ab: »Ich warne davor, das kreative Spiel in Deutschland auf seine Schultern zu legen. Seine Spielmacher-Qualitäten kann man total vergessen«, sagte Meyer in einem Interview mit dem Internetanbieter »Sport 1«. Trotzdem wurde das Interesse europäischer Spitzenvereine immer deutlicher. »Es gibt ein konkretes Angebot von Real und Anfragen von Bayern und Barca. Mehr sage ich nicht«, sagte Berater Michael Becker in der BILD am SONNTAG und kündigte an, sich Mitte Mai in München mit dem Management des FC Bayern zu treffen.

Traumduo mit »Basti Fantasti«

Mit Tabellenplatz vier schloss Bayer die Saison weit hinter den Erwartungen ab und verpasste damit die Direkt-Qualifikation zur Champions League. Unter Berti Vogts gelangen aus 22 Spielen nur elf Siege – zu wenig. Der ehemalige Bundestrainer trat kurz nach Saisonende zurück. »Eine Horrorsaison«, resümierte Manager Reiner Calmund nach der Affäre um Trainer Christoph Daum und der mäßigen Rückrunde.

Wenigstens in der Nationalmannschaft konnte sich Michael Ballack stabilisieren: Nach der Sperre im Albanien-Spiel vertraute ihm Rudi Völler im WM-Qualifikationsspiel gegen Griechenland in Athen wieder in der Anfangsformation. Der Mittelfeldmann steuerte im 700. Länderspiel in der DFB-Geschichte per Foulelfmeter einen Treffer zum 4:2-Erfolg bei und die »Hamburger Morgenpost«, Wochen zuvor noch einer seiner schärfsten Kritiker, lobte Michael Ballack im Verbund mit Sebastian Deisler, dem anderen Youngster: »Dieses Duo macht Spaß. Basti hat im Paket mit Michael Ballack im zentralen Mittelfeld überragend gespielt.«

Der junge Sachse wollte die Lobeshymnen nach den Erfahrungen der zurückliegenden Monate nicht weiter kommentieren: »Ich weiß das einzuschätzen. Im Fußball geht's schnell bergauf, manchmal noch schneller wieder runter. Ich lasse mich nicht verrückt machen.« Im Testspiel Ende Mai gegen die Slowakei im Bremer Weserstadion (2:0) stand der Leverkusener deutlich im Schatten des erneut überragenden Deisler und wurde in der zweiten Hälfte für Christian Ziege ausgetauscht.

»Wir wollen wieder an die europäische Spitze heran. Da sind wir auf einem guten Weg.«

Michael Ballack im Sommer 2001

Torschütze im Nationalteam

Dafür lief er aber in den WM-Qualifikationsspielen wenige Tage später in Finnland und Albanien zu großer Form auf. Gegen die Skandinavier fiel mit dem gesperrten Deisler und dem verletzten Mehmet Scholl die komplette Kreativabteilung aus und die Verantwortung lastete erstmals in der Nationalmannschaft auf Michael Ballacks Schultern. »Wir wollen natürlich das Maximum, beide Spiele gewinnen«, kündigte der Leverkusener an. »So hätten wir in der Gruppe eine Vorentscheidung herbeigeführt, danach eine glänzende Ausgangsposition für die restlichen Spiele.«

Der Spieler wusste, dass in Helsinki alle Augen auf ihn gerichtet waren. Die Michael-Ballack-kritische »Hamburger Morgenpost« setzte ihn vor dem Spiel unter Druck: »Die Zeiten, da es reichte, ab und an mit Weltklasse-Leistungen zu glänzen, gleich danach herum zu stolzieren wie ein eitler Pfau, um im nächsten Spiel schon wieder in der Versenkung zu verschwinden, sind vorbei. Michael Ballack muss in seinem 16. Länderspiel Farbe bekennen.« Und der 24-Jährige wurde den Erwartungen gerecht. Nach 0:2-Pausenrückstand leitete er in der 69. Minute mit einem verwandelten Foulelfmeter die Aufholjagd ein; am Ende stand ein 2:2-Unentschieden auf der Anzeigetafel des Olympiastadions – die DFB-Elf hatte ihre guten Aussichten auf die WM-Teilnahme 2002 in Japan und Südkorea gewahrt.

Vier Tage später in Albanien ließ er beim 2:0-Sieg seinen dritten Länderspiel-Treffer folgen. Nach einem feinen Alleingang, bei dem er zunächst Verteidiger Cipi und anschließend Torhüter Strakosha aussteigen ließ, schoss er zum Endstand ein. Zudem glänzte der 24-Jährige durch seine Zweikampfstärke. »Deisler und Ballack haben viel von uns weg gehalten«, lobte Abwehrchef Jens Nowotny seine Vorderleute. Die »Süddeutsche Zeitung« schrieb: »Ballack und Deisler. Sie treten derzeit als Paar auf. Sind die großen Hoffnungsträger im deutschen Mittelfeld. Sind beide jung. Sollen 2002 beide zu Bayern München kommen. Werden als Paar analysiert.«

Die »Hamburger Morgenpost« jubelte nach dem fünften Sieg im sechsten WM-Qualifikationsspiel: »Ja, das ist das WM-Ticket.« Und auch Kapitän Oliver Kahn war mit der Entwicklung zufrieden: »Alle Kritiker werden durch den Neuaufbau nach der EM eines Besseren belehrt. Der deutsche Fußball ist keineswegs am Ende. Deisler und Ballack stehen ja erst am Anfang ihrer Karriere.«

Dreimal Vize mit Bayer

Die Saison 2001/2002 stand für Michael Ballack ganz im Zeichen des Abschiedes von Bayer 04 Leverkusen. Schon Ende Mai, unmittelbar vor den Länderspielen in Helsinki und Tirana, hatten der Profi, sein Berater Dr. Michael Becker und Rekordmeister FC Bayern München weitestgehend Einigung über einen ab 1. Juli 2002 gültigen Vier-Jahres-Vertrag mit einem geschätzten Brutto-Jahresverdienst von neun Millionen Mark erzielt. Michael Ballack nutzte die Ausstiegsklausel aus seinem noch bis 2005 laufenden Vertrag bei Bayer; als Ablösesumme waren 28 Millionen Mark festgeschrieben.

Das »ebenfalls tolle Angebot von Real Madrid« (O-Ton Michael Ballack) schlugen beide aus. Grund: »Bayern war nicht nur ein bisschen schneller«, erklärte der Profi später. »Mit Real waren die Verhandlungen auch anders. Die sind dort, ich will nicht sagen ein bisschen locker, aber kommst du heute nicht, kommst du morgen. Es war mir nicht konkret genug. Finanziell nahmen sich beide nicht viel, Real lag etwas höher.«

Zeitgleich hatten sich die Bayern die Dienste seines Nebenmannes im Nationalteam, dem drei Jahre jüngeren Sebastian Deisler von Hertha BSC Berlin, gesichert. Im Verlaufe der Hinrunde zeigten auch der FC Barcelona und Arsenal London Interesse an einer Verpflichtung – Michael Ballack hatte sich jedoch längst anders entschieden. Bayer-Manager Reiner Calmund, angesichts der vertraglich festgeschriebenen Ausstiegsklausel ohnehin machtlos, gab dem Transfer seine Zustimmung: »Es war von Anfang an klar, dass wir Michael keine Steine in den Weg legen werden, wenn er zu einem anderen Verein wechseln will. Ich kann ihn gut verstehen. Er ist jung, bewegt sich gerade auf den Höhepunkt seiner Karriere zu. Verständlich, dass er die Herausforderung bei einem großen Verein sucht.«

»Ballack und Deisler kommen.«

»kicker« am 25. Mai 2001

Um nicht den gleichen Fehler wie zwei Jahre zuvor beim Wechsel von Kaiserslautern nach Leverkusen zu begehen und der Gefahr vorzubeugen, dass Michael Ballack im Falle sportlicher Erfolglosigkeit des Bayer-Teams öffentlich zum Sündenbock abgestempelt wird, vereinbarten die beteiligten Parteien absolutes Stillschweigen.

»Dr.-Kimble-Truppe« in Leverkusen

Zudem wollte Berater Michael Becker mit Bayern-Manager Uli Hoeneß noch die Nutzung der Persönlichkeits- und Werberechte des Spielers klären (siehe »Werbemaschinerie Michael Ballack«) und nicht mit der damaligen Lizenzordnung der Deutschen Fußball-Liga (DFL) in Konflikt geraten, die vorsah, dass ein Kontrakt beim aufnehmenden Verein frühestens sechs Monate vor Ablauf des Vertrages beim abgebenden Klub abgeschlossen werden darf (knapp vier Jahre später wurde diese Klausel unter Artikel 18 Absatz 3 auch in die Richtlinien für Spielertransfers des Weltverbandes FIFA aufgenommen). Eine offizielle Bestätigung hätte also frühestens am 4. Dezember, ein halbes Jahr vor der mit dem letzten Saisonspiel gegen Hertha BSC Berlin verbundenen Ausstiegsklausel, erfolgen können.

Als neuen Trainer und Nachfolger von Berti Vogts verpflichtete der Werksklub den ehemaligen Bundesliga-Torjäger Klaus Toppmöller, der einst, als Trainer von Eintracht Frankfurt mit seinem Ausspruch »bye bye Bayern« Berühmtheit erlangt und zuvor fünf Jahre lang erfolgreich beim VfL Bochum gearbeitet hatte, gefolgt von einem Kurz-Intermezzo beim Zweitligisten 1. FC Saarbrücken. Schon im Herbst des Vorjahres war Toppmöller in der Nachfolgefrage von Christoph Daum im engsten Kandidatenkreis.

»Michael Ballack ist nicht zu kopieren, nicht zu ersetzen, torgefährlich, stellt sich voll in den Dienst der Mannschaft.«

Bayer-Trainer Klaus Toppmöller über seinen Mittelfeld-Star

Mit Innenverteidiger Robert Kovac (für 16,7 Millionen Mark Ablöse zum FC Bayern) verließ nur ein Stammspieler den Verein; der Brasilianer Robson Ponte wurde an den VfL Wolfsburg ausgeliehen. Torhüter Pascal Zuberbühler gab man an den FC Aarau ab, für ihn wurde der Hamburger Hans-Jörg Butt, bekannt als sicherer Elfmeterschütze, verpflichtet. Ebenfalls neu: Shooting-Star Zoltan Sebescen aus Wolfsburg sowie der türkische Filigrantechniker Yildiray Bastürk aus Bochum. Neben den Spekulationen um die Zukunft von Michael Ballack sorgten auch die Abwanderungsgelüste von Kapitän Jens Nowotny (ebenfalls zum FC Bayern?) und des Brasilianers Zé Roberto (Deportivo La Coruña?) für Unruhe rund um die BayArena. Trainerlegende Max Merkel beschrieb das Szenario in seinem Bundesliga-Test in BILD in gewohnt blumigen Worten: »Hinterlassen hat Berti eine Dr.-Kimble-Truppe: Alle irgendwie auf der Flucht. Kovac schon weg, Ballack auf Koffersuche für die Reise nach München. Und Nowotny ändert bereits sein Kfz-Zeichen: BW (für bloß weg) – N (Nowotny) 2002.«

Zehenbruch in Testspiel

Für Michael Ballack stand der Saisonstart unter keinem guten Stern: Im Testspiel beim Landesligisten TuS Richrath brach er sich den kleinen Zeh im linken Fuß. Sein

Mitwirken beim Saisonauftakt gegen den VfL Wolfsburg entwickelte sich zu einem Wettlauf gegen die Zeit. 48 Stunden vor Spielbeginn gab er nach einem Belastungstest »grünes Licht« – ein Fehler, wie sich im Nachhinein herausstellen sollte. Gegen die Niedersachsen blieb Michael Ballack weit unter seinen Möglichkeiten und musste nach 64 Spielminuten mit schmerzverzerrten Gesicht ausgewechselt werden. Die Verletzung war wieder aufgebrochen. Beim 3:0-Auswärtserfolg in der folgenden Woche bei Hansa Rostock fehlte der 24-Jährige ebenso wie bei Bayers 3:0-Erstrundensieg im DFB-Pokal bei Jahn Regensburg, dem 0:0 im Hinspiel der Qualifikation zur Champions League bei Roter Stern Belgrad und dem Freundschaftsspiel der Nationalmannschaft in Budapest gegen Ungarn (5:2).

Michael Ballack wehrt sich: Lautstarke Diskussion mit Schalke-Manager Rudi Assauer beim 3:3 in Gelsenkirchen.

Auch das mit Spannung erwartete Duell mit Bayern-Regisseur Stefan Effenberg im Rahmen des Münchner Gastspiels am dritten Spieltag in der Leverkusener BayArena (1:1) fiel aus. Michael Ballack machte nach wie vor der gebrochene Zeh zu schaffen, Stefan Effenberg, den er in der folgenden Saison in München beerben sollte, hatte sich eine Entzündung am Spann zugezogen. Dafür hatte der Leverkusener privat Grund zur Freude: Freundin Simone Lambe brachte am 16. August den ersten gemeinsamen Sohn Louis zur Welt. Trainer Klaus Toppmöller stellte Michael Ballack vom Training frei, weil dieser unbedingt bei der Geburt im Kreissaal dabei sein wollte.

»Michael polarisiert. Das ist ein gutes Zeichen, denn das schaffen nur Stars. Es wäre doch traurig, wenn er den Fans egal wäre.«

Bayer-Trainer Klaus Toppmöller

Sein Comeback nach dreiwöchiger Verletzungspause feierte der frischgebackene Vater in großem Rahmen: Vor über 60 000 Zuschauern im allerersten Pflichtspiel in der neu erbauten »Arena Auf Schalke«. Bayer entführte beim 3:3 einen Punkt, Michael Ballack erzielte in der 58. Minute mit einem Rechtsschuss den Anschlusstreffer zum 1:2. Auch im Rückspiel gegen Roter Stern Belgrad konnte der Sachse glänzen: Beim ungefährdeten 3:0-Erfolg bereitete er den ersten und letzten Treffer vor – der

Fassungslos: Michael Ballack nach dem 1:5-Debakel in München gegen England.

Werksklub konnte sich nach der erneuten Qualifikation für die europäische Königsklasse über garantierte Einnahmen in Höhe von 35 Millionen Mark freuen. Michael Ballack schien sich einem Formhoch zu nähern, ehe ihn ein erneuter Rückschlag vor eine harte Bewährungsprobe stellte.

Das historische Debakel von München

Im Rückspiel der WM-Qualifikation gegen England im Münchner Olympiastadion hätte die Nationalmannschaft das Ticket zur Endrunde in Japan und Südkorea lösen können. Das Spiel ging jedoch als eines der größten Debakel in die Geschichte des deutschen Fußballs ein: Nach 90 Spielminuten stand eine 1:5-Niederlage auf der Anzeigetafel, die höchste Heimniederlage seit 70 Jahren. Michael Ballack, nach dem Zehenbruch noch immer nicht im Vollbesitz seiner Kräfte, passte sich dem Rest der Mannschaft an, bot eine indiskutable Leistung und wurde nach 66 Minuten ausgewechselt. Dabei hatte er in der sechsten Spielminute noch die 1:0-Führung durch Carsten Jancker vorbereitet. Danach brach allerdings das Unheil über die Deutschen herein; auf der Tribüne erlitt der Vater von Teamchef Rudi Völler sogar einen Herzinfarkt.

»Sebastian Deisler und Michael Ballack hatten sich vorsorglich auf die Gästeliste der Münchner Nobel-Disco P 1 setzen lassen. Doch nach dem Debakel verkrochen sich unsere Jung-Stars im Hotel.«

BILD nach dem 1:5-Debakel gegen England

Die Kritik der Öffentlichkeit und Medien an der Mannschaft war schonungslos wie nie zuvor – und wie schon bei der 0:1-Niederlage im Februar gegen Frankreich stand Michael Ballack in deren Mittelpunkt. Dass er nur mit einer schmerzstillenden Spritzen auflaufen konnte, blieb dabei unberücksichtigt. »Das war eine Hinrichtung«, titelte BILD. »Gegen Englands Powerboy Steven Gerrard, Antreiber Paul Scholes und Mister ›Zauberfuß‹ David Beckham wirkten Deisler & Ballack wie brave Schulanfänger.« Das Berliner Boulevardblatt »B.Z.« urteilte über Michael Ballack: »Der Leverkusener bestätigte alle Vorurteile: Ein Schönwetter-Fußballer, der nur glänzt, wenn es bei allen läuft.«

ARD-Experte Günter Netzer analysierte: »Bei Michael Ballack gibt es keine Weiterentwicklung. Solche Klassiker wie gegen England müssen dazu dienen, ›Pflöcke‹ einzuschlagen.« Während Ex-Weltmeister Wolfgang Overath noch sachliche Kritik äußerte (»Deisler und Ballack sind noch nicht die Weltstars, zu denen sie gemacht werden«), überzog Ex-Bundesliga-Trainer Udo Lattek in seiner Kolumne in der WELT am SONNTAG maßlos, indem er den Jung-Profi als »Wohlstandsjüngling, dem ich auf dem Rasen immer in den Hintern treten möchte«, bezeichnete.

»Es ist richtig, dass ich das Potenzial, das ich habe, nicht immer abrufe, und das ärgert manche. Darüber ärgere ich mich aber auch selbst.«

Michael Ballack über die Kritik nach dem 1:5-Debakel gegen England

Jubiläum mit Folgen

Lediglich Vereinstrainer Klaus Toppmöller, der ein »Kesseltreiben« gegen seinen Spieler vermutete, hielt seine Hände schützend über diesen. Die Kritik bezeichnete er als »eine Unverschämtheit«. Toppmöllers Vermutung: »Man will ihn wohl kaputtmachen. Dabei sollte man eigentlich froh sein, so ein Talent zu haben.« Und über die Michael Ballack immer wieder vorauseilenden Vorurteile des Fußball-Beaus sagte er: »Viele stellen ihn als extrovertiert hin, was nicht stimmt. Micha ist ein einfach gestrickter Junge, man tut ihm Unrecht. Und für sein gutes Aussehen kann er überhaupt nichts.«

Wie schon im Frühjahr nach der Niederlage in Frankreich nahm Michael Ballack die Sorgen mit in den Verein. Am Mönchengladbacher Bökelberg wurde er, von den durch die Berichterstattung in den Medien aufgehetzten Fans mit einem gellenden Pfeifkonzert empfangen. Pfiffe und Schmähgesänge (»Ballack, Du Arschloch«) verschärften sich, als er in der zweiten Spielminute nach einem Schubser des Dänen Peter Nielsen im Strafraum zu Boden ging und Schiedsrichter Strampe auf den Elfmeterpunkt deutete. »Ballacks fiese Flugnummer«, titelte daraufhin der Kölner »EXPRESS«. Bayer-Torwart Hans-Jörg Butt verwandelte zum 1:0-Endstand. In der Halbzeitpause wurde Michael Ballack (»Ich habe erstmals ohne Spritze gespielt und hatte leichte Probleme«) aus dem Spiel genommen.

Im Heimspiel gegen Schlusslicht FC St. Pauli, seinem 100. Bundesliga-Einsatz, brannten ihm dann die Sicherungen durch: Unmittelbar vor dem Halbzeit-Pfiff

Torschütze im Jubiläumsspiel: Michael Ballack köpft in seinem 100. Bundesliga-Einsatz zum 1:0 gegen St. Pauli ein.

brachte der Mittelfeldmann sein Team mit seinem zweiten Saisontreffer, einem Kopfball, mit 1:0 in Front. In der 63. Minute jedoch trat er rücksichtslos auf den am Boden liegenden St.-Pauli-Torwart Tikomir Bulat, obwohl dieser den Ball schon fest in seinen Händen hielt – Schiedsrichter Kemmling zückte Gelb-Rot. Auch zum Auftakt der Champions League beim französischen Vizemeister Olympique Lyon blieb Michael Ballack unter seinen Möglichkeiten – durch einen Treffer von Ulf Kirsten 15 Minuten vor Schluss gewann die Werkself 1:0.

»Michael Ballack ist ein Jahrhundert-Fußballer wie Fritz Walter, Uwe Seeler oder Franz Beckenbauer. Dem Franz habe ich immer verübelt, dass es sich so früh auf den Liberoposten zurückgezogen hat. Ballack spielt wie Cruyff da, wo es wehtut.«

Bayer-Trainer Klaus Toppmöller

Michael Ballack stand an einem entscheidenden Punkt seiner Karriere, drohte an der überzogenen öffentlichen Kritik zu zerbrechen. Später sagte er über diese wohl schwerste Phase seine Karriere: »Man kommt mit der Kritik nur zurecht, wenn man hundertprozentig an sich glaubt, ohne dass man deshalb überheblich wird. In diesen schwierigen Zeiten war es für mich wichtig, Leute um mich zu haben, die mir gesagt haben: Junge, du bist ein guter Fußballer. Aber man braucht auch einen starken Charakter.« Damit meinte er neben seinen Eltern und seiner Freundin in erster Linie Berater Michael Becker sowie die Bayer-Bosse Reiner Calmund und Klaus Toppmöller sowie DFB-Teamchef Rudi Völler.

Erster Bundesliga-Doppelpack

Aber auch seine Leverkusener Mannschaftskameraden halfen ihm aus der Krise. Bei Bayer lief es immer besser und davon profitierte der Mittelfeldmann; auf dem Platz nahm im vor allem Yildiray Bastürk viel Last und Arbeit ab. Michael Ballack und der kleine Türke harmonierten von Spiel zu Spiel besser. »Er spielt nicht nur gute Pässe, sondern ist auch torgefährlich«, lobte Michael Ballack den aus Bochum gekommene Filigrantechniker, dank dem er wieder seine Lieblingsposition im defensiven Mittelfeld einnehmen durfte.

Gegen den spanischen Liga-Vierten FC Barcelona drehten die Toppmöller-Mannen vor heimischen Publikum einen 0:1-Rückstand in einen viel umjubelten 2:1-Sieg und setzten sich in Champions-League-Vorrundengruppe F an die Tabellenspitze. Michael Ballack holte nach einem Foul des Ex-Münchners Patrick Andersson erneut einen Strafstoß heraus, den Torhüter Butt diesmal allerdings kläglich vergab. Nach dem Spiel feierte er im VIP-Raum der BayArena seinen 25. Geburtstag.

»Von wegen smart, reich und schön: Beim 4:1 über Freiburg glänzt ein hochbegabter Nationalspieler wie lange nicht.«

»Frankfurter Allgemeine Zeitung« über Michael Ballack

Auch in der Bundesliga blieb Bayer ungeschlagen: Beim 4:1 am 8. Spieltag, dem 13. Pflichtspiel der Saison, gegen den SC Freiburg bot Michael Ballack sein bis dato bestes Saisonspiel (»kicker«-Note 1,5) und erzielte zwei Tore: Eins per Kopfball nach Ecke von Zé Roberto, und eins mit einem Schuss in den Torwinkel, ebenfalls nach Zuspiel des Brasilianers. Es war der erste Doppelpack seiner Bun-

Michael Ballack zieht ab, Barcelona-Star Patrick Kluivert kann nur zugucken. Bayer besiegt die Katalonier 2:1.

desliga-Karriere – und er wurde erstmals in der laufenden Saison in die »Elf des Tages« berufen. Auf der Tribüne zeigte sich DFB-Teamchef Rudi Völler begeistert: »Das freut mich für Michael, dass er seine Möglichkeiten eine Woche vor dem Länderspiel gegen Finnland gezeigt hat.« Und Vereinstrainer Klaus Toppmöller sah sich bestätigt: »Ich habe immer gesagt, dass wir an ihm noch viel Spaß haben werden. Michael war schon in der Saisonvorbereitung in sensationell guter Verfassung. Aber dann hatte er leider den Zehenbruch. Erst jetzt wieder kann er seine Topleistung abrufen.«

Immer stärker in Form

Wie so oft in Michael Ballacks Karriere folgte auf den Höhenflug ein tiefer Fall. Beim WM-Qualifikationsspiel gegen Finnland in Gelsenkirchen verpasste die deutsche Mannschaft mit einem 0:0-Unentschieden die direkte Qualifikation für die WM 2002 in Japan und Südkorea. Als Vorrunden-Zweiter hinter England – das sich mit einem von David Beckham in letzter Spielminute direkt verwandelten Freistoß zum 2:2 gegen Griechenland den Gruppensieg und damit das WM-Ticket sicherte – musste die DFB-Auswahl zwei Ausscheidungsspiele gegen die Ukraine, dem Zweiten der Parallelgruppe, bestreiten, die für Mitte November terminiert wurden.

»Starke Spiele beim Spitzenreiter machte Michael Ballack. Früher war ihm die Föhn-Frisur wichtiger als ein Zweikampf. Jetzt gibt er unheimlich Gas.«

Ex-Meistertrainer Max Merkel in seiner BILD-Kolumne

Die Schlagzeilen nach dem Finnland-Spiel waren wieder einmal vernichtend: »Wut auf Fußball-Versager – Für euch Flaschen gibt's nicht mal Pfand«, titelte BILD und bildete alle Spieler als verlängerte Flaschenhälse ab. Über Michael Ballack schrieb das Blatt: »Die Flasche war eher halb leer als halb voll. Ein paar Geistesblitze, eine vermasselte Torchance. Zu wenig für das Ewig-Talent.« Und das »Hamburger Abendblatt« urteilte: »Das war kein Fußball. Die Nationalspieler haben wieder einmal versagt. Das klägliche 0:0 gegen Finnland war nicht nur eine riesige Blamage, dieses Unentscheiden ist in Wirklichkeit ein Debakel, es kommt einer Niederlage gleich.« Und weiter: »Michael Ballack? Wahrscheinlich nur ein Schön-Wetter-Spieler.«

Diesmal ließ sich Michael Ballack durch die Kritiken nicht beirren. Beim 2:1 im Champions-League-Heimspiel gegen den 14-fachen türkischen Meister Fenerbahce Istanbul bereitete er zunächst in der 35. Minute per Hackentrick Lucios Ausgleichstreffer vor und erzielte er in der 59. Minute den Siegtreffer selbst. Nach dem dritten Sieg im dritten Spiel stand für Bayer das Tor zur lukrativen Zwischenrunde sperrangelweit offen. Und die Medien wunderten sich über Michael Ballack: »Am Sonnabend in der Nationalmannschaft beim schrecklichen 0:0 gegen Finnland noch unterirdisch schlecht, ausgepfiffen, verhöhnt, lächerlich gemacht. Und nur vier Tage später sein Galaauftritt beim 2:1 gegen Istanbul. Der Siegtreffer, eine tadellose Leistung, gefeiert von den Fans, überglücklich«, schrieb die gewohnt kritische »Hamburger Morgenpost«.

Weltklasse-Leistungen am laufenden Band

Michael Ballack versuchte, seine Leistungsgegensätze in Verein und Nationalelf zu ergründen: »Sicher sind wir hier bei Bayer eingespielter. Die jüngsten Erfolge, die Mannschaft ist jetzt 14 Pflichtspiele ungeschlagen, machen manches leichter. Man läuft mit breiter Brust auf.« Beim 3:2-Erfolg in Cottbus gehörte er erneut zu den Torschützen: Der Kopfball zur 2:1-Führung war bereits sein fünfter Saisontreffer in seinem erst sechsten Bundesliga-Einsatz. In der Champions League ließ sich Bayer auch von einem 1:2 im Stadion Camp Nou von Barcelona, der ersten Pflichtspiel-Niederlage der Saison, nicht aus der Bahn werfen. Mit einem 2:1-Sieg eine Woche später in Istanbul wurde der letzte theoretische Zweifel an der Zwischenrunden-Teilnahme ausgeräumt. Im abschließenden Heimspiel gegen Lyon ging es, abgesehen von 1,1 Millionen Mark Siegprämie für den Verein, um nichts mehr. Die Mannschaft ließ die Zügel schleifen und verlor 2:4. Michael Ballack erhielt, wie zahlreiche andere Stammspieler von Trainer Toppmöller eine schöpferische Pause.

»Klaus Toppmöller hat einen Riesenanteil daran, dass ich so gut drauf bin. Er spricht viel mit mir, verlangt auch viel von mir. Und er stärkt mir den Rücken.«

Michael Ballack über seinen Vereinstrainer

In der Bundesliga stand derweil das Duell gegen den VfB Stuttgart und das Aufeinandertreffer von Michael Ballack und VfB-Spielmacher Krassimir Balakov auf dem Programm. »Balakov oder Ballack – wer ist besser«, schürte »Sport Bild« die Erwartungen und rechnete vor, dass der Stuttgarter in den Statistiken Ballkontakte, Torschussvorlagen und Zweikämpfe deutliche Vorteile besitze. Auf dem Platz hatten jedoch Michael Ballack und Bayer mit einem deutlichen 4:1 das bessere Ende für sich. Der 25-Jährige, der das 3:1 durch Lucio vorbereitete, erhielt die »kicker«-Note 2,0 und wurde in die »Elf des Tages« berufen, Balakovs Leistung wurde lediglich mit ausreichend (4,0) bewertet. In der Tabelle erklomm Bayer mit dem siebten Sieg im zehnten Spiel den zweiten Platz hinter dem FC Bayern und blieb dem Titelverteidiger mit

Auch vom Elfmeter-Punkt treffsicher: Michael Ballack erzielt gegen seinen alten Klub 1. FC Kaiserslautern den 2:1-Siegtreffer.

weiteren Erfolgen beim TSV 1860 München (4:1) und zu Hause gegen den Tabellen-Dritten 1. FC Kaiserslautern (2:1) auf den Fersen.

Gegen seinen ehemaligen Arbeitgeber aus der Pfalz bot Michael Ballack eine Weltklasse-Leistung (»kicker«-Note 1). In der 34. Minuten glich er mit einem »Abstauber« den frühen 0:1-Rückstand aus, in der 50. Minute erzielte er mit einem Foulelfmeter den Siegtreffer. »Michael hat sensationell hinten mitgearbeitet, die Mannschaft auf dem Platz organisiert und fast alle Angriffe eingefädelt«, lobte Trainer Klaus Toppmöller seinen Schützling und rechnete mit dessen Kritikern ab: »Das sollten sich mal die ansehen, die ihn als Schönling titulieren, der nicht fighten kann.« BILD am SONNTAG forderte im Hinblick auf die bevorstehenden WM-Qualifikationsspiele gegen die Ukraine: »So einen Ballack wollen wir auch in Kiew sehen.«

**»Ich habe selbst keine Erklärung.
Im Moment stehe ich einfach immer goldrichtig,
wenn der Ball kommt.«**

Michael Ballack über seine Trefferserie im Herbst 2001

Hitzfeld prescht vor

Nach den monatelangen Spekulationen über seinen Wechsel nach München, die durch Aussagen wie der von Bayern-Manager Uli Hoeneß (»bei der WM 2006 wollen wir bis zu acht deutsche Nationalspieler in unserem Team haben«) oder der von Bayer-Trainer Klaus Toppmöller (»mein Hinterkopf sagt mir, dass er zu den Bayern gehen wird«) sowie halbherzigen Dementis von Michael Ballack selbst (»es steht noch nichts fest«) geschürt wurden, und dafür sorgten, dass der Spieler kaum noch eine ruhige Minute hatte, sah Bayern-Trainer Ottmar Hitzfeld nun den geeigneten Zeitpunkt, endlich klaren Tisch zu machen und bestätigte die Verpflichtung des Nationalspielers. »Es geht nur noch um ein paar kleine Details«, sagte der Übungsleiter.

Über Gehalt und Vertragslaufzeit waren sich Verein und Spieler seit Ende Mai einig. Bei den von Hitzfeld angesprochenen »Details« handelte es sich um die Behandlung der Persönlichkeits- und Werberechte des Spielers. Nach Informationen des Münchner Boulevardblattes »tz« soll der Leverkusener von seinem künftigen Arbeitgeber sogar schon eine als Darlehen deklarierte Vorauszahlung erhalten haben, was dessen Berater Dr. Michael Becker allerdings dementierte: »Nein, es gibt keine Unterschrift, es ist auch kein Geld geflossen. Wir verkaufen uns nicht mit Haut und Haaren.« Als künftiger Verdienst war von zehn Millionen Mark per anno die Rede. Michael Ballack selbst war verblüfft, dass die Münchner mit der Verlautbarung des Transfers nach vorne geprescht waren: »Die Meldungen haben mich heute auch überrascht«, sagte er bei der Ankunft im DFB-Quartier Hotel Kempinski in Gravenbruch, und kündigte an, sich während der Winterpause öffentlich zu erklären.

»Ballack begeistert als Regisseur und Torschütze.«

»Frankfurter Rundschau« nach Michael Ballacks ersten Bundesliga-Doppelpack

Bayer-Coach Toppmöller indes hatte sich längst mit dem Verlust seines besten Spielers abgefunden. Die bevorstehende Nationalmannschaftspause nutzte er zu einem Kurztrip nach Südamerika, um mögliche Nachfolgekandidaten persönlich in Augenschein zu nehmen. Im Visier der Bayer-Verantwortlichen: Leandro Romagnoli, argentinischer U-20-Weltmeister von Meister San Lorenzo. Der Transfer – Verein und Spieler waren sich einig – sollte später an der zu hohen Ablöseforderung des argentinischen Vereins scheitern. Auch der Freiburger Sebastian Kehl und der Bremer Torsten Frings rückten zwischenzeitlich in den Leverkusener Fokus, wechselten beide allerdings zu Borussia Dortmund.

Abrechnung mit den Kritikern

In Abwesenheit der verletzten Mehmet Scholl und Sebastian Deisler, mit dem er zuletzt so gut harmoniert hatte, ruhten die Hoffnungen von Fans und Öffentlichkeit in den WM-Ausscheidungsspielen gegen die Ukraine auf einmal allein auf den Schultern von Michael Ballack, dem mit sieben Treffern erfolgreichsten deutschen Torschützen in der Bundesliga. Die »Hamburger Morgenpost« setzte ihn unter Druck (»Bisher hatte der angeblich beste Kreativspieler der Liga in der Nationalelf meist versagt. Jetzt hat er seine nächste Chance«) und stellte die Frage, ob »der Beau der Bundesliga den Ernst der Lage überhaupt erkannt« habe. Erstmals überhaupt drohte der dreifache Weltmeister Deutschland eine WM-Endrunde auf sportlichem Weg zu verpassen. Die beiden vorangegangenen Abstinenzen hatten andere Gründe: 1930 in Uruguay hatte der Verband keine Mannschaft gemeldet; und 1950 in Brasilien war Deutschland noch vom internationalen Spielverkehr ausgeschlossen.

Michael Ballack konterte vor dem Hinspiel in Kiew: »Es ist sicher eine außergewöhnliche Situation, aber ich mache mir da nicht so viele Gedanken darüber. Wenn man zu viel grübelt, verkrampft man.« Was dem 25-Jährigen die Aufgabe erleichterte: Er musste sich im Vergleich zum Vereinsteam in Leverkusen gar nicht groß umgewöhnen. Mit ihm, Carsten Ramelow, Bernd Schneider, Jens Nowotny und Oliver Neuville stellte der Werksklub den größten Block im Team. »Ballack und seine Bayer-Gang«, titelte die Berliner Boulevardzeitung »B.Z.«.

»Unser einziger Virtuose«

Die Berliner Boulevardzeitung »B.Z.« vor den WM-Qualifikationsspielen gegen die Ukraine

Mit derart vertrauten Nebenleuten blühte Michael Ballack in der Hölle von Kiew, wo 85 000 Zuschauer das einheimische Team mit Tröten und Geschrei nach vorne peitschten, auf: Er rannte, fightete, trieb seine Mitspieler an – und erzielte in der 31. Minute den 1:1-Ausgleich, mit dem er dem deutschen Team eine glänzende Ausgangsposition für das Rückspiel vier Tage später im Dortmunder Westfalenstadion verschaffte. Das Tor war, wenig verwunderlich, eine Leverkusener Co-Produktion: Michael Ballack verlängerte im Fallen einen Freistoß seines Klubkameraden Bernd Schneider mit dem linken Fuß ins ukrainische Gehäuse. Symbolisch seine Geste nach dem Treffer: Nach kurzem Jubel hielt er sich den linken Zeigefinder auf den Mund. Offiziell begründete er diese mit den Worten: »Ich wollte den ukrainischen Fans zeigen: Seid ein bisschen ruhiger, wir Deutschen sind auch noch da.«

»Super-Ballack: Deutschland knutscht seinen Ballermann.«

Die »B.Z.« nach geschaffter WM-Qualifikation

Deutschland zur WM geschossen

Man hätte sie aber auch so deuten können: Als würde er seine zahlreichen Kritiker auffordern, endlich zu verstummen. Nach dem Spiel suchte er, mit breiter Brust und entgegen seiner Maxime »mit Kritik muss ich leben«, die direkte Konfrontation mit denjenigen, die an seinem Können zweifelten: »Ich habe immer gewusst, was ich kann. Und ich habe auch vorher gute Länderspiele gemacht. Aber das wurde viel zu negativ gesehen. Wenn die Ergebnisse der ganzen Mannschaft schlecht waren, wur-

Auf dem Weg nach oben: Die WM-Qualifikationsspiele gegen die Ukraine waren Michael Ballacks internationaler Durchbruch.

War beim 4:1 gegen die Ukraine an allen vier Treffern beteiligt: Hier köpft Michael Ballack zum 1:0 ein.

de die Kritik immer auf einige bestimmte Spieler abgewälzt.« Über seinen vierten Treffer in der WM-Qualifikation sagte er lediglich: »Das war das wichtigste Tor in meinem Leben. Es hat für eine gute Ausgangsposition gesorgt. Aber es kann nur noch ein wichtigeres geben: Wenn ich Deutschland am Mittwoch endgültig zur WM schieße.«

Gesagt, getan – nicht nur wegen seiner beiden Treffer avancierte er zum viel umjubelten Helden der 52 400 frenetisch mitfiebernden Zuschauer beim 4:1-Sieg im Dortmunder Westfalenstadion. Michael Ballack war der alles überragende Akteur auf dem Platz, trieb die Mannschaft immer wieder an und bereitete auch die beiden anderen deutschen Tore durch Oliver Neuville und Marco Rehmer vor. Seine beiden Treffer erzielte er per Kopfball, beide Male auf Zuspiel eines Leverkuseners: In der vierten Minute nach einer Flanke von Bernd Schneider zum 1:0, in der 51. Minute nach Vorarbeit von Oliver Neuville zum 4:0. Milan-Legionär Schewtschenko gelang in der Schlussminute lediglich der Ehrentreffer. »Eine enorme Last ist von uns abgefallen«, sagte der zweifache Torschütze hinterher. »Das war der ultimative Druck, den wir in den letzten Tagen hatten. Hättest du diese Anspannung jede Woche, würdest du den Löffel abgeben. Das hält kein Mensch aus.«

»Dieser Mann macht die Nation BALLA-BALLACK.«

BILD nach den WM-Qualifikationsspielen gegen die Ukraine

Die WM-Qualifikationsspiele gegen die Ukraine – für Michael Ballack waren sie der endgültige Durchbruch. Mit sechs Treffern war er mit Abstand bester Torschütze in Rudi Völlers Team. Die kritischen Stimmen an seiner Spielweise verstummten immer mehr und seine Leistungen wurden zusehends mit dem nötigen Respekt gewürdigt.

Tabellenführung in der Bundesliga

Nach der Nationalmannschaftspause fuhren Michael Ballack und Leverkusen in der Bundesliga weiter Siege am laufenden Band ein: Mit einem 2:1 am 13. Spieltag im Nachbarderby beim 1. FC Köln – der 25-Jährige bereitete den 1:1-Ausgleich durch Ulf Kirsten vor – löste die Werkself den FC Bayern als Tabellenführer ab, der sich zeitgleich bei Werder Bremen 0:1 geschlagen geben musste. Erst am 15. Spieltag im Bremer Weserstadion ging die beeindruckende Erfolgsserie zu Ende: Mit 1:2 kassierte Bayer die erste Niederlage der laufenden Bundesliga-Saison. Bis zur Winterpause folgten noch ein 4:2-Sieg über den überraschend starken Aufsteiger 1. FC Nürnberg, bei dem Michael Ballack das 3:2 per Kopfball selbst erzielte und das 4:2 durch Neuville vorbereitete, sowie Niederlagen in Berlin (1:2) und Wolfsburg (1:3).

Kamen gut miteinander zurecht: Bayer-Trainer Klaus Toppmöller umarmt seinen Mittelfeld-Motor.

Trotz dieser kleinen Rückschläge ging Leverkusen als »Herbstmeister« in die fünfwöchige Winterpause. Michael Ballack hatte die beste Halbserie seiner Karriere absolviert, führte mit 15 Punkten die Scorerliste (Addition von Toren und Vorlagen) der Bundesliga an, war mit neun Treffern die Nummer drei der Torschützenliste (hinter dem Dortmunder Amoroso und dem Münchner Pizarro/jeweils zehn Tore) und wurde vom Fachblatt »kicker« fünfmal in die »Elf des Tages« gewählt – so oft, wie kein anderer Profi. Und das, obwohl er in vier der 18 Spiele fehlte. Unter anderem auch im letzten vor der Pause, weil er zuvor seine fünfte Gelbe Karte erhalten hatte. In einer »kicker«-Umfrage unter den Bundesliga-Profis wurde er mit 53 Prozent zum besten Feldspieler der Hinrunde erklärt.

»Er gibt nie auf. Ballack rackert in der Defensive, ordnet das Spiel und ist immer torgefährlich. Eine sensationelle Mischung. Michael ist der Beckenbauer des neuen Jahrtausends.«

Bayer-Trainer Klaus Toppmöller über seinen Schützling

In der Champions League wechselten Licht und Schatten: Zum Auftakt der Zwischenrunde kassierten die Toppmöller-Schützlinge bei Juventus Turin mit 0:4 eine bittere Lektion. Die Deutschen waren offensichtlich der Nervenbelastung durch die lange Wartezeit nicht gewachsen: Zweimal, am 21. und 28. November, musste die Partie im »Stadio delle Alpi« wegen dichten Nebels abgesagt werden – erst bei der dritten Ansetzung am Nachmittag des 29. Novembers pfiff der Schweizer Schiedsrichter Meier das Spiel an. Gerade einmal 3000 Zuschauer verloren sich in der weitläufigen Arena und sorgten für eine gespenstische Atmosphäre. »0:4! Leverkusen völlig benebelt«, spottete BILD am folgenden Tag. Eine Woche später in der heimischen BayArena rehabilitierten sich Michael Ballack & Co. mit einem eindrucksvollen 3:0 gegen Deportivo La Coruña – der Nationalspieler sorgte mit einem Kopfballtor für den Endstand.

Bestätigung des München-Wechsels

Michael Ballack hielt Wort: Während seines Weihnachtsurlaubes in Naples an der Westküste Floridas lüftete er endlich das Geheimnis um seinen künftigen Arbeitgeber, das längst keines mehr war. Sein Berater Michael Becker hatte mit Bayern-Manager Uli Hoeneß inzwischen Einigung über die Verwertung der Persönlichkeits- und Werberechte erzielt, zudem war die Sperrfrist der DFL-Lizenzordnung abgelaufen – und so ließ der Mittelfeld-Star am Tag vor Heilig Abend per Telefax seinen Wechsel zum FC Bayern zur kommenden Saison offiziell verkünden. Der Wortlaut: »Ich habe mich entschlossen, von meiner Ausstiegsklausel in meinem Vertrag mit Bayer 04 Leverkusen Gebrauch zu machen, und werde mich mit Beginn der kommenden Saison dem FC Bayern München anschließen. Für diese Entscheidung, die ich mir nicht leicht gemacht habe, waren in erster Linie sportliche Gründe ausschlaggebend.«

»Mit meinem Ja zu Bayern habe ich mir einen Traum erfüllt.«

Michael Ballack nach Verkündung seines Wechsels nach München

Auf Nachfrage stellte Michael Ballack klar, dass sein Wechsel keine Entscheidung gegen Bayer gewesen wäre, sondern für den deutschen Fußball: »Ich habe mich nach reiflicher Überlegung und intensiven Gesprächen mit Rudi Völler und Kalle Rummenigge für die Bayern entschieden, trotz lukrativer Angebote aus dem Ausland.« Vor allem Real Madrid hatte zuletzt noch einmal Bemühungen unternommen, den Mittelfeldakteur in die spanische statt bayerische Hauptstadt zu lotsen und überbot die Münchner Offerte. Michael Ballack hat seinen Entschluss, den »Königlichen« abzusagen, aber bis heute nicht bereut: »Ich glaubte damals, und sehe mich heute bestätigt, dass es wichtig sein würde, mindestens bis zur WM 2006 für ein Top-Team in Deutschland, dem FC Bayern, zu spielen.«

Bayer-Trainer Klaus Toppmöller warb derweil für die Entscheidung seines Schützlings im Umfeld des Vereins um Verständnis und hoffte, dass dadurch die, in derartigen Fällen in der Branche üblichen Schmähgesänge ausbleiben: »Ich habe die Fans gebeten, Michael Ballack weiter zu unterstützen – ob er nun noch sechs Jahre hier spielt oder nur bis zum Sommer. Denn er trägt auch die Hoffnungen der Nationalmannschaft. Die Fans sollten über jedes Spiel froh sein, das er im Bayer-Trikot absolviert.« Gleichzeitig setzte er seinen Schützling unter Druck: »Ich habe ihm gesagt, wenn wir verlieren, brüllen die Fans wegen deines Wechsels zu Bayern: ›Ballack raus‹ und nicht ›Trainer raus‹. Sei so stark, dass sie dich nicht niedermachen können.« Der Bald-Münchner versprach: »Ich werde alles daran setzen, die drei Jahre zu einem schönen Abschluss zu bringen und will den Bayern den Meistertitel wegschnappen. Dafür werde ich in meinen letzten Monaten in Leverkusen alles tun.«

Ein 100-Millionen-Mark-Deal?

Michael Ballack hatte seinen Urlaubsort, fernab der Heimat, in weiser Voraussicht gewählt: In Deutschland überschlugen sich nach der offiziellen Bestätigung seines Wechsels die Schlagzeilen. Jeder wollte ein Detail mehr in Erfahrung gebracht haben, als der andere. »Ballack, der 17-Millionen-Mann – so ein Jahresgehalt verdiente noch kein deutscher Fußballer«, titelte der Kölner »EXPRESS« und rechnete das künftige Salär des Leverkuseners in astronomische Summen hoch: 8,5 Millionen Mark Jahresgehalt, dazu 30 Millionen Handgeld. Macht für vier Jahre 7,5 Millionen pro Saison. Plus eine Million an Prämien. Summa sumarum also 17 Millionen, so die Hochrechnung, und die künftigen Werbeeinnahmen noch gar nicht eingerechnet.

Andere Quellen berichteten, dem FC Bayern komme der Transfer, inklusive Gehalt und der 28 Millionen Mark Ablösesumme, auf einen Gesamtwert von 100 Millionen, was allerdings dessen Vizepräsidenten Karl-Heinz Rummenigge auf den Plan rief, der flugs dementierte: »Wir zahlen keine 28 Millionen Ablöse, sondern zwölf. Keine Mark mehr. Ballack ist für mich auch diesen höchsten Betrag, den je ein Bundesliga-Profi gekostet hat, wert.« BILD stellte daraufhin süffisant die Vermutung auf: »Kassiert Ballack etwa auch noch die Differenz?«

»Michael Ballack war das, was uns noch gefehlt hat. Ein wichtiger Baustein, um 2002 den Übergang zu einem anderen Team vollziehen zu können.«

Bayern-Vize Karl-Heinz Rummenigge nach Abwicklung des Transfers

Egal, wie hoch die Summe letztendlich war: Der FC Bayern konnte sie verschmerzen. Der neue Hauptsponsor Deutsche Telekom, der den Automobilbauer Opel ablöste, sollte ab Saisonbeginn 2002/03 mehr als 17 Millionen Euro per annum

Michael Ballacks Ablösesummen (*geschätzt)

Jahr	Von	nach	Summe
1997	Chemnitzer FC	1. FC Kaiserslautern	75.000 €
1999	1. FC Kaiserslautern	Bayer 04 Leverkusen	3.900.000 €
2002	Bayer 04 Leverkusen	FC Bayern München	14.000.000 €*

in die Vereinskasse spülen. Michael Ballack stellte kurz nach seiner Rückkehr aus dem Florida-Urlaub klar: »Wenn ich mich für einen Verein entscheide, geht es nie allein ums Geld, sondern um die Familie, das Umfeld, die Mannschaft, den Trainer.« Und weiter: »Kein Fußballer, der etwas im Leben erreichen möchte, denkt nur an Geld. Ich denke an Titel.«

Abschiedstournee bei Bayer

Das Jahr 2002 begann für Michael Ballack und seinen Noch-Arbeitgeber mit dem Nachholspiel im DFB-Pokal-Achtelfinale bei Hannover 96. Die Partie ging in die Annalen ein. Nicht wegen des Foulelfmeters, den der Bald-Münchner in der dritten Minute mit einem Foul am Kroaten Danijel Stefulj verschuldete (Jiri Kaufman scheiterte jedoch an Bayer-Schlussmann Hans-Jörg Butt), und auch nicht wegen des 2:1-Siegs der Leverkusener – sondern wegen eines heftigen Hagelschauers, in Folge dessen die Partie in der zweiten Halbzeit für eine Viertelstunde unterbrochen werden musste. Michael Ballack war einmal mehr der Spiel bestimmende Akteur auf dem Platz: In der 68. Minute landete sein Kopfball am Pfosten, wenige Minuten später bereitete er das 2:0 durch Ulf Kirsten vor. In der Bundesliga feierte die Werkself ein 2:0 über Hansa Rostock und reiste als Spitzenreiter mit acht Punkten Vorsprung zum Schlagerspiel beim Tabellen-Fünften FC Bayern. Auch Klaus Toppmöllers Appell an die Fans hatte Erfolg: Die befürchteten Pfiffe der Fans in der BayArena waren ausgeblieben, stattdessen wurde Michael Ballack, der den zweiten Treffer per Foulelfmeter erzielte, lautstark gefeiert. »Das hat richtig gut getan«, so der gebürtige Sachse.

»Versetzt Super-Ballack seinem künftigen Klub jetzt sogar den Gnadenstoß?«, fragte BILD vor dem Spiel im Münchner Olympiastadion. Die Medien reduzierten die Partie auf das Duell zwischen Bayern-Spielmacher Stefan Effenberg und seinem designierten Nachfolger Michael Ballack. »Ballack – schon der bessere Ch-Effe?«, fragte »Sport Bild«. Und BILD setzte noch einen drauf: »Schickt er ihn in Rente?« Michael Ballack scheute jedenfalls nicht die Verantwortung: »Natürlich sind Spiele gegen den künftigen Klub etwas Besonderes. Ich habe in dieser Situation noch nie gesteckt.« Bayer sah er nach sieben vorangegangenen Niederlagen im Olympiastadion in der Außenseiterrolle: »Wir können das ganz locker angehen lassen. Da haben wir sowieso nie etwas erreicht.«

Der alte Bayern-Spielmacher gegen seinen designierten Nachfolger: Nicht nur in dieser Szene hatte Stefan Effenberg die Nase vorn.

So sollte es auch kommen: Michael Ballack bot an einem nasskalten Februar-Abend eines seiner schwächsten Saisonspiele (»kicker«-Note 4,5), Bayer verlor Spiel (0:2) und die Tabellenführung – und Stefan Effenberg war als erfolgreicher Elfmeterschütze der strahlende Triumphator. »Effe zeigt Ballack, wer der Chef ist«, lautete das Resümee der BILD-Zeitung. Auch im folgenden Heimspiel gegen Schalke schwächelten die Farbenstädter, kassierten mit 0:1 die erste Saison-Niederlage in der BayArena. Trainer Klaus Toppmöller baute seine Mannen aber schnell wieder auf: Im dritten Spiel binnen sieben Tagen schossen sich die Leverkusener mit einem 5:0 über Borussia Mönchengladbach den Frust von der Seele – Michael Ballack eröffnete den Torreigen in der neunten Minute mit einem Linksschuss. Sechs Minuten vor dem Schlusspfiff war für ihn die Partie allerdings beendet: Schon seit Tagen litt er unter Leistenproblemen, und gegen Borussia wurden die Schmerzen zu groß.

Ärger mit dem DFB

Trotz der Verletzung rückte der 25-Jährige ins Trainingslager der Nationalmannschaft in Homburg/Saar für das bevorstehende Länderspiel gegen Israel in Kaiserslautern ein. Ärzte und Physiotherapeuten versuchten ihr Bestes, den Mittelfeld-Akteur für die Partie an seiner ehemaligen Wirkungsstätte wieder hinzukriegen. Letztlich musste Michael Ballack aber passen: »Ich kann nur spielen, wenn ich richtig fit bin. Alles andere macht keinen Sinn.« Auch ohne ihn gewann die DFB-Elf 7:1. Zum Gastspiel seiner Vereinsmannschaft beim FC St. Pauli meldete sich Michael Ballack wieder zurück – und wie: Mit seinem 2:1-Führungstreffer in der 70. Minute zog er mit dem Brasilianer Amoroso an der Spitze der Bundesliga-Schützenliste gleich.

In der Schlussphase und nach Spielende überschlugen sich jedoch die Ereignisse: Der überforderte Schiedsrichter Jansen verhängte in der aufgeheizten Atmosphäre in der 90. Minute nach einem angeblichen Handspiel von Schneider einen Elfmeter für die Hausherren – Meggle nahm das Geschenk dankbar an und sorgte für den Ausgleich. Michael Ballack war außer sich: »Das war Betrug«, schimpfte er in die »Premiere«-Kameras und brockte sich damit jede Menge Ärger ein: Gleich am Montag nahm der DFB-Kontrollausschuss Ermittlungen gegen den Leverkusener auf und forderte eine schriftliche Stellungnahme ein. Eine weitere Woche später wurde Michael Ballack wegen seiner Schiedsrichter-Schelte zu einer Strafe in Höhe von 7500 Euro verurteilt – sein Verein Bayer 04 Leverkusen übernahm gut gelaunt die Zahlung.

»Michael hat einen Torinstinkt wie ein Mittelstürmer«

Bayer-Trainer Klaus Toppmöller über seinen Mittelfeld-Star

Mit einer furiosen Leistung und einem 4:0-Kantersieg im Spitzenspiel gegen Borussia Dortmund hatten sich die Rheinländer nämlich die Bundesliga-Tabellenführung zurückerobert. Michael Ballack (»kicker«-Note 2) hatte in der 32. Minute mit einem Rechtsschuss das Schützenfest eingeleitet und bekannte hinterher geradezu euphorisiert: »Wir haben das Zeug zum Meister. Wenn wir so weiterspielen wie gegen Dortmund, holen wir den Titel.« Nur drei Tage später setzte es in der Champions League aber wieder einen Rückschlag: Im Londoner Highbury Park stand Bayer gegen den englischen Vizemeister Arsenal völlig auf verlorenem Posten und kam mit 1:4 unter die Räder.

Mit einem 4:0-Kantersieg gegen Borussia Dortmund kehrte Bayer an die Tabellenspitze zurück: Hier setzt sich Michael Ballack gegen Sebastian Kehl (links) und Jan Koller durch.

Erfolge in der Champions League

Entsprechend ernüchtert reiste die Mannschaft zum Bundesliga-Gastspiel nach Freiburg. Beim Drittletzten der Tabelle konnte Bayer erst durch späte Tore von Dimitar Berbatov (64. Minute) und Michael Ballack (76., Kopfball) eine Blamage gerade noch abwenden – und verpasste es, die Tabellenführung vor Borussia Dortmund (nur 1:1 gegen St.Pauli) auszubauen. Entsprechend sauer war der Mittelfeld-Star nach Spielende: »Was wir heute abgeliefert hatten, war eine Sauerei«, redete er sich in Rage. »Wir haben dort weitergemacht, wo wir in London aufgehört haben. Wir kamen als Tabellenführer hierher und keiner merkt etwas davon. So haben wir es nicht verdient, Deutscher Meister zu werden. Es kann nicht sein, dass wir nur 50 Prozent unserer Möglichkeiten abrufen.«

Mit Bundesliga-Siegen gegen Energie Cottbus und beim VfB Stuttgart (jeweils 2:0) und einem 3:1-Triumph in der Champions League gegen Juventus Turin fand die Mannschaft aber rasch wieder in die Erfolgsspur zurück. Ausgerechnet vor dem wichtigen Heimspiel gegen den 25-fachen italienischen Meister hatte sich Michael Ballack einen Grippevirus eingefangen und verfolgte im heimischen Krankenbett am TV-Schirm, wie sich seine Mannschaftskameraden gegen das ebenfalls ersatzgeschwächte »Juve« (ohne die gesperrten oder verletzten Salas, Davids, Thuram, del Piero und Trezeguet) behaupteten. Eine Woche später, im Auswärtsspiel beim bereits fürs Viertelfinale qualifizierten, frischgebackenen spanischen Pokalsieger Deportivo La Coruña, war er wieder mit an Bord und half mit, dass Bayer als Sieger der Zwischenrundengruppe D zum zweiten Mal in der Vereinsgeschichte (nach 1998) das Viertelfinale erreichte: Beim 3:1-Erfolg steuerte er den Führungstreffer bei.

Leverkusen konnte sich über eine garantierte Einnahme von 30 Millionen Euro freuen. Für die großen Favoriten Arsenal London und Juventus Turin war die Saison auf internationaler Bühne hingegen beendet. »Das ist ein historischen Tag für unseren Verein«, jubelte Bayer-Manager Reiner Calmund bei seiner nächtlichen Bankettrede im Melia-Pita-Hotel von La Coruña. »Uns hatte vor der Zwischenrunde doch keiner auf der Rechnung.«

Triumphmarsch gegen Liverpool

Beim 4:0-Heimerfolg über den TSV 1860 München zeigte die Mannschaft, dass sie auch ohne ihren Mittelfeld-Chef – Michael Ballack war nach seiner zehnten Gelben Karte, die er in der Woche zuvor im Stuttgarter Daimler-Stadion erhalten hatte, gesperrt – guten Fußball spielen konnte. Mit ihm konnte sie es aber noch besser: Beim 4:2-Sieg an seiner ehemaligen Wirkungsstätte am Kaiserslauterer Betzenberg beeindruckte der 25-Jährige mit einer Weltklasseleistung, erzielte 13 Minuten vor Spielende das 3:2 per Foulelfmeter und bereitete kurz vor Abpfiff den letzten Treffer durch Dimitar Berbatov vor. Damit übernahm er mit 15 Toren und sieben Vorlagen die Führung in der Bundesliga-Scorerliste vom Dortmunder Brasilianer Amoroso. Zudem vergrößerte sich der Vorsprung auf die Borussen, die sich zeitgleich beim VfB Stuttgart 2:3 geschlagen geben mussten, auf vier Zähler.

»Der Triumphzug von Bayer in Champions League, Meisterschaft und Pokal ist untrennbar mit dem neuen Superstar des deutschen Fußballs verbunden.«

Kölner »EXPRESS« nach dem Champions-League-Triumph gegen Liverpool

Im Viertelfinal-Hinspiel der Champions League verkaufte die Bayer-Elf ihre Haut beim englischen Pokalsieger FC Liverpool teuer, verlor nach einem Treffer des Finnen Sami Hyypiä wenige Sekunden vor der Pause unglücklich 0:1. Für das Rückspiel hatte das Team aber noch alle Chancen auf seiner Seite. Michael Ballack, der während der 90 Spielminuten an der Anfield Road nicht an seine starken Vorstellungen der vergangenen Wochen anknüpfen konnte, vergab in der 67. Minute die große Ausgleichschance aus zehn Metern. »Ich hätte ins Gras beißen können. Normal mache ich so ein Ding rein«, haderte er im Anschluss an die Partie mit sich selbst.

Triumphmarsch gegen Liverpool: Michael Ballack steigt am höchsten und köpft zum 2:1 ein.

Das Rückspiel sechs Tage später in der BayArena wurde für Michael Ballack hingegen zu einem einzigen Triumphmarsch: Mit zwei Traum-Toren avancierte er zum gefeierten Helden der 22 500 Zuschauer. Bereits in der 16. Minute hämmerte er den Ball aus 18 Metern zur 1:0-Führung genau in den Winkel – der Rückstand aus dem Hinspiel war ausgeglichen. In der 63. Minute ließ er mit einem wuchtigen Kopfball das 2:1 folgen – bereits sein fünfter Treffer im laufenden Champions-League-Wettbewerb. Die weiteren Tore zum 4:2-Sieg der wie aus einem Guss spielenden Rheinländer erzielten Berbatov (68.) und Lucio (84.).

»Liverpool wurde bezwungen durch eine deutsche Mannschaft, die von einem brillanten Michael Ballack inspiriert wurde.«

Die englische Tageszeitung »Daily Telegraph« nach dem Champions-League-Viertelfinale

Von »Fußball in Perfektion« schrieb anschließend die »taz«. Der Kölner »EXPRESS« titelte mit »Big Ballack«. Und der Profi jubelte vor den Augen seiner eigens angereisten Eltern, die auf der Tribüne ihren 26. Hochzeitstag feierten: »Für so eine Nacht bin ich Fußballer geworden.« Für die Halbfinal-Aufgabe gegen Manchester United gab er sich zuversichtlich: »In der Champions League können wir befreit aufspielen, da haben wir ja schon alles erreicht. Vielleicht ist das unser Vorteil. Jetzt dürfen wir träumen.«

Schwerer Haching-Rückfall

Vom Buhmann zum gefeierten Helden. Vier Tage zuvor, beim 2:0-Erfolg im Lokalderby gegen den 1. FC Köln, hatte sich der Jungstar noch den Zorn der FC-Spieler und mitgereisten Fans zugezogen. In der 13. Minute war er nach einem Foul von FCK-Profi Jens Keller zu Boden gegangen – Schiedsrichter Fandel erkannte auf Strafstoß, den Torhüter Butt zur 1:0-Führung verwandelte. »Eine Schwalbe«, schimpfte Keller – die neutralen Beobachter gaben ihm Recht. Michael Ballack hingegen stellte nach dem Schlusspfiff ganz gelassen fest: »Die Kölner haben uns nicht wirklich gefordert. Was uns bei unserem Mordsprogramm aber auch ganz gut ins Konzept gepasst hat. Ich merke schon, dass der Körper langsam abbaut.« Nationalspieler wie er hatten in der laufenden Saison bereits um die 50 Pflichtspiele absolviert.

Unzufriedenheit, Wut und Verzweiflung: Bayer strauchelt gegen Werder Bremen 1:2 (im Hindergrund Tim Borowski).

Mit einem 1:1 beim HSV in der Hamburger AOL Arena baute Bayer seinen Vorsprung drei Spieltage vor Schluss sogar auf fünf Zähler aus, weil sich Dortmund am Kaiserslauterer Betzenberg mit 0:1 geschlagen geben musste. Titelverteidiger FC Bayern war sogar sieben Zähler zurück – die erste Meisterschaft der Vereinsgeschichte war Bayer kaum noch zu nehmen. Die Konkurrenz gratulierte bereits zum Titel, die BILD-Zeitung bildete den kleinen Balkon am Leverkusener Rathaus am Friedrich-Ebert-Platz ab, auf dem die Meisterfeier stattfinden würde. Doch Manager Reiner Calmund warnte: »Wer bereits eine Meisterfeier plant, wird entlassen.«

Schon am 32. Spieltag hatte Leverkusen die Chance, den Titelgewinn vorzeitig zu besiegeln: Ein Heimsieg gegen Werder Bremen und ein Punktverlust des BVB gegen Köln – Bayer hätte sieben Punkte Vorsprung gehabt und wäre nicht mehr einzuholen gewesen. Doch der Mannschaft versagten auf der Zielgeraden die Nerven. »Schwerer Haching-Rückfall«, titelte BILD nach dem 1:2 gegen den Tabellen-Siebten von der Nordsee in Anspielung an das Debakel im Münchner Süd-Osten zwei Jahre zuvor – für Bayer war es die erste Niederlage nach zehn Spielen.

Schon nach fünf Minuten hatte Lisztes die Hanseaten in Führung gebracht. Michael Ballack holte in der 40. Spielminute zwar einen umstrittenen Elfmeter heraus (Skripnik hatte ihn leicht touchiert), Torhüter Hans Jörg Butt, ansonsten ein sicherer Strafstoßschütze, scheiterte jedoch an seinem Gegenüber Frank Rost und an seinen eigenen Nerven. Ansonsten konnte man sich des Eindruckes nicht erwehren, dass

Michael Ballack der Vierfach-Belastung Bundesliga, Champions League, DFB-Pokal und Nationalmannschaft kräftemäßig Tribut zollen musste – er bot jedenfalls eines seiner schwächsten Saisonspiele (»kicker«-Note 4,5). Verfolger Dortmund, 2:1-Sieger gegen Köln, schloss auf zwei Zähler auf.

Bayer verspielt Vorsprung

»180 Minuten vor Saisonschluss kriegen Calmund & Co. das große Nervenflattern. Wird Bayer noch zur Lachnummer der Nation?«, fragte BILD und nannte den Verein kurzerhand in »Bayer 04 Muffensausen« um. Michael Ballack übte Kritik an der zu offensiven Spielweise seiner Mannschaftskameraden, die von den Bremern immer wieder ausgekontert wurden: »Wir haben gemerkt, dass das große Ding möglich ist. Aber dann sind wir alle zu viel nach vorn gerannt.«

Trotz der Heimpleite bot sich Leverkusen am 33. Spieltag erneut die Chance, mit einem Sieg beim 1. FC Nürnberg und einem gleichzeitigen Unentschieden oder einer Niederlage des BVB in Hamburg die Meisterschaft perfekt zu machen. Der DFB ließ die Meisterschale ins Nürnberger Frankenstadion transportieren, die Fernsehsender bauten zusätzliche Kameras und Ministudios auf. »Ich habe ein gutes Gefühl«, sagte Manager Reiner Calmund, als sich die Mannschaft per Charterflieger auf den Weg ins Frankenland machte.

»Er spielt unter Schmerzen, aber er klagt nicht über seinen Fuß, sondern marschiert. Er hat Charakter. Für mich ist er der Fußballer des Jahres.«

Reiner Calmund über Michael Ballack im Saisonendspurt 2001/02

Im 56. Pflichtspiel der Saison wirkte die Werkself allerdings müde, behäbig und wenig kreativ. Michael Ballack (»kicker«-Note 3) war noch einer der Besten. In der 23. Minute erzielte Nürnbergs Marek Nikl per Kopfball das einzige Tor des Tages. Während die Franken ausgelassen den Klassenverbleib feierten, schlichen die Gäste mit betretenen Mienen vom Platz. Dortmund hatte gleichzeitig in einem Torfestival beim HSV mit 4:3 die Oberhand behalten und damit Leverkusen an der Tabellenspitze abgelöst. Auf dem Rückflug ins Rheinland griff Manager Reiner Calmund zum Mikrofon: »Ich bin sehr traurig, aber nicht sauer auf euch«, sagte er, »vielleicht ist der Fußball-Gott ja diesmal auf unserer Seite.«

Die Niederlage und der Verlust der Tabellenführung nicht genug: Direkt nach der Rückkehr am Köln/Bonner Konrad-Adenauer-Flughafen ließ sich Michael Ballack zum Röntgen ins Leverkusener Krankenhaus chauffieren: »Ich kann überhaupt nicht auftreten oder laufen.« Bereits in der ersten Halbzeit hatte er nach einem Pressschlag mit »Club«-Verteidiger Tomasz Kos über Schmerzen im rechten Fuß geklagt, aber trotzdem die kompletten 90 Spielminuten durchgehalten. Sollte der Bayer-Star etwa für das dramatische Saisonfinale mit dem Spiel gegen Hertha BSC Berlin (Dortmund empfing zeitgleich Werder Bremen) ausfallen? Die Röntgenaufnahmen brachten einigermaßen Entwarnung: Zumindest war nichts gebrochen oder gerissen. Dennoch hatte sich Michael Ballack eine Mittelfußprellung zugezogen, die ihn dazu zwang, mit dem Training kürzer zu treten.

Herzschlag-Finale in der Bundesliga

Der 34. und letzte Spieltag bot ein packendes Finale. Selbst der FC Bayern, zwei Zähler hinter Dortmund und nur einen hinter Leverkusen, hatte nach drei Siegen in Folge auf einmal wieder theoretische Chancen auf die Titelverteidigung. 64 Minuten lang durfte sich Bayer als Meister fühlen, stand aber nach dem Schlusspfiff mit leeren Händen da. Bei Michael Ballack (»kicker«-Note 1) war in seinem letzten Bundesliga-Spiel für Bayer von seiner Fußverletzung nichts zu sehen. Bereits nach zehn Minuten schoss er seine Mannschaft gegen Hertha mit 1:0 in Front – in der fiktiven Tabelle stand Bayer damit wieder auf Platz eins. Der schien gefestigt, als der Bremer Stalteri acht Minuten später Werder in Dortmund ebenfalls mit 1:0 in Führung brachte.

Das Ausgleichstor der Borussen durch Koller zum 1:1 (43.) war zwar wieder ein Dämpfer für Bayer und Hoffnungsschimmer für die Westfalen, zur Pause war Leverkusen dennoch Meister. Sechs Minuten nach der Pause sorgte der überragende Michael Ballack mit seinem zweiten Treffer dafür, dass die Leverkusener ihren Teil zum Titelgewinn erbracht hatten – der Rest lag nicht mehr in ihrer Hand.

Die 74. Spielminute im Westfalenstadion sollte die Meisterschaft entscheiden: Der erst eine Minute zuvor eingewechselte Brasilianer Ewerthon spitzelte den Ball aus spitzem Winkel zum 2:1 ins Werder-Gehäuse. Die Spielstände in Leverkusen und München, wo sich der FC Bayern mit 3:2 gegen Hansa Rostock durchsetzte, waren unbedeutend geworden. Borussia rettete den Vorsprung über die Zeit, Spieler und Fans hüpften, schrieen, sangen und bejubelten ausgelassen die sechste Meisterschaft der Vereinsgeschichte.

Stigma des ewigen Zweiten

Ernüchterung indes in der BayArena, wo Trainer Toppmöller und Manager Calmund das Geschehen im Westfalenstadion am Spielfeldrand in den TV-Monitoren von »Premiere« mitverfolgten. Bayer wurde nach dem 2:1 gegen Hertha – der Ex-Leverkusener Stefan Beinlich hatte den Anschlusstreffer erzielt – wieder einmal nur »Vize«, bereits zum dritten Mal in den zurückliegenden sechs Jahren. Michael Ballack befand danach: »Das war brutal. Auf diese Art Zweiter zu werden, tat weh. Bei aller Freude über unsere Leistungen, bei aller Fairness gegenüber Dortmund: Wir hatten es verdient, es sollte jedoch nicht sein. Und das schmerzt ungemein.«

Trainer Toppmöller sah den Grund für die schon sicher geglaubte, auf den letzten Drücker aber verloren gegangene Meisterschaft im immer kleiner werdenden Kader: »Wir haben nun mal nicht so eine Personaldecke, wie sie sich Bayern und Dortmund leisten können.« Neben Michael Ballack schlugen sich in der Schlussphase der Saison auch Lucio, Sebescen und Neuville mit ernsthaften Verletzungen herum und ließen sich für die Spiele fitspritzen; Abwehrchef Nowotny fiel mit Kreuzbandriss ganz aus. Bayer-Masseur Dieter Trzolek griff zu ungewöhnlichen Behandlungsmethoden, um die Spieler einsatzfähig zu machen: Infarot-Sauna, eine mit Sand gefüllte Wellness-Liege mit Lichteffekten, die einen Strandurlaub vorspiegeln sollten. Im Fall Michael Ballack wendete er ein altes Hausmittel an: Um die Erntzündung aus dem Mittelfuß rauszuziehen, umwickelte er den lädierten Fuß mit rohen Kohlblättern, die er anschließend bandagierte. BILD schrieb von den Leverkusener »Herz- und Schmerz-Helden« und kürte das Team achtungsvoll zum »Meister der Schmerzen.«

Bayer 04 Leverkusen – Saison 2001/02 (1. Bundesliga)

Tor
Jörg Butt
Frank Juric
Tom Starke

Abwehr
Thomas Kleine
Lucio
Jens Nowotny
Diego Placente
Boris Zivkovic

Mittelfeld
Marko Babic
Michael Ballack
Yildiray Bastürk
Anel Dzaka
Vratislav Gresko
Pascal Ojigwe
Carsten Ramelow
Bernd Schneider
Zoltan Sebescen
Jurica Vranjes
Thorsten Wittek
Zé Roberto

Angriff
Dimitar Berbatov
Thomas Brdaric
Ulf Kirsten
Oliver Neuville
Paulo Rink

Trainer
Klaus Toppmöller

Abschlusstabelle Bundesliga

		Spiele	Tore	Punkte
1.	Borussia Dortmund	34	62:33	70
2.	Bayer 04 Leverkusen	34	77:38	69
3.	FC Bayern München	34	65:25	68
4.	Hertha BSC Berlin	34	61:38	61
5.	Schalke 04	34	52:36	61
6.	Werder Bremen	34	54:43	56
7.	1. FC Kaiserslautern	34	62:53	56
8.	VfB Stuttgart	34	47:43	50
9.	TSV 1860 München	34	59:59	50
10.	VfL Wolfsburg	34	57:49	46
11.	Hamburger SV	34	51:57	40
12.	Borussia Mönchengladbach	34	41:53	39
13.	Energie Cottbus	34	36:60	35
14.	Hansa Rostock	34	35:54	34
15.	1. FC Nürnberg	34	34:57	34
16.	SC Freiburg	34	37:64	30
17.	1. FC Köln	34	26:61	29
18.	FC St.Pauli	34	37:70	22

Noch aber besaß Bayer zwei Optionen auf einen Titel. Um seine Schützlinge wieder auf andere Gedanken zu bringen und einen neuen Spannungsbogen für die anstehenden Finalspiele um den DFB-Pokal gegen Schalke 04 und in der Champions League gegen Real Madrid herzustellen, gab Toppmöller zwei Tage frei. »Alle unsere Tränen sind getrocknet«, versuchte der Bayer-Coach nach Wiederaufnahme des Trainingsbetriebes Optimismus auszustrahlen. »Um meine Jungs braucht sich keiner Sorgen zu machen. Die sind wieder obenauf und werden Schalke einen heißen Fight liefern."

Niederlage im Pokal-Finale

Ein Erfolg im Pokalfinale im Berliner Olympiastadion gegen Schalke schien weitaus realistischer als vier Tage später in der europäischen Königsklasse gegen Real Madrid. Mit Erfolgen beim Regionalligisten Jahn Regensburg (3:0), den Zweitligisten VfL Bochum (3:2) und Hannover 96 (2:1) sowie zu Hause gegen die Bundesliga-Konkurrenten TSV 1860 München (3:0) und 1. FC Köln (3:1 nach Verlängerung) hatte Bayer zum zweiten Mal in der Vereinsgeschichte nach 1993 (1:0-Endspielsieg gegen die Amateure von Hertha BSV Berlin) das Endspiel erreicht. »Einen der Pötte müssen wir unbedingt holen«, sagte Toppmöller, »um nicht am Ende als ewiger Zweiter abgestempelt zu werden.«

In einer hektischen Partie, in deren Verlauf beide Trainer von Schiedsrichter Wack wegen Meckerns auf die Tribüne verbannt wurden, fehlte Michael Ballack, gehandicapt durch seine Fußverletzung, die Spritzigkeit. In der Offensive konnte er nicht, wie gewohnt, Akzente setzen (»kicker«-Note 4,5), stattdessen agierte er, nach dem Ausfall von Jens Nowotny, als eine Art Libero vor der Abwehr und beschäftigte sich häufig mit der Deckung des Schalkers Andreas Möller. Leverkusen war in der ersten Hälfte vor 70 000 Zuschauern absolut Spiel bestimmend, ging durch Dimitar Berbatov verdient mit 1:0 in Front, vergab allerdings weitere Großchancen. Das sollte sich rächen: Quasi mit dem Pausenpfiff glich Schalkes Jörg Böhme mit einem Freistoß zum 1:1 aus – ein Rückschlag, von dem sich Bayer nicht mehr erholte.

Victor Agali und Andreas Möller per Doppelschlag in der 68. und 71. Minute sowie Ebbe Sand kurz vor Schluss erhöhten auf 4:1, Ulf Kirsten gelang in der 89. Minute nur noch »Ergebniskosmetik« zum 2:4-Endstand. Völlig frustriert, ohne den Schalkern zur Titelverteidigung zu gratulieren, verschwanden die Bayer-Profis nach dem zweiten Rückschlag binnen einer Woche in der Kabine, wo es Manager Calmund und Trainer Toppmöller anschließend gehörig krachen ließen. »Es sind schon sehr harte Worte gefallen, ich war so laut wie in der ganzen Saison noch nicht«, so Toppmöller. »Große Mannschaften hätten das 1:1, das wir vor der Pause kassiert haben, weggesteckt.«

Für Michael Ballack war der Schalker Doppelschlag Mitte der zweiten Halbzeit »unser Ende«. Der Mittelfeldmann beklagte sich über die Einstellung der Mannschaft, ohne sich selbst auszunehmen: »In einem Finale müssen alle über die Schmerzgrenze gehen. Wir haben uns nicht gewehrt.« Im Mannschaftshotel »Esplanade« ordnete Manager Calmund trotz der Niederlage eine Anti-Frust-Party an: »Lieber Kopfschmerzen vom Saufen, als vom Nachdenken.« Um sechs Uhr morgens verließen die letzten Spieler den großen Bankettsaal. Trotzdem zeigte die ungewöhnliche Maßnahme nur begrenzt Wirkung. Auf dem Rückflug ins Rheinland am folgenden Tag sagte Michael Ballack: »Es gibt kaum noch eine negative Steigerung. In zwei Wettbewerben haben wir es nicht geschafft, einen Titel zu holen.« Die negative Steigerung sollte nur vier Tage auf sich warten lassen.

Champions-League-Triumph gegen ManU

In der Vorschlussrunde gegen den englischen Meister Manchester United (ohne die verletzten Nationalspieler David Beckham und Philip Neville) hatte sich Bayer völlig überraschend für das Finale der Champions League qualifiziert. Im Hinspiel vor 66 500 Zuschauern im Stadion von Old Trafford schuf sich der Bundesligist mit einem 2:2 eine glänzende Ausgangsbasis für das Rückspiel. Michael Ballack überzeugte als Antreiber und nutzte seine erste und einzige Torchance in der 62. Minute mit Linksschuss zum 1:1. »Wir haben das Spiel bestimmt«, sagte er anschließend. »Das ist nicht selbstverständlich in Manchester. Mit ein bisschen Glück hätten wir sogar gewinnen können.« BILD nannte den Verein kurzerhand in »Bayer Leverschmusen« und berichtete: »11,29 Millionen TV-Zuschauer haben sich verliebt in eine wunderbare Mannschaft.«

Sechs Tage später in der BayArena lautete das Endergebnis ebenfalls unentschieden: 1:1. Auf Grund der mehr erzielten Auswärtstore hatte sich Leverkusen erstmals in der Vereinsgeschichte für das Endspiel der europäi-

Erfolgreich gegen Manchester: Michael Ballack schirmt den Ball vor ManU-Profi Sebastian Veron ab.

Champions League

Vorrunden-Gruppe F		Spiele	Tore	Punkte
1.	FC Barcelona	6	12:5	15
2.	Bayer 04 Leverkusen	6	10:9	12
3.	Olympique Lyon	6	10:9	9
4.	Fenerbahce Istanbul	6	3:12	0

Zwischenrunden-Gruppe D

		Spiele	Tore	Punkte
1.	Bayer 04 Leverkusen	6	11:11	10
2.	Deportivo La Coruña	6	7:6	10
3.	Arsenal London	6	8:8	7
4.	Juventus Turin	6	7:8	7

Viertelfinale:	Bayer 04 Leverkusen – FC Liverpool	0:1, 4:2
Halbfinale:	Bayer 04 Leverkusen – Man. United	2:2, 1:1
Finale:	Bayer 04 Leverkusen – Real Madrid	1:2

schen Königsklasse qualifiziert. Obwohl die Mannschaft nur drei Tage zuvor die Tabellenführung in der Bundesliga verspielt hatte, präsentierte sie sich nervenstark und steckte sowohl den frühen Ausfall von Abwehrchef Jens Nowotny (Kreuzbandriss/10. Minute) als auch den Rückstand durch Roy Keane (18.) weg. In der zweiten Nachspielminute der ersten Halbzeit gelang Oliver Neuville der Ausgleich.

Nach Schlusspfiff tanzten Spieler und Trainer ausgelassen im Mittelkreis. Michael Ballack, der nach seiner in Nürnberg zugezogenen Mittelfußprellung erst wenige Stunden vor Spielbeginn »grünes Licht« für einen Einsatz erhalten hatte, sagte auf dem Gang in die Kabine: »Ein Traum ist in Erfüllung gegangen. Jetzt ist alles möglich.« Und in Anspielung an die Leverkusener Verletzungsprobleme: »Es war eine Willensfrage. Bei uns haben alle gehumpelt.« Im zweiten Halbfinale setzte sich Real Madrid im spanischen Duell gegen den Erzrivalen FC Barcelona durch und ging als klarer Favorit ins Endspiel im Glasgower Ibrox Park: Beim Salzburger Buchmacher Intertops lautete die Quote auf Real 14:10, die auf Leverkusen 25:10.

Im Finale gegen Real

Leverkusen spürte die Sympathien aus ganz Deutschland hinter sich. »Bitte bitte, lieber Fußball-Gott. Bloß nicht wieder Bayer-Vize-kusen«, titelte BILD. Michael Ballack ging, durch seine Mittelfußprellung, gehandicapt ins Finale. Im Abschlusstraining beschränkte er sich lediglich auf Torschuss-Übungen und Freistöße, alle mit dem gesunden linken Fuß. Außer Jens Nowotny musste Bayer auch auf seinen besten Vorbereiter, den Brasilianer Zé Roberto (Gelbsperre), verzichten. Trotz seiner Fußverletzung glänzte Michael Ballack vor 51 567 Zuschauern über weite Strecken der Partie als Antreiber.

Alle drei Tore fielen vor der Pause. Bereits in der neunten Minute brachte Raul Real mit 1:0 in Front, zwei Minuten später ließ Lucio den Ausgleich folgen. Unmittelbar vor dem Pausenpfiff konnte Michael Ballack allerdings den Führungs- und

Siegtreffer der Madrilenen nicht verhindern: Superstar Zinedine Zidane bugsierte den Ball von der Strafraummarkierung aus der Drehung volley in den Winkel des Bayer-Tores – Michael Ballack stand unmittelbar hinter dem Torschützen.

Unbeschreiblicher Jubel der 20 000 mitgereisten Real-Fans; bei Bayer gingen die Köpfe indes erneut nach unten. Die rund 40 Millionen Euro Einnahmen aus dem Wettbewerb waren nur ein schwacher Trost – erneut war es dem Team nicht gelungen, das Loser-Virus abzuschütteln, auch die dritte finale Chance nach Bundesliga und DFB-Pokal war vertan. »Gibt es das Verlierer-Gen?«, fragte BILD am folgenden Tag. »Zidane war den entscheidenden Tick besser als Ballack«, analysierte der »kicker«.

Einen Schritt zu spät: Michael Ballack kann Zinedine Zidanes Siegtreffer im Champions-League-Finale von Glasgow nicht verhindern.

Trotz der drei »verlorenen« Titel hatte Bayer mit seiner attraktiven Spielweise, den mit Abstand meisten Toren in der Bundesliga (2,3 pro Spiel) und dem Siegeszug in der Champions League landauf landab viele Sympathien erworben. Von der »erfolgreichsten Saison der Vereinsgeschichte« sprach Manager Reiner Calmund. »Am Ende war der Tank ganz einfach leer.« Nationalspieler wie Michael Ballack, Oliver Neuville oder Jens Nowotny hatten, inklusive Länderspiel-Berufungen, 65 Pflichtspiele in den Knochen stecken.

»So bitter: Bayer weint wieder.«

»kicker« nach dem verlorenen Champions-League-Finale

Abschied mit rauschendem Applaus

Das Fazit aus Michael Ballacks Sicht: Er spielte eine überragende, letztlich aber nicht mit einem Titel gekrönte Saison. Mit 17 Treffern avancierte er zum drittbesten Bundesliga-Torschützen hinter dem Dortmunder Brasilianer Amoroso und Martin Max vom TSV 1860 München; mit 25 Punkten (Addition von Toren und Vorlagen) war er hinter Amoroso (27) zweitbester Scorer. Sein Noten-Durchschnitt von 2,88

Würdigt den Champions-League-Pokal keines Blickes: Michael Ballack verlässt in seinem letzten Spiel im Bayer-Dress enttäuscht das Feld.

war der beste seiner fünf Bundesliga-Jahre. Für das Fachblatt »kicker« war der 25-Jährige der »Gewinner der Saison« im Bayer-Team. Die Begründung: »Ein Pfeifkonzert hatten sie Michael Ballack prophezeit und eine ganz haarige Saison, als er seinen Wechsel zum FC Bayern bekannt gab. Mit überragenden Leistungen hat er sich jedoch zur Führungsfigur aufgeschwungen. Bis zur letzten Minute hängte er sich für seinen Klub rein, dirigierte, grätschte, kämpfte, schoss, bewährte sich in Champions League und Nationalelf – ein Abschied mit rauschendem Applaus.«

Auch die Kollegen würdigten Michael Ballacks Leistungen. Bei einer »kicker«-Umfrage unter 274 Bundesliga-Profis wurde er, mit überwältigendem Vorsprung, von 76 Prozent der Teilnehmer zum »Spieler der Saison« gewählt. »Unglaublich, wie der Michael sich entwickelt hat«, urteilte sein Mannschaftskamerad Ulf Kirsten. Auf die Frage, ob durch den »Verlust« der drei Titel binnen 14 Tagen die Erinnerungen an die Leverkusener Zeit getrübt seien, antwortete Michael Ballack: »Nein, die drei Jahre waren durchweg positiv. Die Zeit dort war für meine Entwicklung unheimlich wertvoll. Bayer 04 ist ein absoluter Top-Club auf hohem europäischen Niveau, und dies nicht nur in sportlicher Hinsicht. Rein sportlich war es eine riesige Freude, mit großen Spielern wie Emerson, Kirsten, Nowotny, Lucio und all den anderen gemeinsam Fußball zu spielen. Insbesondere bin ich den Trainern Christoph Daum und Klaus Toppmöller dankbar für die gute Ausbildung und das große Vertrauen, das beide in mich gesetzt haben.« In der Champions League wurde Michael Ballack zum besten Mittelfeldspieler der Saison ausgezeichnet und fand sich damit in prominenter Gesellschaft. Bester Torwart wurde sein künftiger Mannschaftskamerad beim FC Bayern, Oliver Kahn, bester Trainer Vincente del Bosque von Real Madrid; zum MVP (wertvollster Spieler) wurde Zinedine Zidane gekürt. Bei der Uefa-Gala im September im Sporting Club von Monaco nahm Michael Ballack die Trophäe entgegen. Dabei sagte er: »Zwischen all den Weltstars bekomme ich eine Gänsehaut.«

»Scheiße an den Schuhen«

Trotzdem konnte er sich einen Seitenhieb auf seinen bisherigen Arbeitgeber nicht verkneifen: »Leverkusen hat Scheiße an den Schuhen. Und das geht schon seit Jahren so. Aber es ist nicht nur Pech, da fehlt auch das letzte Gift.« Vor allem in der zurückhaltenden Transferpolitik sah er einen Grund für die verpasste Meisterschaft: »Die Borussen setzten mit Amorosos Verpflichtung neue Maßstäbe. Es lohnte sich, er entschied die Meisterschaft. Bayer verzichtete im Winter auf den Kauf von Franca, aus wirtschaftlichen Gründen. Heute muss man sich fragen, ob es richtig war.«

Mit einigem zeitlichen Abstand verifizierte er seine Kritik: »Dass es an Kraft und Konzentration gemangelt habe, das sind für mich Ausreden. Eher trifft zu: Wenn man keinen Titel holt, muss man Fehler gemacht haben. Deshalb mussten und müssen wir die Schuld nicht bei anderen suchen. Denn wir haben Fehler gemacht. Im Bundesliga-Endspurt in Nürnberg, wo wir 0:1 verloren. Oder zuvor 1:2 gegen Werder Bremen, als wir einen Elfmeter verschossen. Da haben wir die Meisterschaft vergeigt. Und auch im Pokalfinale haben wir Fehler gemacht. Aber nach der verlorenen Meisterschaft hatten wir den Kopf etwas unten, uns fehlte einfach diese Erfahrung im Endspurt.«

Zudem prophezeite er Bayer, das mit dem Brasilianer Zé Roberto (ebenfalls nach München) den Verlust eines weiteren Spitzenspielers verkraften musste, eine schwere Zukunft: »Die Meisterschaft wird in den kommenden Jahren immer nur über den FC Bayern laufen. Für die Leverkusener wird es schwieriger.« Michael Ballack sollte Recht behalten: Leverkusen verschliss in der folgenden Saison zwei Trainer (Klaus Toppmöller, Thomas Hörster) und rettete sich unter der Regie von Klaus Augenthaler als Tabellen-15. gerade noch vor dem Abstieg.

Bye bye Ballack: Bayer-Manager Reiner Calmund verabschiedet den scheidenden Mittelfeldmotor mit einer Collage.

Das Kapitel Leverkusen war beendet, nur zwei Tage nach dem verlorenen Champions-League-Finale reiste Michael Ballack mit Freundin Simone Lambe zwecks Suche nach einem neuen Haus nach München. Fündig wurden sie in Berg am Starnberger See. Anschließend rückte er ins Trainingslager der Nationalmannschaft für die WM 2002 und Japan und Südkorea ein.

Vergleiche mit Effenberg

Michael Ballack war bei seinem Wechsel nach München von Anfang an klar: Er würde mit seinem Vorgänger als Spielmacher des FC Bayern, Stefan Effenberg, verglichen und gemessen werden. Ursprünglich sollte er die Aufgabe in Arbeitsteilung mit dem aus Berlin gekommenen Sebastian Deisler übernehmen – der 21-Jährige fiel allerdings mit einer schweren Knieverletzung bis zur Winterpause aus.

Die Vergleiche Michael Ballack – Stefan Effenberg lagen auf der Hand: Beide Akteure dirigieren als Spielmacher am liebten aus dem defensiven Mittelfeld, aus der Tiefe des Raumes heraus, beide sind groß gewachsen, beidfüssig, können das Spiel lesen und den Ball in brenzligen Situationen gut abschirmen und verteidigen, ebenso lange und öffnende Pässe zentimetergenau zum Mitspieler schlagen; beide bevorzugen Standardsituationen (Freistöße, Elfmeter). Vorteil Stefan Effenberg: Seine Routine und geradezu einzigartige Kaltschnäuzigkeit, dazu der Respekt von Mit- und Gegenspielern. Vorteil Michael Ballack: Der Drang zum Tor und die Abschlussstärke – er braucht wenige bis gar keine Chancen für einen Treffer; dazu sein Kopfballspiel und die größere Laufstärke.

»Bei großen Klubs marschiert man eben nicht einfach so rein und spielt gleich den großen Zampano.«
Michael Ballack über seine ersten Wochen in München

Ciriaco Sforza und Robert Kovac, einst Michael Ballacks Mitspieler in Kaiserslautern beziehungsweise in Leverkusen und später gemeinsam mit Stefan Effenberg beim FC Bayern tätig, bezweifelten, dass der junge Sachse die Führungsrolle auf Anhieb würde übernehmen können: »Mit 25 Jahren kann man die Mannschaft des FC Bayern noch nicht führen«, so Kovac. »Er muss noch viel daran arbeiten, um so weit zu kommen wie Stefan Effenberg ist.« Sforza warnte in einem »kicker«-Interview: »Auf ihn kommt vieles zu, er wird Druck ohne Ende haben. Effenberg ist älter, selbstbewusster, er hat viele Titel geholt. Michael kommt erstmals in einen großen Verein. Aber er ist kein Dummer. Er weiß, was auf ihn zukommt. Und er ist ein Riesenfußballer. Es liegt ganz an ihm.«

Weniger Zweifel hatte indes Oliver Kahn: »Michael Ballack ist ein Winnertyp, der sich die Philosophie des FC Bayern schnell einverleiben wird. Man sollte aber nicht den Fehler machen, beide zu vergleichen. Effe hat eine hohe Messlatte hinterlassen.« Wie dem auch sei, Michael Ballack nahm die Herausforderung an: »Es ist ein Reiz, mich dem zu stellen.« Trainer Ottmar Hitzfeld und Manager Uli Hoeneß gaben ihm eine Stammplatz-Garantie. Als Saisonziel gab der Neu-Münchner nach den vier Vizetiteln mit Leverkusen und der Nationalmannschaft in der zurückliegenden Saison aus: »Zweiter bin ich jetzt oft genug geworden. Ich bin hierher gekommen, um Meister zu werden. Dieses Jahr will ich ganz oben stehen.«

Beeindruckt vom Rummel

Nach einem Heimatbesuch in Chemnitz, wo er im Rathaus für die Vize-Weltmeisterschaft geehrt wurde, und einem zweiwöchigen Sardinien-Urlaub mit Freundin Simone Lambe und seinem elf Monate alten Sohn Louis, trat er am 23. Juli, um 10 Uhr morgens, seinen Dienst beim deutschen Rekordmeister an. Die Fußverletzung, die ihn in der Endphase der vergangenen Saison und bei der WM behindert hatte, war inzwischen auskuriert. »Es war natürlich nach der letzten, sehr harten Saison nicht all zu viel Zeit«, sagte der Sachse. »Ob es ausgereicht hat, werden wir wohl erst in der neuen Spielzeit sehen, wenn klar wird, wie der Körper das weggesteckt hat.« Mental fühlte er sich jedenfalls für sein neues Engagement bereit: »Drei Wochen ohne Ball – dann fehlt mir was.« Als Rückennummer übernahm er die 13 aus seinen Leverkusener Tagen.

Im Viertelfinale des Ligapokals, in dem sich die Münchner in Aue gegen Hertha BSC Berlin mit 5:6 nach Elfmeterschießen geschlagen geben mussten, gönnte ihm Trainer Ottmar Hitzfeld, ebenso wie den vier anderen Vize-Weltmeistern Oliver Kahn, Thomas Linke, Jens Jeremies und Carsten Jancker noch eine Erholungspause. Sein Debüt feierte er in der zweiten Halbzeit beim 3:2-Arbeitssieg in einem Testspiel beim Regionalligisten SC Verl. In 45 Spielminuten hatte er einen eindrucksvollen Arbeitsnachweis

Erstmals Fußballer des Jahres

Gleich beim ersten Heimspiel für seinen neuen Arbeitgeber FC Bayern wurde Michael Ballack eine große Ehre zu Teil. Der 25-Jährige wurde bei der vom Fachblatt »kicker« unter deutschen Sportjournalisten durchgeführten Wahl zum »Fußballer des Jahres« ausgezeichnet. Dieser würdigten seine herausragenden Leistungen mit Leverkusen in Bundesliga und Champions League sowie mit der Nationalmannschaft bei der WM in Japan und Südkorea. Michael Ballack gewann die Wahl mit 433 Stimmen vor seinem neuen Münchner Mannschaftskameraden Oliver Kahn (345) und dem Kaiserslauterer Miroslav Klose (35). »Ich freue mich über das Ergebnis«, sagte er nach der Ehrung. »Es ist eine große Ehre und macht mich stolz, im Mannschaftssport Fußball herausgehoben zu werden.« 2003 und 2005 wiederholte er seinen Triumph und reihte sich damit in die Liste der ganz Großen im deutschen Ballsport ein: Vor ihm wurden lediglich Uwe Seeler und Sepp Maier dreimal »Fußball des Jahres«; Franz Beckenbauer ist der einzige Spieler, der es viermal schaffte. Michael Ballack: »Es ist schwieriger, eine solche Wahl zu bestätigen oder sie nach einem Jahr Pause gar wieder zu gewinnen. Daher schätze ich das Votum beim dritten Mal noch höher ein.«

mit 31 Ballkontakten, 27 gelungenen Anspielen und einem Torschuss, der allerdings knapp am Gehäuse vorbei strich. Trainer Hitzfeld war sichtlich zufrieden: »Michael war sofort integriert, forderte die Bälle. Mit ihm haben wir uns spielerisch wesentlich verbessert.«

Den ersten Treffer für seinen neuen Arbeitgeber erzielte er nur wenige Tage später: gleich in der elften Minute per Kopfball nach Eckball von Mehmet Scholl zum 1:0-Sieg in einem Benefizspiel beim FC Augsburg, ebenfalls Regionalligist. Beeindruckt vom Rummel, den die Münchner bei ihrer Vorbereitungstour durch die Provinz auslösten, stellte Michael Ballack fest: Das ist schon eine neue Erfahrung, eine ganz andere Kategorie als in Leverkusen: der tägliche Auflauf auf dem Trainingsgelände, der Rummel im Umfeld, das Interesse der Medien. Das Leben in München spielt sich viel mehr unter öffentlicher Beachtung ab; was man als Spieler neben dem Fußball macht, ist viel transparenter.« Die Rahmenbedingungen konnten ihn aber wenig überraschen: »Insgesamt kann das manchmal schon nerven, aber ich hatte damit gerechnet.«

Macht im Bayern-Dress eine gute Figur: Michael Ballack bei Fotoaufnahmen für seinen neuen Arbeitgeber.

Revanche gegen Zidane

Seine »Feuertaufe« erlebte Michael Ballack im Jubiläumsturnier zum 100-jährigen Vereinsbestehen von Real Madrid. Im Halbfinale gegen den AC Mailand (2:1) wurde er in der zweiten Halbzeit ausgewechselt; im Finale nur 24 Stunden später vermiesten die Münchner den Gastgebern mit einem 2:1 gehörig die Party. Michael Ballack brachte sein Team nicht nur mit einem verwandelten Handelfmeter 1:0 in Front, sondern stellte, in seiner persönlichen Revanche für das verlorene Champions-League-Finale ein knappes Vierteljahr zuvor, auch Reals Superstars Zinedine Zidane in den Schatten. »Ich werde beim FC Bayern Zeichen setzen«, sagte der 25-Jährige im ersten Überschwang. »Endlich ein Pokal für Nummer 13«, merkte die

»Süddeutsche Zeitung« süffisant an. Und Manager Uli Hoeneß stellte fest: »Ich sehe, dass wir mit Ballack eine echte Verstärkung im Team haben.« In Anlehnung an die neuen, schneeweißen Auswärtstrikots und die attraktive Spielweise der Münchner wurde der Begriff »das weiße Ballett« geboren.

Der Bundesliga-Saisonstart – 0:0 auf dem Mönchengladbacher Bökelberg – verlief zwar weniger wunschgemäß. Aber schon am zweiten Spieltag zeigte die Mannschaft beim 6:2-Kantersieg gegen Überraschungs-Tabellenführer Arminia Bielefeld ihr ganzes Potenzial. Michael Ballack trug sich gleich in seinem ersten Heimspiel im Olympiastadion in die Torschützenliste ein: Giovane Elber verlängerte in der 26. Minute eine Hargreaves-Flanke und der Neu-Münchner beförderte den Ball volley aus zehn Metern ins lange Eck – es war das 2:0 für den FC Bayern. Bayern-Präsident Franz Beckenbauer schnalzte auf der Tribüne mit der Zunge: »Hier entsteht etwas Großes.« Michael Ballack (»kicker«-Note 2) wurde auf Anhieb in die »Elf des Tages« gewählt.

**»Das weiße Ballett im Spitzentanz ...
und Ballack ist der Nurejew der Bundesliga.«**

*BILD nach dem 2:1-Sieg in Nürnberg
in Anspielung auf den weltberühmten Ballett-Tänzer Rudolf Nurejew*

In nicht so guter Erinnerung behielt Michael Ballacks Lebensgefährtin Simone Lambe ihre Premiere im Olympiastadion: Die hochschwangere Pfälzerin machte erstmals Bekanntschaft mit dem landesweit als unfreundlich bekannten Ordnungspersonal. Weil sie Söhnchen Louis im Kinderwagen mit sich führte, wurden ihr, aus feuerpolizeilichen Gründen, Zutritt zu Stadion und Tribüne verwehrt. Sie verpasste Spiel und Michael Ballacks Ehrung zum »Fußballer des Jahres« (siehe Kasten) und kehrte unverrichteter Dinge wieder nach Hause zurück. »Das war eine Verkettung unglücklicher Umstände«, entschuldigte sich der FC Bayern.

Saisonauftakt nach Maß

Für Michael Ballack und seinen neuen Arbeitgeber verlief der Start in die Saison nach Maß. Beim Hamburger SV siegten die Münchner souverän 3:0 und übernahmen am vierten Spieltag mit einem 3:1 im Münchner Derby gegen den TSV 1860 die Tabellenführung. Im DFB-Pokal hielt sich die Mannschaft in er ersten Runde bei den Amateuren von Werder Bremen (3:0) schadlos. Michael Ballack traf zum Endstand – für den Nationalspieler war es das erste Pokal-Tor überhaupt in seiner Karriere. Und in den Qualifikationsspielen zur Champions League, welche die Münchner als Bundesliga-Dritter der Vorsaison bestreiten mussten, setzten sie sich gegen den jugoslawischen Meister Partizan Belgrad souverän 3:0 und 3:1 durch.

Die Wahl zum »Fußballer des Jahres« wird seit 1960 durchgeführt.
Die bisherigen Sieger:

1960: Uwe Seeler (Hamburger SV)
1961: Max Morlock (1. FC Nürnberg)
1962: Karl-Heinz Schnellinger (1. FC Köln)
1963: Hans Schäfer (1. FC Köln)
1964: Uwe Seeler (Hamburger SV)
1965: Hans Tilkowski (Borussia Dortmund)
1966: Franz Beckenbauer (FC Bayern München)
1967: Gerd Müller (FC Bayern München)
1968: Franz Beckenbauer (FC Bayern München)
1969: Gerd Müller (Bayern München)
1970: Uwe Seeler (Hamburger SV)
1971: Berti Vogts (Borussia Mönchengladbach)
1972: Günter Netzer (Borussia Mönchengladbach)
1973: Günter Netzer (Borussia Mönchengladbach)
1974: Franz Beckenbauer (FC Bayern München)
1975: Sepp Maier (FC Bayern München)
1976: Franz Beckenbauer (FC Bayern München)
1977: Sepp Maier (FC Bayern München)
1978: Sepp Maier (FC Bayern München)
1979: Berti Vogts (Borussia Mönchengladbach)
1980: Karl-Heinz Rummenigge (FC Bayern München)
1981: Paul Breitner (FC Bayern München)
1982: Karlheinz Förster (VfB Stuttgart)
1983: Rudi Völler (Werder Bremen)
1984: Harald Schumacher (1. FC Köln)
1985: Hans-Peter Briegel (Hellas Verona)
1986: Harald Schumacher (1. FC Köln)
1987: Uwe Rahn (Borussia Mönchengladbach)
1988: Jürgen Klinsmann (VfB Stuttgart)
1989: Thomas Häßler (1. FC Köln)
1990: Lothar Matthäus (Inter Mailand)
1991: Stefan Kuntz (1. FC Kaiserslautern)
1992: Thomas Häßler (AS Rom)
1993: Andreas Köpke (1. FC Nürnberg)
1994: Jürgen Klinsmann (Tottenham Hotspur) ...

Michael Ballack war an vier der insgesamt sechs Tore beteiligt, im Rückspiel im Olympiastadion sogar an allen dreien: Das 1:0 erzielte er selbst, das 2:0 durch Giovane Elber bereitete er vor und beim 3:1 durch einen Strafstoß von Hasan Salihamdizic war er der Gefoulte. Der sonst so kritische Franz Beckenbauer war vom Neueinkauf erneut begeistert: »Michael Ballack machte heute den Unterschied. Er muss den Ball nicht anschau'n. Er fühlt ihn.« Und Vorstandsvorsitzender Karl-Heinz Rummenigge frohlockte: »Wir haben den stärksten Kader aller Zeiten.«

Weniger gut lief der Start für Michael Ballacks vorherigen Klub Bayer 04 Leverkusen. Nach der 2:4-Heimpleite gegen den VfL Bochum fiel die Mannschaft auf den 13. Tabellenplatz zurück und durch die BayArena hallten »Ballack«-Sprechchöre. Der schoss die Münchner derweil im Alleingang (»kicker«-Note 1) mit zwei Treffern zum 2:1-Sieg in Nürnberg: In der 12. Minute köpfte er nach Vorarbeit von Zé Roberto zum 1:0 ein, in der 53. Minute besorgte er, nach Doppelpass mit Giovane Elber, den Endstand. In Jubelpose baute er sich nach beiden Treffern vor der Bayern-Fankurve auf – persönliche Genugtuung für ihn an dem Ort, wo er fünf Monate zuvor mit Leverkusen die sicher geglaubte Meisterschaft verspielte.

Der Star im »weißen Ballett«

…	
1995:	Matthias Sammer (Borussia Dortmund)
1996:	Matthias Sammer (Borussia Dortmund)
1997:	Jürgen Kohler (Borussia Dortmund)
1998:	Oliver Bierhoff (AC Mailand)
1999:	Lothar Matthäus (FC Bayern München)
2000:	Oliver Kahn (FC Bayern München)
2001:	Oliver Kahn (FC Bayern München)
2002:	Michael Ballack (Bayer 04 Leverkusen)
2003:	Michael Ballack (FC Bayern München)
2004:	Ailton (Werder Bremen)
2005:	Michael Ballack (FC Bayern München)

Die Beobachter überschlugen sich mit Lob. »Das war die Krönung seiner bisherigen Leistungen«, anerkannte Bayern-Trainer Ottmar Hitzfeld nach Michael Ballacks fünften Treffer im achten Pflichtspiel. »Michael Ballack und Zé Roberto haben es geschafft, diese Freude, von der der Fußball lebt, in unser Spiel zu tragen. Mit ihrem technischen Können und Spielwitz haben sie die Mannschaft mitgerissen.« ARD-Experte Günter Netzer hatte es vor allem das Zusammenspiel mit Elber angetan: »Ein Traum! Die beiden verstehen sich blind.« Und BILD schwärmte: »Er forciert das Tempo, reißt das Geschehen an sich, inszeniert und zelebriert die Tore.« Gleichzeitig schickte das Blatt nach den unzähligen Lobeshymnen die Frage hinterher: »Wann hebt Ballack ab?«

Der Mittelfeldstar wollte all das Lob am liebsten gar nicht hören und blieb gewohnt bescheiden. »Es ehrt mich«, sagte er, »wenn Persönlichkeiten im Fußball mich so positiv sehen. Klar habe ich einen guten Lauf. Aber ich weiß, dass ich noch viel lernen muss. Letzte Saison habe ich 17 Tore gemacht. Es wird ziemlich schwer, das noch mal zu erreichen. Ich wäre auch schon mit zehn zufrieden.« Sein Erfolgsrezept? »Ich denke, es liegt daran, dass ich mich nicht so ungeheuer unter Druck setzen lasse, wie das andere vielleicht gerne hätten. Es bringt auch nichts, sich selbst zu sehr unter Druck zu setzen. Es muss auch Spaß machen. Nur so kann ich am besten meine Leistung abrufen.«

»Ballack schon der neue Boss«

BILD nach dem Sieg im Jubiläumsturnier von Real Madrid

Auch in den ersten Länderspielen der neuen Saison zählte der Neu-Münchner zu den Torschützen: Beim 2:2 des Vize-Weltmeisters in einem Freundschaftsspiel in Sofia gegen Bulgarien traf er in der 23. Minute per Foulelfmeter zum zwischenzeitlichen 1:1. Zwei Wochen später beim 2:0 in der EM-Qualifikation in Kaunas gegen Litauen brachte er die DFB-Elf in der 27. Minute mit einem Knaller aus 25 Metern 1:0 in Front – es war der vierte Treffer im vierten Länderspiel in Folge und der elfte im 30. Länderspiel insgesamt. Und nicht nur das: Er glänzte auch als Abräumer in der Defensive. Nur wenige Minuten nach seinem Treffer klärte er mit einer akrobatischen Grätsche an der Strafraumgrenze vor dem alleine aufs deutsche Tor zustürmenden Razanauskas und verhinderte damit den möglichen Ausgleich.

Böses Erwachen in der Champions League

Mit hohen Ambitionen starteten die Münchner in den Champions-League-Wettbewerb: Nach dem Halbfinal-K.o. in der Vorsaison gegen Real Madrid wollten sie den Triumph von 2001 wiederholen, zumindest aber das Finale im Old Trafford in Manchester erreichen. Die Erwartungen an Michael Ballack und die Mannschaft waren riesig. Die Bezeichnung »weißes Ballett« war im Spätsommer 2002 längst zu einem geflügelten Wort geworden. Und Franz Beckenbauer schrieb in seiner BILD-Kolumne zum Start der europäischen Königsklasse: »Mein Favorit für den König Europas ist Michael Ballack. Ich möchte ihn nicht einmal gegen Zinedine Zidane tauschen. Zidane ist zwar der elegantere und geschmeidigere Fußballer. Aber: Michael Ballack ist mit seinen 25 Jahren nicht nur fünf Jahre jünger. Er ist torgefährlicher, geht häufiger in die Spitze hinein.«

Nehmerqualitäten: Der gezeichnete Michael Ballack nach seinem Gala-Auftritt in Nürnberg.

Der so hoch Gelobte gab als Zielsetzung aus: »Natürlich habe ich das Ziel, mit Bayern diesen Pott zu gewinnen. Von der reinen Leistung her sind wir auch stark genug für das Finale.« Als seine Favoriten bezeichnete er Real, Manchester, Barcelona, Arsenal London – »und natürlich den FC Bayern.« Allerdings war Michael Ballack zum Auftakt gegen den spanischen Vizemeister und Pokalsieger Deportivo La Coruña nicht im Vollbesitz seiner Kräfte. Angeschlagen kehrte er von seiner Gala beim 2:1 in Nürnberg zurück: Nach einem Zusammenprall mit Gegenspieler Dieter Frey hatte er sich einen tiefen Cut an der rechten Augenbraue zugezogen, den er während der Partie nähen lassen musste. Aber dies war nur das geringere Übel: Nach einem Pressschlag traten in der Nacht Schmerzen am linken Knöchel auf. Ultraschall-Untersuchungen am folgenden Tag ergaben eine starke Prellung. Michael Ballacks Einsatz wurde zu einem Wettlauf gegen die Zeit. Zwei Tage lang musste er mit dem Training pausieren, weil er nicht richtig auftreten konnte. Erst nach einem Härtetest beim Abschlusstraining gab er »grünes Licht«: »Die Schmerzen haben nachgelassen. Ich werde spielen.«

»Ich schätze an Otmar Hitzfeld diese absolute Seriosität, seine Glaubwürdigkeit. Zu solch einem Trainer schaut man auf.«

Michael Ballack über seinen neuen Trainer Ottmar Hitzfeld

Der Anfang vom Ende: Der Holländer Roy Makaay sorgt mit drei Treffern für Bayerns Fehlstart in die Champions League.

Das hätte er besser nicht tun sollen, denn gegen die ersatzgeschwächten Galizier (ohne sechs Stammkräfte) gab es ein böses Erwachen. »Spanier tanzen mit Bayern Flamenco«, titelte BILD nach der 2:3-Niederlage in der ersten ernsthaften Bewährungsprobe der Saison. Die Lobeshymnen der vorangegangenen Wochen waren den Münchnern offensichtlich zu Kopf gestiegen: Völlig überheblich gingen sie in die Partie, was die vom fast 40 Jahre alten Ex-Internationalen Donato angeführte Deportivo-Elf eiskalt ausgenutzte. Zur Pause lagen die Gastgeber zum Entsetzen der 40 000 Zuschauer im Olympiastadion nach kapitalen Abwehrfehlern 0:2 in Rückstand.

Verschenkte Punkte in Lens

Salihamidzic und Elber gelang zwar der Ausgleich zum 2:2, Michael Ballack köpfte zudem an die Latte, aber der Holländer Roy Makaay nutzte eine Viertelstunde vor Schluss eine erneute Unaufmerksamkeit in der Hintermannschaft mit seinem dritten Treffer an diesem Abend. »Wir haben fast alles falsch gemacht, was man nur falsch machen kann«, bekannte Michael Ballack, der auf Grund der Knöchelverletzung zu keinem Zeitpunkt der Partie Normalform erreichte. »In der ersten Halbzeit sind wir nur nebenher gelaufen und nie in die Zweikämpfe gekommen. Wir hatten keine Ideen, waren zu pomadig, hatten keine Spielfreunde.« Ein kapitaler Fehlstart für den Mitfavoriten und ein misslungenes Debüt der neuen rot-blauen Champions-League-Kollektion.

Trotz der Niederlage hatte Michael Ballack am folgenden Tag Grund zur Freude. Nachdem Trainer Ottmar Hitzfeld seine Schützlinge am Klubgelände an der Säbener Straße zu einer 40-minütigen Kabinenpredigt versammelt hatte, raste der Mittelfeldstar ins Starnberger Krankenhaus, wo Lebensgefährtin Simone Lambe den zweiten Sohn Emilio zur Welt brachte. Wie schon bei Louis knapp ein Jahr zuvor war Michael Ballack bei der Geburt im Kreißsaal dabei und sagte: »In so einem Moment rückt eine sportliche Niederlage völlig in den Hintergrund.«

Eine Woche später im zweiten Auftritt in Lens standen die Münchner schon unter Erfolgsdruck. Dem war die Mannschaft nur bedingt gewachsen. In der ersten Hälfte bot sie, dem Ernst der Lage bewusst, vor 40 000 Zuschauern im Felix-Bolaert-Stadion eine gute Leistung und ging durch Thomas Linke in der 23. Minute auch verdient mit 1:0 in Front. Nach Seitenwechsel hielt aber wieder der Hochmut Einzug: Der Nigerianer John Utaka glich 14 Minuten vor Spielende nach einem Stellungsfehler von Alexander Zickler zum 1:1 aus. Danach mussten die Münchner sogar aufpassen, das Spiel nicht noch zu verlieren. »Wir haben drei Punkte verschenkt«, analysierte Trainer Hitzfeld. Michael Ballack, der das Spiel nie in den Griff bekam, kritisierte sich selbst und seine Kollegen: »In der zweiten Hälfte sind wir enorm unter Druck geraten. Ich hatte nie zuvor in einem Spiel so wenige Ballkontakte. Wir haben nicht mehr konstruktiv gespielt, nur noch die Bälle nach vorne geschlagen. Da hätten wir abgeklärt bleiben und unser Leistungsvermögen ausschöpfen müssen. Aber das war heute gar nichts. Wenn wir so weiterspielen, wird es sehr schwer, in die nächste Runde zu kommen.«

Kollektives Versagen gegen Milan

Um erstmals in der Vereinsgeschichte nicht die zweite Gruppenphase zu verpassen, war in der folgenden Woche gegen den AC Mailand ein Sieg absolute Pflicht. »Ein vorgezogenes Endspiel, das wir mit aller Macht gewinnen müssen«, so Michael Ballack. Aber die Situation bekam nach dem Fehlstart in der Champions League und der Bundesliga-Niederlage in Leverkusen ihre Eigendynamik. Die Nervosität war den Münchnern angesichts ihrer prekären Lage von Beginn an anzumerken und Milan-Stürmer Filippo Inzaghi schoss sie mit zwei Treffern in der 52. und 84. Minute k.o.

»Das weiße Ballett erwacht aus seinem Rausch.«

»Frankfurter Allgemeine Zeitung« nach dem Fehlstart in die Champions League

Nach der 1:2-Niederlage, fünf Punkten Rückstand auf den Tabellenzweiten La Coruña und gar deren acht auf Mailand konnten die Münchner die Zwischenrunde endgültig abschreiben. »Jetzt kann nur noch ein Wunder helfen«, sagte Vorstandsvorsitzender Karl-Heinz Rummenigge. »Wir müssten jetzt schon alle drei verbleibenden Spiele gewinnen. Aber es wird schwer, in Mailand und La Coruña was zu holen, wenn wir es schon zuhause nicht geschafft haben.« Präsident Franz Beckenbauer übte sich sogar schon in Galgenhumor: »Wenn alle Götter des Universums mitspielen, können wir es noch schaffen.« Michael Ballack war gegen Mailand noch der beste Bayern-Profi: Milan-Keeper Dida musste bei zwei Weitschüssen des Sachsen sein ganzes Können aufbieten.

In den verbleibenden drei Partien verspielte Bayern sogar noch den dritten Platz der Vorrundengruppe, der zum Quereinstieg in den Uefa-Cup berechtigt hätte. Beim 1:2 in Mailand war Michael Ballack am frühen Rückstand nicht unschuldig: Der 26-Jährige rutschte an der Strafraumgrenze aus. Sein Gegenspieler Clerence Seedorf hatte leichtes Spiel und konnte in Ruhe dem völlig freistehenden Torschützen Serginho auflegen. Nach dem Ausgleich durch Tarnat traf erneut Inzaghi für den später in einem rein italienischen Finale gegen Juventus Turin erfolgreichen Champions-League-Sieger.

Hitzfelds Trainerstuhl wackelt

Auch beim 1:2 in La Coruña ging Michael Ballack mit dem Rest der Mannschaft unter. Erneut Makaay, dreifacher Torschütze aus dem Hinspiel, machte mit seinem Treffer eine Minute vor Spielende auch die letzte theoretische Chance auf's Weiterkommen zunichte. Damit nicht genug: Michael Ballack zog sich in der 52. Minute bei einem Pressschlag einen Kapseleinriss im Sprunggelenk zu und humpelte vom Platz. Für die folgenden Bundesliga-Partie in Bremen (0:2) fiel er aus. BILD bezeichnete die Partie als »Nacht der Schande.« Unvergessen auch Karl-Heinz Rummenigges Bankettrede nach dem Spiel im »Melia Maria Pita Hotel« an der spanischen Atlantik-Küste: »Es ist ein schwarzer Tag für den FC Bayern. Was wir heute Abend hier erlebt haben, ist nicht nur eine Enttäuschung, das ist eine Blamage und Schande für den FC Bayern.«

»Das weiße Ballett – nur noch Traumtänzer«

BILD nach der Champions-League-Pleite in Mailand

Mit einigem zeitlichen Abstand blickte Michael Ballack später im »kicker« auf die Champions League zurück: »Nach der 2:3-Heimniederlage gegen La Coruña fingen wir schon an zu rechnen. Unser Spiel wurde gehemmter, wir verloren den Faden, der Rhythmus war dahin. Dieses Problem zog sich durch die gesamten sechs Begegnungen. Eigentlich unglaublich, dass wir uns derart krass aus dem Tritt bringen ließen.« Sich selbst nahm er aus der Kritik nicht aus: »Wenn man vorzeitig ausscheidet, muss man als Spieler, der die Mannschaft mit führt, sagen: Du hast es in der Champions League nicht gebracht.«

Fast 78 Millionen hatte der Klub in der Vorsaison aus Startgeldern, Erfolgsprämien und TV-Honorar allein in der Champions League erlöst – diesmal blieb weniger als die Hälfte. Aus Kostengründen überlegte sich der Klub daher, sich von dem einen oder anderen Spieler aus dem 24-köpfigen Kader zu trennen, was später allerdings verworfen wurde. Beim 3:3 im abschließenden Vorrunden-Spiel gegen RC Lens gönnte Trainer Hitzfeld seinen Leistungsträgern Oliver Kahn, Zé Roberto und

Michael Ballack eine Ruhepause und schickte eine bessere B-Elf aufs Feld. »Ich bin froh, dass die Champions League jetzt vorbei ist und wir uns auf die Meisterschaft konzentrieren können«, sagte der Trainer.

Dort hatte Hitzfeld jedoch einige bange Wochen zu überstehen. Schon nach dem 1:2 am siebten Spieltag in Leverkusen, der ersten Niederlage in der Bundesliga, war der »General« in die Kritik geraten. In einem hitzigen Spiel in der BayArena mit 68 Fouls, acht Gelben und einer Gelb-Roten Karte sowie dem legendären Genick-Würgegriff von Oliver Kahn gegen Thomas Brdaric mussten sich die Münchner trotz Chancenplus geschlagen geben; auch Michael Ballack blieb bei seiner Rückkehr an seine ehemalige Wirkungsstätte zwei Tage nach seinem 26. Geburtstag blass.

Michael Ballack rettet Hitzfelds Job

Nach den Enttäuschungen auf internationaler Ebene verschärften sich die Beanstandungen an Hitzfelds Arbeit. Neben Fehlern bei der Aufstellung und Taktik wurde ihm vorgeworfen, die Mannschaft nicht mehr zu erreichen. »Hitzfelds Tage sind gezählt!«, titelte BILD und stellte mit Johan Cruyff, Guus Hiddink, Ruud Gullit und Matthias Sammer sogar schon mögliche Nachfolge-Kandidaten vor. Die folgenden Aufgaben im DFB-Pokal gegen Hannover und in der Bundesliga gegen Dortmund wurden schon zu Schicksalsspielen für Hitzfeld hochstilisiert. Eine Niederlage – und der 53-Jährige wäre seinen Job los gewesen, so die allgemeine Erwartung rund um die Säbener Straße. Da halfen auch Franz Beckenbauers Dementis im »Blickpunkt Sport« des Bayerischen Fernsehens nichts: »Das Gesetz der Branche besagt: Wenn es nicht läuft, dann ist erst einmal der Trainer in Gefahr. Aber nicht beim FC Bayern.«

Kampf mit allen Mitteln: Michael Ballack gegen seinen ehemaligen Leverkusener Mannschaftskameraden Boris Zivkovic.

»Ich übertreibe nicht, wenn ich behaupte, dass Ballack besser beziehungsweise kompletter ist als Overath oder ich es waren.«

ARD-Experte und Ex-Weltklasse-Regisseur Günter Netzer

Michael Ballack (»bitte Trainer, lassen Sie es uns versuchen. Ich will unbedingt helfen«) quälte sich trotz seiner Knöchelverletzung und entgegen der Bedenken Hitzfelds gegen Hannover auf den Platz und half mit, dem Übungsleiter seinen Job zu retten. In der 56. Minute holte er einen Elfmeter heraus, den Salihamidzic zur 1:0-Führung verwandelte; drei Minuten später servierte er Santa Cruz einen »Zuckerpass«, den dieser zum 2:0 verwertete. Die Münchner siegten knapp, aber verdient 2:1. Michael Ballack sagte später: »Ich verarbeite Niederlagen und Enttäuschungen ziemlich schnell. Ich zähle nicht zu den Typen, die deshalb psychisch in ein Loch fallen.« Das war nicht immer so in seiner Karriere.

Ebenfalls 2:1 siegten die Münchner auch im Spitzenspiel des 12. Spieltages gegen den bis auf zwei Zähler herangekommenen Verfolger Borussia Dortmund – Vorstandsvorsitzender Karl-Heinz Rummenigge bezeichnete die Partie später als »Schlüsselspiel«. Nach Treffern von Santa Cruz und Pizarro bauten die Münchner ihren Vorsprung auf fünf Zähler aus. »Damit war die Basis für den Titel gelegt«, so Rummenigge. Und Hitzfeld saß wieder fest im Sattel. Die Münchner agierten immer souveräner und die Bundesliga wurde zunehmend zu einer »Gähnliga« (BILD). Manager Uli Hoeneß bezeichnete die Hetzkampagne gegen den Trainer später sogar als »kriminell«.

Mit der Weltauswahl gegen Real

Die am vierten Spieltag eroberte Tabellenspitze gaben die Bayern bis Saisonende kein einziges Mal mehr ab. Am 13. Spieltag stand für Michael Ballack das prestigeträchtige Duell gegen seinen Vorgänger als Bayern-Spielmacher, Stefan Effenberg, auf dem Programm, der inzwischen beim neureichen VfL Wolfsburg angeheuert hatte. Es war alles andere als ein schönes Spiel: Die Münchner gewannen nach einem Treffer von Santa Cruz ebenso knapp mit 1:0, wie Michael Ballack das Duell mit seinem Vorgänger: 5:1 Torschüsse, 46:26 Ballkontakte, 35:19 Pässe; in der Kategorie Zweikampfquote allerdings lag »Effe« vorn: 55 gegenüber 40 Prozent.

In der folgenden Woche am Kaiserslauterer Betzenberg beendete Michael Ballack seine zweimonatige Torflaute: In der neunten Minute leitete er mit einem Lupfer den 2:0-Sieg ein. »Daran sieht man wohl, dass ich mich in Kaiserslautern schon

Obenauf: Michael Ballack gewinnt das Duell gegen seinen Vorgänger beim FC Bayern, dem inzwischen nach Wolfsburg gewechselten Stefan Effenberg.

immer wohl gefühlt habe«, erklärte er nach seinem fünften Torerfolg im fünften Spiel gegen seinen Ex-Klub mit einem Augenzwinkern. Beim 2:0-Heimsieg gegen Hertha BSC Berlin, mit dem die Münchner bereits am 15. Spieltag die Herbstmeisterschaft perfekt machten, erzielte er seinen zweiten Bundesliga-Doppelpack für die Bayern.

Für den 26-Jährigen standen in seinem ersten Halbjahr im Bayern-Dress sieben Treffer und vier Vorlagen zu Buche, viermal wurde er in die »Elf des Tages« berufen. Zudem bewies Michael Ballack in der Hinrunde bislang unbekannte Nehmerqualitäten: Gleich zweimal ging er blutverschmiert vom Platz: Nach dem Spiel in Nürnberg zog er sich auch beim 1:0-Erfolg in Rostock nach einem Zusammenprall mit Godfried Aduobe eine Kopfverletzung zu und musste von Teamarzt Wolfgang Peter in der Kabine mit zwei Stichen genäht werden. »Das ist schon komisch«, schmunzelte der Pechvogel. »In Leverkusen bin ich von so etwas verschont geblieben.«

»Er hat beim FC Bayern sehr schnell das Gewinnen gelernt.«

Manager Uli Hoeneß über Michael Ballacks erste Saison in München

Nach dem 0:0 im letzten Vorrundenspiel gegen Schalke 04 durfte sich der Sachse nicht sofort in den lang ersehnten Winterurlaub (»Dass auch bei mir die Kräfte irgendwann mal schwinden, ist logisch«) verabschieden. Stattdessen reiste er erneut wegen Reals 100-jährigen Vereinsjubiläums nach Madrid und spielte mit der Weltauswahl (unter anderen mit dem Brasilianer Kaka, dem Franzosen Edouard Cissé, dem Münchner Bixente Lizarazu und dem Kaiserslauterer Miroslav Klose) gegen die Gastgeber (3:3). Zeitgleich nahm er eine weitere Auszeichnung in Empfang: Vom Fachblatt »World Soccer« wurde er hinter Weltmeister Ronaldo zum zweitbesten Fußballer des Jahres 2002 gewählt.

Hitzfeld erwartet mehr Führungsqualitäten

Massimo Moratti, den Präsidenten von Inter Mailand, schienen die Leistungen des 26-Jährigen offenbar derart beeindruckt zu haben, dass er bereit war, die 45 Millionen Euro Ablöse, die sein Verein wenige Monate zuvor von Real Madrid für den brasilianischen Weltmeister Ronaldo erhalten hatte, sofort in den Deutschen zu investieren. »Ballack – Moratti ist zu allem bereit«, titelte die italienische Sport-Tageszeitung »Corriere dello Sport« und wusste auch von Details zu berichten: Von einem Sechs-Jahres-Vertrag mit sechs Millionen Euro Jahresgehalt war die Rede. Bayern-Manager Uli Hoeneß erteilte dem Werben jedoch prompt eine Absage: »Ballack ist unverkäuflich«, so seine klare Ansage.

Nach sechswöchiger Winterpause und ohne die Doppelbelastung Champions League hoffte Bayern-Trainer Ottmar Hitzfeld, dass bei seiner Mannschaft die Spielfreude aus den ersten Wochen der Saison zurückkehre. Michael Ballack nahm er dabei besonders in die Pflicht: »Er hat gezeigt, dass er bei einem großen Klub eine Führungsrolle übernehmen kann. Aber er kann's noch besser. Er muss jetzt auf die Führung der Mannschaft hinarbeiten. Ich erwarte, dass er jetzt auch auf dem Platz laut wird, dass er Spiele umbiegt, wenn es mal nicht so gut läuft.« Der Angesprochene nahm die Verantwortung an: »Ich sträube mich nicht dagegen. Von gewissen Spielern wird eben ein Tick mehr verlangt. Mein Maßstab muss die letzte Saison in Leverkusen sein.« Vor allem zwei Faktoren stimmten ihn zuversichtlich: Zum einen die Rückkehr seines Nationalmannschafts-Kollegen Sebastian Deisler, der sich im Trainingslager in Marbella nach über halbjähriger Verletzungspause zurückmeldete, und von dem er sich Unterstützung in der Kreativabteilung erhoffte. Zum anderen die fehlende Zusatzbelastung durch die Champions League: »Ich hätte sie zwar gerne, bin sie auch gewohnt. Aber so, denke ich, wird sich der Mangel an englischen Wochen in der Frische der Mannschaft wiederspiegeln.«

Beim 3:0 zum Rückrunden-Auftakt gegen Borussia Mönchengladbach blieb Michael Ballack den Nachweis seiner Führungsqualitäten noch schuldig (»kicker«-Note 4) und handelte sich zu allem Überfluss die fünfte Gelbe Karte der Saison ein, wodurch er am folgenden Spieltag (0:0 auf der Bielefelder Alm) gesperrt war.

10 000 Euro Geldstrafe

Im DFB-Pokal gegen den 1. FC Köln plante er sein Comeback im Bayern-Dress, musste aber wenige Stunden vor der Partie passen. Nach dem Mittagessen im Trainingslager im Hotel Limmerhof in Taufkirchen wurde er plötzlich von Schüttelfrost und Fieberkrämpfen geplagt, Ottmar Hitzfeld schickte seinen Schützling nach Hause. Auch ohne ihn gewannen die Münchner souverän 8:0. »Es hat meine ganze Familie erwischt«, so der zweifache Vater. »Für meine Kinder war es schlimm, der Arzt musste kommen.« Und der schrieb ihn gleich für das folgende Heimspiel gegen den HSV krank. Gegen die Hanseaten (1:1) ging die Erfolgsserie von Torhüter Oliver Kahn zu Ende: Zwischen dem 12. und 20. Spieltag musste der Keeper kein einziges Mal hinter sich greifen und stellte mit 803 Spielminuten ohne Gegentreffer einen neuen Bundesliga-Rekord auf.

»Wir sollten einen Nachschlag verlangen.«

Leverkusens Manager Reiner Calmund nach Michael Ballacks erfolgreicher Debütsaison in München

Beim 5:0-Derbysieg gegen den TSV 1860 meldete sich Michael Ballack (»kicker«-Note 2,5) nach auskurierter Grippe eindrucksvoll ins Team zurück: »Derbys sind Spiele, an denen wir uns hochziehen. Das ist Ersatz für die Champions League.« Umso erstaunlicher kamen seine Aussagen nach dem 2:0 gegen den 1. FC Nürnberg, mit dem die Münchner ihren Vorsprung in der Tabelle erstmals auf zehn Zähler ausbauten. Frustriert von seinem fünften Spiel in Folge ohne Torerfolg übte er im »kicker« öffentlich Kritik an der Taktik von Trainer Ottmar Hitzfeld und seiner persönlichen Rolle: »So ist mein Spiel nicht optimal. Wer mich geholt hat, muss wissen, dass ich ein torgefährlicher Mittelfeldspieler bin – und muss mich auch so einsetzen. Man darf mich nicht vergewaltigen, hinten zu bleiben. Ich will in den Strafraum.« Und weiter: »Mit so viel Offensivpotenzial, wie wir es haben, muss man sich überlegen, auch mal einen Abwehrspieler zu opfern.«

Der General und sein Schützling: Michael Ballack ist Ottmar Hitzfelds verlängerter Arm auf dem Feld.

Hitzfeld hatte kein Verständnis für die Aussagen seines aufmüpfigen Profis (»Ich dulde keine Kritik am Spielsystem oder egoistische Forderungen. Michael Ballack spielt auf der optimalen Position im Mittelfeld. Er soll in den Strafraum gehen, muss aber, wie jeder andere Spieler auch, Defensivarbeit leisten«), zitierte diesen vor dem nächsten Training zu einem Vier-Augen-Gespräch in sein Büro und brummte ihm eine Strafe in Höhe von 10 000 Euro auf. Das Geld wurde an eine Stiftung für Not leidende Kinder in Afrika abgeführt. Die Strafe verfehlte ihre Wirkung nicht: Beim 2:0-Sieg in Cottbus zeigte sich Michael Ballack doppelt motiviert und erzielte beide Treffer: In der 33. Minute per Kopfball, in der 58. mit einem satten Linksschuss. »Klar, dass man da schon mit ein bisschen innerer Wut aufläuft, wenn so etwas während der Woche war«, sagte der »Spieler des Tages« (»kicker«-Note 1,5). »Vielleicht sollten wir öfter mal solche Geldstrafen aussprechen«, scherzte Ottmar Hitzfeld süffisant an. Es war bereits Michael Ballacks dritter »Doppelpack« im Bayern-Dress.

Später sagte er über die zweite Geldstrafe seiner Karriere (nach den 5000 Mark wegen kritischer Äußerungen an der Vereinsführung vier Jahre zuvor in Kaiserslautern): »Es hatte sich einfach angestaut, über Wochen. Und dann musste es irgendwie raus. Es war keine Laune, sondern eine sehr ernste Angelegenheit für mich. Ich war sehr gefrustet, sonst hätte ich es nicht gesagt. Ich wollte damals im ›kicker‹-Interview überhaupt nicht den Trainer angreifen, sondern mich allein zu meinen Aufgaben und zu meiner – für mich neuen, ungewohnten – Spielweise in seinem System äußern.«

Sieben Wochen Pause

Die Freude währte allerdings nur kurz: Eine Woche später, beim 3:0 gegen Bayer 04 Leverkusen, humpelte Michael Ballack bereits nach 21 Minuten vom Platz. Kernspintomografie und Ultraschall-Untersuchungen bestätigten die erste, verheerende Diagnose: Dreifacher Bänderriss im linken Sprunggelenk, 14 Tage Gips und sechs bis sieben Wochen Pause. Michael Ballack niedergeschlagen: »Ich hoffe, dass es noch um etwas geht, wenn ich zurückkomme.« Anfangs konnten die Münchner den Ausfall ihres Mittelfeldchefs kompensieren (4:1 in Bochum, 1:0 gegen Rostock, 2:2 in Hannover), ehe sie sich mit der 0:1-Heimpleite gegen Bremen und dem 0:1 in Dortmund einen Durchhänger erlaubten – der souveräne Spitzenreiter konnte sich die Niederlagen allerdings verschmerzen: Auch die Konkurrenz schwächelte, der Vorsprung in der Tabelle betrug nie weniger als elf Zähler.

So bejubelt man die Meisterschaft nur beim FC Bayern: Michael Ballack verpasst sich eine Weißbierdusche.

»So einen Typ Spieler gibt es auf der ganzen Welt nicht.«

Franz Beckenbauer nach dem DFB-Pokalfinale

Den Zeitpunkt für sein Comeback hätte Michael Ballack kaum besser wählen können. Mit einem 2:0-Sieg in Wolfsburg bei gleichzeitigen Punkteinbußen der Konkurrenz machten die Münchner bereits am 30. Spieltag beim Auswärtsspiel in Wolfsburg die Meisterschaft perfekt. Die Rückkehr des Nationalspielers verlief beeindruckend (»kicker«-Note 2,5). In der 59. Minute bereitete er mit einem Traumpass (»Weltklasse, solche Pässe können nur ganz wenige« – Manager Uli Hoeneß) das 1:0 durch Giovane Elber vor. Die neue VW-Arena erlebte eine improvisierte Meisterfeier mit überdimensionalen Weißbiergläsern. Erst einmal zuvor in der Bundesliga-Historie war eine Mannschaft derart souverän Meister geworden: ebenfalls der FC Bayern, in der Saison 1972/73. »Es ist wunderschön, nach einer Saison, in der man so oft kurz vor dem Ziel gescheitert ist, den Titel zu holen«, jubelte Michael Ballack nach der zweiten Meisterschaft seiner Karriere und ließ es bei den abendlichen Feierlichkeiten in den »Münchner Kindl Stubn«, dem neuen Gourmet-Tempel von Alfons Schubeck, und später im »P1« richtig krachen: »Der ganze Druck ist weg.«

Die Mannschaft ließ die Saison locker ausklingen. Beim 6:3 bei Hertha BSC Berlin traf Michael Ballack erneut doppelt – zunächst allerdings ins falsche Tor. »Ich kam nicht so richtig hoch, um wegzuköpfen. Also fiel der Ball hinten rein«, beschrieb er scherzhaft das zweite Eigentor seiner Bundesliga-Karriere. Fünf Minuten vor Schluss markierte er mit einem Linksschuss das 6:2. Beim 2:1-Heimsieg gegen den VfB Stuttgart glänzte er vor den Augen von DFB-Teamchef Rudi Völler, der den Münchnern anschließend die Meisterschale überreichte, als kluger Mittelfeld-Stratege (»kicker«-Note 2): Mit einem Pass über 40 Metern bereitete er den Führungstreffer von Elber vor.

Champions League
Qualifikations-Spiele:
FC Bayern München – Partizan Belgrad 3:0, 3:1

Vorrunden-Gruppe F:		Spiele	Tore	Punkte
1.	AC Mailand	6	12:7	12
2.	Deportivo La Coruña	6	11:12	12
3.	RC Lens	6	11:11	8
4.	FC Bayern München	6	9:13	2

Start-Ziel-Sieg in der Bundesliga

Am letzten Spieltag spielten die Münchner nur noch »mit angezogener Handbremse« und verloren bei Schalke 04 mit 0:1, trotzdem verbesserten sie ihre eigene Bestmarke aus der Spielzeit 1995/96, als sie mit 15 Punkten Vorsprung Meister wurden, um einen Zähler. »Auch wenn beim FC Bayern viele nach einem internationalen Titel lechzen: Wir hatten ein tolles Jahr, die Mannschaft spielte eine sensationelle Saison«, fasste Michael Ballack den Start-Ziel-Sieg in der Bundesliga zusammen. »Ich bin nach München gekommen, um Titel zu holen. Dass es gleich im ersten Jahr mit der Schale klappte, ist für mich etwas Besonderes, etwas Großes.«

»Mit Leverkusen hat er gezaubert, aber nichts gewonnen. Bei uns ist er zum Gewinner geworden.«

Uli Hoeneß über den Doublegewinner

Der Sachse wurde den Erwartungen und Führungsansprüchen absolut gerecht. Die Zahlen belegen dies eindrucksvoll: In acht Spielen ohne ihn kamen die Bayern nur zu zwei Siegen, erzielten dabei nur 1,0 Tore im Schnitt und kassierten bei drei Niederlagen und drei Remis ebenso viele Gegentreffer; durchschnittlich sammelten sie 1,7 Punkte. In den 26 Spielen mit ihm gewannen die Münchner 17 Mal (durchschnittlich 2,6 Punkte), erzielten 2,4 Tore, kassierten nur 0,6 Gegentreffer und verloren lediglich einmal. »Mit Michael Ballack haben wir eine ganz andere Spielkultur«, resümierte Manager Uli Hoeneß. »Als er verletzt war, da hat die Mannschaft einen ganz anderen, nämlich keinen so guten Fußball gespielt. Allein seine Persönlichkeit beflügelt das Team.«

»Fußball-Deutschland verneigt sich vor Ballack.«

BILD nach dem DFB-Pokalsieg

Franz Beckenbauer lobte: »Er hat dem Druck beim FC Bayern standgehalten und dem Spiel eine ganz andere Richtung gegeben. Der Beiname ›weißes Ballett‹ zu Saisonbeginn, das war er.« Von seinem Vorgänger Stefan Effenberg sprach schon nach wenigen Wochen niemand mehr. »Dieser Vergleich war normal, er hat mich aber nicht mehr lange verfolgt«, so Michael Ballack. »Heute gibt es dieses Thema nicht mehr.« Karl-Heinz Rummenigge verglich die beiden Spielmacher wie folgt: »Effe hat sich am Mittelkreis aufgebaut und die anderen mussten laufen. Michael Ballack ist auf den Platz überall.« In der Rückrunde entwickelte er sich, wie Effenberg, immer mehr zum Anführer des Teams, auch verbal. Nicht selten erklärte er seinen Mitspielern im Training, wie die Übungen korrekt auszuführen seien und wie sie die Bälle zu spielen hätten.

Mit zehn Treffern war er zudem hinter den Angreifern Giovane Elber (mit 21 Toren Bundesliga-Torschützenkönig) und Claudio Pizarro (15) drittbester Torschütze im Team, sieben Treffer bereitete er vor. Seine siebenwöchige Verletzungspause im Frühjahr kostete ihm allerdings einen Platz in den Top Ten der Torschützen- und Scorerliste. Dafür wurde er achtmal in die »Elf des Tages« gewählt und verteidigte seinen Titel als »Fußballer des Jahres«. Mit einem Notendurchschnitt von 3,0 konnte er seinen glänzenden Vorjahreswert aus Leverkusen (2,88) nicht mehr ganz halten. Überschattet wurde die Münchner Meisterschaft jedoch von einem an die Öffentlichkeit gekommenen Geheimvertrag des Klubs mit der Kirchgruppe. Dieser sah eine Sonderzahlung des TV-Riesen an die Münchner in Höhe von 21,4 Millionen Euro vor, damit diese der Zentralvermarktung der Bundesliga zustimmen. Wettbewerbsverzerrung zeterte die Branche; einige forderten einen Punktabzug, andere sogar die Aberkennung des Meistertitels.

FC Bayern München – Saison 2002/03 (1. Bundesliga)

Tor
Oliver Kahn
Stefan Wessels

Abwehr
Robert Kovac
Samuel Kuffour
Thomas Linke
Bixente Lizarazu
Willy Sagnol

Mittelfeld
Michael Ballack
Sebastian Deisler
Markus Feulner
Thorsten Fink
Owen Hargreaves
Jens Jeremies
Niko Kovac
Hasan Salihamidzic
Mehmet Scholl
Michael Tarnat
Pablo Thiam
Zé Roberto

Angriff
Giovane Elber
Zvjezdan Misimovic
Claudio Pizarro
Roque Santa Cruz
Bastian Schweinsteiger
Piotr Trochowski
Alexander Zickler

Trainer
Ottmar Hitzfeld

Abschlusstabelle Bundesliga:

		Spiele	Tore	Punkte
1.	FC Bayern München	34	70:25	75
2.	VfB Stuttgart	34	53:39	59
3.	Borussia Dortmund	34	51:27	58
4.	Hamburger SV	34	46:36	56
5.	Hertha BSC Berlin	34	52:43	54
6.	Werder Bremen	34	51:50	52
7.	Schalke 04	34	46:40	49
8.	VfL Wolfsburg	34	39:42	46
9.	VfL Bochum	34	55:56	45
10.	TSV 1860 München	34	44:52	45
11.	Hannover 96	34	47:57	43
12.	Borussia Mönchengladbach	34	43:45	42
13.	Hansa Rostock	34	35:41	41
14.	1. FC Kaiserslautern	34	40:42	40
15.	Bayer 04 Leverkusen	34	47:56	40
16.	Arminia Bielefeld	34	35:46	36
17.	1. FC Nürnberg	34	33:60	30
18.	Energie Cottbus	34	34:64	30

Pokalsieg als Dreingabe

»Unsere Mission ist damit noch lange nicht beendet. Wir haben in Berlin noch etwas zu erledigen«, sagte Michael Ballack nach der Meisterschaft und meinte damit das DFB-Pokalfinale gegen seinen ehemaligen Arbeitgeber 1. FC Kaiserslautern. »Nach dem Aus in der Champions League in La Coruña hat sich die Mannschaft geschworen: Diese Saison kann nur gerettet werden, wenn wir Meisterschaft und DFB-Pokal holen.« Die höchste Hürde auf dem Weg nach Berlin hatten die Münchner im Achtelfinale gegen Cup-Verteidiger Schalke 04 zu überwinden. 20 000 Zuschauer langweilten sich an einem nasskalten Dezemberabend im Olympiastadion zu Tode. Nach torloser regulärer Spielzeit und Verlängerung musste das Elfmeterschießen die Entscheidung bringen. Schalkes Ebbe Sand verballerte gleich den ersten Schuss, dafür traf Michael Ballack im Gegenzug zum 1:0. Danach waren alle acht weiteren Schützen erfolgreich, Bayern stand im Viertelfinale.

Aller guten Dinge sind drei: Michael Ballack mit DFB-Pokal, Meisterschale und Lebensgefährtin Simone Lambe.

Dort gewannen die Münchner gegen den Zweitliga-Spitzenreiter 1. FC Köln auch ohne den grippebedingt fehlenden Michael Ballack souverän 8:0. Ebenso ungefährdet verlief der 3:1-Erfolg im Halbfinale gegen Bayer 04 Leverkusen. Michael Ballack (»kicker«-Note 2,5) traf in der 30. Minute per Kopfball zum 1:0 und bereitete das 2:1 durch Giovane Elber (57.) mustergültig vor. Der Finaleinzug ging in der Presselandschaft aber nahezu unter: Die Schlagzeilen in diesen Tagen gehörten Torhüter Oliver Kahn und dessen Affäre mit einem stadtbekannten Münchner Partygirl – just zu einem Zeitpunkt, als seine Ehefrau Simone mit Wehen ins Krankenhaus eingeliefert wurde und das zweite gemeinsame Kind zur Welt brachte.

Die Münchner hatten keinerlei Probleme, vor 70 490 Zuschauern im Berliner Olympiastadion den elften Pokalsieg und das vierte Double der Vereinsgeschichte nach 1969, 1986 und 2000 einzufahren. Die Pfälzer hatten beim 3:1 zu keinem Zeitpunkt auch nur den Hauch einer Chance, Michael Ballack entschied das Spiel mit einer Weltklasse-Leistung (»kicker«-Note 1) und zwei Treffern in den ersten zehn Minuten im Alleingang: Das 1:0 erzielte er per Kopfball, das 2:0 mit einem Elfmeter. Zum 3:0 in der 50. Minute durch Claudio Pizarro leistete er die Vorarbeit. Die Münchner Klubführung belohnte den Doublegewinn mit 150 000 Euro Prämie pro Mann.

Wichtiger Schritt zur EM

Vor dem zur Gewohnheit gewordenen Sardinien-Urlaub wartete auf Michael Ballack allerdings noch eine wichtige Aufgabe: in der EM-Qualifikation gegen Schottland und die Faröer-Inseln. Nach dem 2:0-Erfolg in Litauen war die Saison für das Nationalteam wenig verheißungsvoll verlaufen. Michael Ballack war wegen Grippe und dem Bänderriss im Sprunggelenk nur in zwei von sechs Länderspielen dabei: Beim 2:1-Zittersieg im Hinspiel gegen die Faröer-Inseln in Hannover war er bester Mann auf dem Platz und brachte die DFB-Elf schon in der zweiten Minute per Elfmeter in Front. »Ich hatte schon Angst, dass wir hier nicht gewinnen würden«, sagte er danach. Beim 1:3 in Gelsenkirchen gegen Holland, als die Gastgeber phasenweise an die Wand gespielt wurden, attackierten ihn seine Gegenspieler teilweise überhart und so konnte er keine Akzente setzen.

»Ballack, unser Mister Perfect«

Die »B.Z.« nach dem 2:0 in der EM-Qualifikation in Litauen

Trotz der mageren Resultate, die an die Zeit aus der Ära von Teamchef Erich Ribbeck erinnerten, zeigte sich Michael Ballack für die bevorstehenden Spiele gegen die von Berti Vogts betreuten Schotten und vier Tage später auf Färöer zuversichtlich: »Die Quali packen wir schon.« Vor allem dem Duell mit seinem ehemaligen Vereinstrainer in Leverkusen fieberte er entgegen: »Gegen Berti Vogts muss ich mich nicht besonders motivieren. Da werde ich schon heiß, wenn ich an die alten Zeiten denke.« Zur Erinnerung: Zwischen Spieler und Trainer stimmte einst die Chemie nicht, Vogts demontierte seinen Schützling öffentlich mit der Aussage: »Ein Ballack muss sich hinterfragen, ob er genug Leistung bringt.« Die BILD-Zeitung titelte vor dem Duell, wenn auch leicht übertrieben: »Ballack – Abrechnung mit Berti.«

Wegen einer Prellung in der linken Wade, zugezogen im Pokalfinale in Berlin, konnte der 26-Jährige allerdings nicht seine Höchstleistung abrufen. In den letzten beiden Trainingseinheiten vor dem Match musste er sogar passen. Um den Einsatz des Spielmachers zu gewährleisten, ließ der DFB Mannschaftsarzt Hans-Wilhelm Müller-Wohlfahrt eigens mit einer Privatmaschine nach Glasgow einfliegen. Der versuchte, den lädierten Muskel mit Infusionen zu entsäuern. In einem »Rumpel-Spiel« (BILD) trennten sich beide Teams 1:1, der angeschlagene Michael Ballack passte sich dem Niveau seiner Mit- und Gegenspieler an und kritisierte hinterher: »Schottland war unser schwächster Gegner seit der WM. Da sieht man, wie schwach wir waren. Klar, ich selber habe nicht gut gespielt, aber es stehen elf Mann auf dem Platz.«

Am folgenden Tag musste er, erneut wegen der Wadenverletzung, das Training abbrechen und sagte das Spiel gegen die Faröer ab: »So hat es keinen Sinn.« Ohne ihren Mittelfeld-Motor blamierten sich die Deutschen bis auf die Knochen, gewannen lediglich 2:0. »Dieser Sieg war eine Schande«, titelte BILD.

Systematische Demontage

Wie schon im Jahr zuvor gönnte Trainer Ottmar Hitzfeld seinen Nationalspielern einen Sonderurlaub: Vier Tage später als ihre Kollegen nahmen die in der EM-Qualifikation beschäftigten Michael Ballack, Oliver Kahn, Jens Jeremies, Owen Hargreaves, Bixente Lizarazu, Willi Sagnol sowie die Neuverpflichtungen Tobias Rau (VfL Wolfsburg) und Martin Demichelis (River Plate Buenos Aires) die Vorbereitungen auf die Spielzeit 2003/04 auf. Ihr erster Arbeitstag sah gleich das Benefizspiel bei Michael Ballacks ehemaligen Klub VfB Chemnitz (siehe »Der erste Verein: BSG Motor Fritz Heckert Karl-Marx-Stadt«) im Rahmen des Trainingslagers in Leipzig vor – die Münchner siegten gegen den Landesligisten souverän 11:1.

Beim 9:0 einige Tage später gegen Sachsen Leipzig musste Michael Ballack wegen einer Bauchmuskelzerrung passen. Im Mittelpunkt stand er dafür im ersten Pflichtspiel der neuen Saison, dem Ligapokal-Halbfinale in Jena gegen den Hamburger SV. Per Strafstoß brachte er die Münchner 1:0 in Führung. Nach drei Treffern in Folge sah der HSV schon wie der sichere Sieger aus, doch dann bliesen die Münchner zum Schlussspurt: In der 90. Minute glich Michael Ballack, erneut per Strafstoß, zum 3:3 aus. Im anschließenden Elfmeterschießen scheiterte er allerdings an Martin Pieckenhagen, Hamburg gewann 7:4.

»Ballack: Macht er sich für Bayern kaputt?«

BILD über die nicht endenden Verletzungsprobleme

Trotz eines bescheidenen 2:2 in der Bundesliga-Generalprobe gegen Zweitliga-Aufsteiger Jahn Regensburg ging der FC Bayern voller Zuversicht in die neue Saison. Neben der Verteidigung des Meistertitels wollte man auch in der Champions League wieder reüssieren und mindestens die Runde der 16 besten Mannschaften erreichen. An einen frühzeitigen K.o. verschwendete Michael Ballack jedenfalls keinen Gedanken: »Das wird diesmal nicht passieren. Es gibt einige Teams auf dem gleichen Level. Aber es gibt keine Mannschaft in Europa, die besser ist als wir.« Für sich persönlich sah er trotz seiner glänzenden Debütsaison noch Spielraum nach oben: »Das waren erst 80 Prozent Michael Ballack. Ich kann es noch besser, wenn ich mich in der Champions League steigere und meine schlechten Tage reduziere.«

Die Vereinsverantwortlichen machten ihm unumwunden klar, dass sie von ihm noch mehr erwarten: noch mehr Leistung, noch mehr Verantwortung, noch mehr Führung. »Bei uns wird Michael Ballack zum Superstar«, so Uli Hoeneß während der

Saisonvorbereitung. Er sollte sich täuschen: Michael Ballack wurde zum öffentlichen Streitobjekt. Vor ihm lag die turbulenteste Saison seiner Karriere.

Mit einer Wadenverletzung außer Gefecht

Vor dem 3:1-Sieg zum Saisonauftakt gegen Aufsteiger Eintracht Frankfurt wurde Michael Ballack zum zweiten Mal nach 2002 zum »Fußballer des Jahres« ausgezeichnet. Während der 90 Spielminuten hielt er sich allerdings zurück (»kicker«-Note 3). Bereits zur Pause führten die Münchner 3:0 und ließen es danach deutlich ruhiger angehen. Dafür trug er sich gleich am zweiten Spieltag beim 3:3 in Hannover wieder in die Torschützenliste ein – allerdings unter gütiger Mithilfe von 96-Torhüter Gerhard Tremmel, der sich den Ball nach einem Michael-Ballack-Freistoß in der 39. Minute tollpatschig selbst ins Tor boxte.

Der Freistoß war die einzig nennenswerte Aktion des 26-Jährigen (»kicker«-Note 3,5), der sich mit einer schmerzhaften Wadenverletzung durch das Spiel quälte. Mannschaftsarzt Dr. Wolfgang Peter verordnete anschließend drei Tage Trainingspause – aber auch danach stellte sich keine Besserung ein. Michael Ballack musste für das Heimspiel in der folgenden Woche gegen den VfL Bochum (2:0) passen, ebenso wie für das Länderspiel vier Tage später im Stuttgarter Gottlieb-Daimler-Stadion gegen Italien (0:1). Erst nach zehn Tagen Pause konnte er wieder erste Laufrunden am Vereinsgelände an der Säbener Straße drehen. Gegen Bochum hätte die Aufmerksamkeit ohnehin einem anderen gegolten: Der holländische Star-Einkauf Roy Makaay, den die Münchner für die Rekordablöse von 18,75 Millionen Euro (eine Million steuerte der Mittelstürmer selbst bei) vom einstigen Champions-League-Rivalen Deportivo La Coruña losgeeist hatten, feierte sein Bundesliga-Debüt.

Am vierten Spieltag beim HSV stand Michael Ballack wieder in der Anfangself und bereitete als Krönung seines starken Comebacks (»kicker«-Note 2,5) in der Schlussphase das 2:0 durch Giovane Elber vor – für den Publikumsliebling aus Brasilien war es der letzte Treffer im Bayern-Dress. Elber wertete die Verpflichtung Makaays als Vertrauensbruch seitens der Vereinsführung und wechselte auf Grund des Überangebotes im Angriff für vier Millionen Euro Ablöse zum französischen Meister Olympique Lyon.

Blamage in der EM-Qualifikation

Nach seiner beeindruckenden Rückkehr ruhten auch in der Nationalmannschaft die Hoffnungen wieder auf Michael Ballacks Schultern. »Mit Ballack kommt die Kreativität zurück«, schrieb Franz Beckenbauer in seiner BILD-Kolumne vor dem wichtigen EM-Qualifikationsspiel in Reykjavik gegen Island. Die Skandinavier wiesen als Überraschungs-Spitzenreiter der Gruppe fünf einen Zähler mehr auf als die DFB-

Elf. Und sie taten dies auch noch nach der torlosen Partie, die wegen Rudi Völlers anschließender Brandrede im ARD-Studio in die Fußball-Geschichte einging. Michael Ballack sagte anschließend: »Wir haben im Spiel zur Genüge gemerkt, dass die Wikinger die Vorfahren der Isländer sind, so robust wie sie zur Sache gegangen sind.«

Die herbe Medien-Kritik in der Heimat (BILD: »Ihr wart sauschlecht«) verfehlte ihre Wirkung nicht. Vier Tage später kämpfte die deutsche Mannschaft im Dortmunder Westfalenstadion Schottland mit 2:1 nieder. Michael Ballack ging mit gutem Beispiel voran: Bereits in der Anfangsphase hatte er einen Schlag aufs linke Knie erhalten. Trotz Schmerzen hielt er das komplette Spiel durch und verwandelte in der 50. Minute sogar einen Strafstoß zum 2:0. »Es hat sich ein Bluterguss gebildet«, sagte er mit schmerzverzerrtem Gesicht nach Spielende. Obwohl zusätzlich die Wadenverletzung aus dem Hannover-Spiel aufbrach, war eine Auswechslung zu keinem Zeitpunkt ein Thema: »Es konnte ja nichts kaputt gehen und das Spiel war zu wichtig, es ging um alles.« Weil Island spielfrei war, konnte sich die DFB-Elf sogar über den Sprung an die Tabellenspitze freuen.

Dafür musste er im folgenden Bundesliga-Spiel beim VfL Wolfsburg erneut pausieren, genau wie Sebastian Deisler, Jens Jeremies, Claudio Pizarro und Bixente Lizarazu, die sich ebenfalls bei Vaterlands-Diensten Verletzungen zugezogen hatten. Nachdem der Brasilianer Zé Roberto und der Paraguayer Roque Santa Cruz nach Länderspiel-Einsätzen in Südamerika erst in der Nacht vor dem Spiel wieder zum Team stießen und Trainer Ottmar Hitzfeld bei der 2:3-Niederlage nur auf ein Rumpfteam zurückgreifen konnte, übten die Bayern-Bosse heftige Kritik an der Terminplanung und Freistellungsregelung des Weltverbandes. Vorstandschef Karl-Heinz Rummenigges Drohung: »Wenn die Fifa das Problem aussitzen will, dann gibt es Streik. Dann wird eben kein Spieler mehr abgestellt!«

Ließ an Michael Ballack nur selten ein gutes Haar: ARD-Experte und »Sport Bild«-Kolumnist Günter Netzer.

Vernichtende Netzer-Kritik

Zum Champions-League-Start gegen Celtic Glasgow meldete sich Michael Ballack wieder ins Team zurück und zeigte sich für das Duell gegen den schottischen Vizemeister hoch motiviert: »Ein dreiviertel Jahr Zuschauen reicht. Mit aller Macht muss ein Sieg her.« Die Partie geriet aber fast ein wenig in den Hintergrund, vielmehr sorgte die am Spieltag veröffentlichte »Sport Bild«-Kolumne von Günter Netzer für Gesprächsstoff: Der Ex-Weltmeister lobte darin zwar die Stärken Michael Ballacks (»der beste Fußballer, den wir haben«), sprach ihm aber gleichzeitig die

Michael Ballack und Celtic-Goalie Hedman verfehlen den Ball: Roy Makaay erzielt mit einer Flanke den 2:1-Siegtreffer gegen Glasgow.

Führungsqualitäten ab: »Er ist charakterlich nicht dafür geeignet.« Einen Grund dafür sah Netzer in der Herkunft des 26-Jährigen: »Ballack ist in der DDR aufgewachsen. Dort zählte das Kollektiv, das hat den Weg für Genies verstellt. Ohne jetzt sagen zu wollen, dass das nur schlecht war: Aber Ballack begnügt sich in seiner Rolle, in der eigentlich mehr drin wäre.«

»Netzers Begründung ist hanebüchen bis herabsetzend, Hat er denn Jan Ullrich, Erik Zabel, Henry Maske, Franziska van Almsick, Heike Drechsler oder gesamtdeutschen Meistermacher Matthias Sammer glatt übersehen?«

»FAZ« zu Günter Netzers Kritik, Michael Ballack sei wegen seiner DDR-Herkunft nicht als Führungsspieler geeignet

Der Kritisierte zeigte sich zunächst empört (»Muss ich mich dafür rechtfertigen, dass ich in der DDR geboren bin? Ich verstehe das alles nicht«), ließ sich davon aber in den 90 Spielminuten gegen die Schotten nichts anmerken. Maßgeblich trug er nach 0:1-Rückstand noch zu einem 2:1-Sieg bei. Nach einem Ellbogencheck mit einem Veilchen unter dem rechten Auge gekennzeichnet, setzte er in der 68. Minute mit einem strammen Schuss das Zeichen zur Aufholjagd. Sechs Minuten später bereitete er den Ausgleich durch Roy Makaay vor – und auch am Siegtreffer des Holländers drei Minuten vor Spielende war er maßgeblich beteiligt: Makaay wollte eigentlich auf Michael Ballack flanken, der das Zuspiel allerdings verfehlte. Am verdutzten Torhüter Hedman vorbei trudelte der Ball ins Glasgower Tor.

Erst nach dem Spiel setzte er sich in der Mixed-Zone gegen Netzers Kritik zur Wehr und redete sich dabei phasenweise in Rage: »Er ist zweifelsohne ein ausgewiesener Fachmann, der für die Qualität seiner Kommentare den Grimme-Preis bekommen hat. Aber gerade deshalb kann ich doch davon ausgehen, dass er sich differenzierter äußert, als er das jetzt getan hat. Das Ganze war aber schon wieder so daneben, dass ich darüber zunächst nur schmunzeln konnte. Es sind aber gewisse

Grenzen überschritten worden, auf Kosten der Sachlichkeit.« Vor allem Netzers Begründung, ihm fehle es an Führungsqualitäten wegen seiner Herkunft aus der ehemaligen DDR, ging Michael Ballack doch sehr nahe: »Davon auf den Charakter zu schließen, find ich schon sehr bedenklich, das ist nicht seriös. Ich kann kaum verstehen, dass er das gesagt haben soll. Er hat mit mir noch nie geredet, er weiß nicht, was ich sage und tue, wie ich mich täglich verhalte. Trotzdem wirft er mir vor, ich sei charakterlich nicht für eine Führungsrolle geeignet. Er ist doch eigentlich intelligent genug, so etwas nicht zu sagen. Ich habe noch nie eine Führungsrolle abgelehnt, und ich habe auch noch nie etwas anderes gesagt.«

»Es ist ein Wahnsinn, was da drinstand. Ich habe Fußball gespielt, weil es mir Spaß gemacht hat. Da kam kein Trainer zu mir, der mir gesagt hätte, mein lieber Michael, du darfst dich persönlich nicht weiterentwickeln und keinerlei Führungsaufgaben übernehmen.«

Michael Ballack über Günter Netzers Kolumne

Auch Rummenigge setzt zu

Netzer griff anschließend zum Telefonhörer und entschuldigte sich: »Das mit der Ostmentalität war lediglich ein Mosaikstein des Versuchs, eine Erklärung dafür zu finden, warum er dem Anspruch eines Führungsspielers nicht gerecht wird«, sagte er in der Illustrierten »Max«. »Ich erhebe da gar keinen Anspruch auf hundertprozentige Akzeptanz. Aber die Reaktion auf diese Aussage habe ich dieses eine Mal in der Tat unterschätzt.«

Die Verantwortlichen des FC Bayern reagierten unterschiedlich auf Netzers Einlassungen. Trainer Ottmar Hitzfeld stellte sich vorbehaltlos hinter seinen Spieler (»Michael Ballack ist ein absoluter Führungsspieler. Er ist lautstark, nicht nur auf, sondern auch außerhalb des Platzes. Deshalb kann ich die Aussage von Günter Netzer nicht bestätigen«) und erinnerte an einen Vorfall nur wenige Tage zuvor: Da hatte sich Michael Ballack mit Oliver Kahn angelegt und den Mannschaftskapitän wegen »fehlendem Fingerspitzengefühl« nach dessen Kritik an Owen Hargreaves nach dem Spiel in Wolfsburg ermahnt: »Es geht nicht, dass Oli den Owen in die Pfanne haut. Er hat doch selbst Fehler gemacht.«

Karl-Heinz Rummenigge indes wollte Netzer nicht gänzlich widersprechen. Er sagte zwar: »Ungeheuerlich, wenn er die DDR ins Spiel bringt. Das klingt ja gerade so, als hätten die Leute dort alle ein Handicap. Das darf ja wohl nicht wahr sein, das ist eine Beleidigung aller ehemaligen DDR-Bürger.« Gleichzeitig konnte sich der

Vorstandvorsitzende eine erneute Spitze gegen den Profi nicht verkneifen: »Er muss sich mehr einbringen, mehr zeigen. Wir haben ihn als Spielgestalter geholt, der die Mannschaft führt.«

Im folgenden Heimspiel gegen seinen ehemaligen Klub Bayer 04 Leverkusen (3:3) stand Michael Ballack wieder einmal im Mittelpunkt des sportlichen Geschehens: Zunächst bereitete er mustergültig das 1:1 durch Roy Makaay (25. Minute) vor, scheiterte aber nur drei Minuten später mit einem Foulelfmeter an Bayer-Torhüter Hans Jörg Butt. »Dabei habe ich zu viel nachgedacht, weil Jörg meine Schüsse kennt«, so der Schütze. Nach dem 1:2-Rückstand und einer Roten Karte gegen Zé Roberto trieb er seine Mannschaft unermüdlich an (»kicker«-Note 2,5) und legte in der 69. Minute seinen gesamten Frust über die Geschehnisse der Vorwoche und den verschossenen Strafstoß in einen Schuss aus 26 Metern, der unhaltbar für Butt zum 3:2 im Bayer-Tor einschlug. Danach sagte er in Richtung seiner Kritiker: »Ich bin da, wenn es drauf ankommt. Das habe ich schon oft bewiesen.«

Angespannte Atmosphäre

DFB-Teamchef Rudi Völler lobte: »Michael hat das Spiel rumgerissen.« Karl-Heinz Rummenigge fand indes wiederum Grund zum Meckern. Vor allem die lasche Abwehrarbeit und daraus resultierenden, vielen Gegentore waren dem Ex-Nationalspieler ein Dorn im Auge: »Da verlange ich weitaus mehr Energie in der Abwehrarbeit. Das gilt übrigens auch für Michael Ballack.«

»Wir sollten Ballack nicht einreden, dass er schlecht ist, wir sollten dem Spieler vielmehr die Wertschätzung geben, die er woanders genießt. Wir machen hier einen Spieler platt, der zum entscheidenden Mann bei der EM werden soll. Lasst ihn in Ruhe! Wir sollten uns glücklich schätzen, dass wir einen wie ihn in Deutschland haben, und sollten ihn nicht vertreiben.«

Dortmunds Ex-Trainer Matthias Sammer

Obwohl die Mannschaft mit Tabellenplatz fünf gut im Rennen lag und gerade einmal eines ihrer ersten sieben Pflichtspiele der Saison verloren hatte (in der ersten Runde des DFB-Pokals wurde Oberligist Borussia Neunkirchen 5:0 bezwungen), herrschte angespannte Atmosphäre rund um die Säbener Straße. Vor allem die Tatsache, dass das Team nicht an die souveränen Vorstellungen und den Glanz der vergangenen Rückrunde anknüpfen konnte, ließen Uli Hoeneß und Karl-Heinz Rummenigge ungeduldig werden. Es hatte den Eindruck, dass sie insbesondere Michael Ballack als Sündenbock auserkoren hätten. Selbst der 2:1-Auswärtssieg bei Hansa Rostock – Michael Ballack bereitete vier Minuten vor Schluss Roy Makaays Siegtreffer vor – konnte sie nicht beschwichtigen. »Was ich gesehen habe, ist großer Mist«, fluchte Uli Hoeneß in die Mikrofone des Bayerischen Rundfunks.

Michael Ballack nahm sich die Kritik zu Herzen. »Ganz klar, wir müssen unser Niveau beträchtlich steigern, um Erfolg zu haben«, sagte er vor dem zweiten Vorrundenspiel in der Champions League beim belgischen Meisterschafts-Zweiten RSC Anderlecht. Vier Tage nach seinem 27. Geburtstag präsentierte sich der Sachse im Brüsseler Stade Constant Vanden Stock als kämpferisches Vorbild. Obwohl er frühzeitig nach einem Schlag auf den rechten Knöchel behandelt werden musste und die Münchner nach der Gelb-Roten Karte gegen Pizarro ab der 35. Minute nur noch zu zehnt agierten, bemühte er sich, Linie ins Spiel zu bringen. Vor allem mit dem neuen Argentinier Martin Demichelis, der sein Debüt im Bayern-Dress feierte, verstand er sich im defensiven Mittelfeld prächtig. Trotz Unterzahl gelang den Gästen durch Santa Cruz eine Viertelstunde vor Abpfiff der 1:1-Ausgleich.

Michael Ballack schlägt zurück

Die Blessur am Knöchel stellte sich nach Spielende als ernster heraus, als zunächst angenommen: Michael Ballack hatte sich eine Kapselverletzung zugezogen. Erneut war sein Einsatz im folgenden Bundesliga-Spiel gefährdet – diesmal gegen Hertha BSC Berlin. Karl-Heinz Rummenigge war wegen der ständig neuen Verletzungen seines Mittelfeld-Stars sichtlich angefressen. Im Hinblick auf das eine Woche später stattfindende EM-Qualifikationsspiel gegen Island in Hamburg sagte er mit barschem Unterton: »Es wäre gut, wenn er mal nicht zur Nationalelf reisen würde. Er muss den Messias für Deutschland spielen, aber es wäre besser, er würde sich mal auskurieren.«

Ein Härtetest beim Warmlaufen vor der Partie gegen Hertha sollte endgültige Klarheit über seinen Einsatz bringen – und Michael Ballack gab »grünes Licht«. Erneut war er, trotz des Verletzungs-Handicaps, bester Münchner (»kicker«-Note 2), traf in der Nachspielzeit der ersten Halbzeit zum 2:0 und bereitete in der 58. Minute das 3:0 durch Bastian Schweinsteiger vor – danach wollte er ausgewechselt werden, Ottmar Hitzfeld lehnte nach dem schnellen Anschlusstreffer der Berliner jedoch ab – ein Zeichen, dass der »General« unter keinen Umständen auf seinen wichtigsten Spieler verzichten wollte.

Als Michael Ballack nach dem Spiel von Journalisten in der Mixed-Zone mit den Aussagen Rummenigges konfrontiert wurde, schlug er verbal zurück: »Ich kann den Scheiß nicht mehr hören«, fauchte er in Richtung seines Vorgesetzten. »Manchmal muss ich mich über seine Aussagen wirklich wundern. Natürlich habe ich Schmerzen, aber wenn es geht, geht es, wenn nicht, dann nicht. Ich werde nicht zu Hause bleiben. Es ist das wichtigste Länderspiel seit Monaten.« Diesmal merkte auch Rummenigge, dass er den Bogen überspannt hatte, und entschuldigte sich zwei Tage später telefonisch: »Der Messias-Satz war etwas flapsig.«

Ständiges Verletzungspech

Die Partie zwischen Tabellenführer Deutschland (15 Punkte) und Verfolger Island (13) hatte Endspiel-Charakter. Ein Punkt fehlte der DFB-Elf zur endgültigen Qualifikation für Portugal; im Falle einer Niederlage hätte sie zwei Entscheidungsspiele gegen einen anderen Gruppenzweiten bestreiten müssen. »Wir haben im Moment nicht die Qualität, auswärts souverän zu gewinnen«, sagte Michael Ballack. »Aber jetzt spielen wir zu Hause. In Hamburg haben wir unser Publikum im Rücken und kennen die Bedingungen. Im eigenen Land müssen wir den Anspruch haben, solche Gegner zu schlagen.«

Sein Mitwirken entwickelte sich erneut zu einem Wettlauf gegen die Zeit: Gegen Hertha hatte sich die Kapsel am lädierten Knöchel wieder entzündet. Wiederum fehlte er in sämtlichen Trainingseinheiten und musste sich in medizinische Behandlung begeben. Mit Spezialbehandlungen, Infusionen und Elektrotherapie versuchte Mannschaftsarzt Hans-Wilhelm Müller-Wohlfarth, den Spielmacher fit zu bekommen. Und der zeigte sich zuversichtlich: »Ich schaffe es. Und als Messias fühle ich mich nicht. Ich weiß, dass ich ein wichtiger Spieler bin.«

Muss im entscheidenden EM-Qualifikationsspiel gegen Island gehörig einstecken: Schiedsrichter Ivanov schickt DFB-Arzt Müller-Wohlfahrt und Michael Ballack zur Behandlung vom Feld.

»Wir danken Ballack für seine Vorbild-Funktion.«

BILD über den Spielmacher, der sich trotz Verletzung in den Dienst der Nationalmannschaft stellte

Mit dick bandagiertem Knöchel schleppte er sich in die Partie gegen die Skandinavier und erzielte bereits nach neun Minuten das 1:0. Am Ende stand ein 3:0-Sieg auf der Anzeigetafel der AOL-Arena, der allerdings ein klein wenig über den wahren Spielverlauf hinwegtäuschte: In der 59. Minute verweigerte der russische Schiedsrichter dem 1:1 der Isländer wegen vorangegangenem Foulspiels die Anerkennung, direkt im Gegenzug sorgte Fredi Bobic für das erlösende 2:0; Kevin Kuranyi erzielte kur vor Schluss noch den dritten Treffer und die deutsche Mannschaft hatte sich als Gruppen-Erster direkt für die EM qualifiziert.

Trotz aller Euphorie nach dem Schlusspfiff fand Michael Ballack mahnende Worte: »Die Mannschaft hat zwar in den entscheidenden Spielen dem Druck stand gehalten. Aber es ist nicht alles Friede, Freude, Eierkuchen, nur weil wir 3:0 gewonnen haben. Das war ein schwieriges Jahr. Die Erwartungen waren hoch nach der WM, wir konnten ihnen nicht immer gerecht werden.«

Kompartment-Syndrom der Wade

Zurück in München legte er wieder eine Trainingspause ein, sah seinen Einsatz in den folgenden Wochen mit sieben Spielen binnen 21 Tagen in Bundesliga und Champions League aber nicht als gefährdet: »Ich bin nicht verletzt, das sind nur Wehwehchen. Ich bin fit und freue mich auf die folgenden englischen Wochen.« Mittlerweile hatte der 27-Jährige in der laufenden Saison mehr Spiele als Übungseinheiten absolviert. Von Trainer Ottmar Hitzfeld heimste er Lob für seine vorbildliche Arbeitseinstellung ein: »Er hat das Bayern-Gen intus: Die Philosophie, dass es hier nur eins gibt, den Sieg, dass keine Ausreden zählen, egal, gegen wen man spielt, gegen Manchester oder Real.«

»Ich habe mir eine gewisse Schale zugelegt. Lob muss man einordnen können, Kritik auch. Ich denke nicht darüber nach, dass mir jemand etwas Schlechtes will. Viele üben konstruktive Kritik. Die einem ja auch weiterhelfen kann.«

Michael Ballack über seinen Umgang mit Kritik

Ein torloses Remis auf dem Mönchengladbacher Bökelberg machte den Auftakt in das Mammutprogramm. Michael Ballack wirkte saft- und kraftlos und bot eine enttäuschende Vorstellung (»kicker«-Note 5). Karl-Heinz Rummenigge sprach von »leidenschaftslosen Fußball«. Und BILD fragte schon: »Macht Ballack jetzt schlapp?« Auch Trainer Hitzfeld kritisierte die Leistung des Mittelfeldes: »Es kamen keine Ideen, keine Impulse.« Seinen lädierten Spielmacher – neben dem geschwollenen Knöchel zwickte erneut die Wade – nahm er jedoch ausdrücklich in Schutz: »Er wurde eng gedeckt und schlecht eingesetzt.« Auch von Uli Hoeneß bekam er Rückendeckung: »Auch ein Ballack kann nicht 90 Minuten rauf und runter rennen, wenn er sich vorher nur auf der Massagebank aufgehalten hat.« Vereinsarzt Müller-Wohlfahrt diagnostizierte bei Michael Ballack daraufhin ein so genanntes Kompartment-Syndrom der Wade: »Das ist zwar nicht gefährlich«, sagte der »Doc«. Aber: »Die Spannung des Muskels ist zu fest, zu hart, die Durchblutung nicht optimal.«

Am dritten Spieltag der Champions League kam es zu einem Wiedersehen mit Giovane Elber, der inzwischen bei Olympique Lyon angeheuert hatte und die Stimmung vor der Partie im Stade Gerland ordentlich anheizte: »Die Champions League gewinnt Bayern nie!« Michael Ballack hatte dafür nur ein Schmunzeln übrig: »Er brennt, wir aber auch. Giovane würde bestimmt noch gerne bei Bayern spielen und mit uns die Champions League gewinnen.«

»Es wäre besser gewesen, hätte Ballack seine Wehwehchen auskuriert anstatt nur 80 oder 90 Prozent seiner Leistung abzurufen.«

Franz Beckenbauer über die Saison des Mittelfeldstars

Diskussionen um Gesundheitszustand

Das Lachen sollte ihm rasch vergehen: Zwei Minuten vor Spielende glich der Franzose Pegguy Luyindula zum 1:1 aus. Michael Ballack, der den Führungstreffer von Roy Makaay in der 25. Minute vorbereitet hatte, war in der zweiten Spielhälfte stehend k.o., Trainer Hitzfeld ignorierte jedoch erneut seinen Wunsch nach Auswechslung: »Er ist ein absoluter Leistungsträger, er ist der Kopf der Mannschaft. Wir brauchen seine Präsenz.«

Die Diskussionen um den Gesundheitszustand des Nationalspielers wurden immer intensiver. »Durch seine Blessuren ist er nur bei Standards präsent, aber am Spiel kaum beteiligt«, zeterte Uli Hoeneß. Auch DFB-Teamchef Rudi Völler bemerkte: »Wenn er tatsächlich nicht richtig fit ist, ist Spielpraxis immer noch besser als jedes Training. Aber man erwartet von ihm immer mehr – nämlich Tore.« Michael Ballack dachte weiterhin keinesfalls an Pause: »Wenn es irgendwie geht, versuche ich immer zu spielen.«

In der zweiten Runde des DFB-Pokals schrammten der Mittelfeld-Star und seine Kollegen im heimischen Olympiastadion nur knapp an einer Blamage vorbei: Nach regulärer Spielzeit und Verlängerung stand es gegen Zweitligist 1. FC Nürnberg 1:1. Michael Ballack vergab in der 115. Minute eine hundertprozentige Chance zum Siegtreffer, ballerte aus drei Metern völlig freistehend über das leere Tor. Im anschließenden Elfmeterschießen scheiterte er an »Club«-Keeper Raphael Schäfer – es war bereits sein zweiter verschossener Elfmeter der laufenden Saison. Knapp und glücklich kamen die Münchner mit 8:7 weiter. »Rätsel Ballack: Erst Weltklasse, jetzt Kreisklasse«, titelte BILD bezüglich der sinkenden Formkurve des 27-Jährigen. Und der zeigte sich selbstkritisch: »Wir sind weit von unserer Bestform entfernt. Auch ich habe ein Leistungsloch, bin nicht in Form.«

Krisensitzung mit Führungs-Duo

Beim 0:2 auf Schalke war das Formtief unübersehbar. Beim Gang in die Kabine flippte Torhüter Oliver Kahn aus: »Eier! Wir brauchen Eier!«, fluchte der Kapitän in die »Premiere«-Mikrofone. Michael Ballack bevorzugte eine weniger ruppige Wortwahl für die zweite Saison-Niederlage, die den Rückstand auf Spitzenreiter VfB Stuttgart auf sechs Zähler anwachsen ließ: »Man sieht nur, dass es nicht hinhaut. Warum? Das kann ich nicht beantworten.«

Vor dem Champions-League-Heimspiel gegen Olympique Lyon bat das Bayern-Führungsduo Karl-Heinz Rummenigge und Uli Hoeneß seinen schwächelnden Spielmacher – erhielt auf Schalke schon zum zweiten Mal in der Saison die »kicker«-Note mangelhaft – zu einer Krisensitzung. Rummenigge trug das Ergebnis an die Öffentlichkeit: »Er war verletzt, konnte nicht trainieren. Aber er ist Führungsspieler, der Mann im Mittelfeld, der die Sache in die Hand nehmen muss. Das weiß er genau.«

Michael Ballack geht im Zweikampf gegen seinen ehemaligen Mannschaftskameraden Giovane Elber nur halbherzig zur Sache: Der Brasilianer erzielte das 2:1 für seinen neuen Klub Olympique Lyon.

Das Sechs-Augen-Gespräch und der Druck der Führungsetage trug nur noch mehr zur Unsicherheit des Spielmachers bei. Im Rückspiel gegen den französischen Meister wirkte er übermotiviert, so, als ob er es allen seinen Kritikern zeigen wolle. Zunächst bereitete er zwar den 1:1-Ausgleich durch Roy Makaay vor (14. Minute), beim 2:1-Siegtreffer der Gäste ausgerechnet durch den Ex-Münchner Elber (55.) machte er allerdings keine glückliche Figur: Der Brasilianer schüttelte seinen ehemaligen Mannschaftskameraden bei einem Zweikampf im Strafraum locker ab und schob ins lange Eck ein. Nach Spielende musste sich Michael Ballack auch aus dem Mannschaftskreis heftige Kritik gefallen lassen. Willi Sagnol beispielsweise sagte: »Von Effenbergs Abgang haben wir uns immer noch nicht erholt. Wir haben keinen wahren Leader. Wir haben die Lücke richtig gespürt, die Effe hinterlassen hat.« Auf die Nachfrage, ob Michael Ballack diese Lücke nicht geschlossen hätte, antwortete der Franzose: »Nein, überhaupt nicht.«

Trainer Ottmar Hitzfeld vermutete sogar, dass Michael Ballack von seinen Mannschaftskollegen auf dem Platz absichtlich geschnitten worden wäre: »Die Bälle wurden einfach über ihn hinweg gebolzt.«

Nerven liegen blank

Läutet den 4:1-Kantersieg gegen Borussia Dortmund ein: Michael Ballack trifft per Kopf zum 1:0.

Nach dem Absturz auf den dritten Platz ihrer Champions-League-Vorrundengruppe, der erneut das Verpassen der Endrunde zur Folge gehabt hätte, lagen bei den Münchnern die Nerven blank. Manager Hoeneß erteilte den Spielern noch in der Kabine ein absolutes Interview-Verbot und ordnete vor dem folgenden Bundesliga-Heimspiel gegen Borussia Dortmund ein zweitägiges Trainingslager im »Hotel Bachmair« in Rottach-Egern am Tegernsee an. Auch an Trainer Ottmar Hitzfeld kam wegen der Erfolglosigkeit zunehmend Kritik auf. »Es passt nicht, die Mannschaft spielt nicht miteinander, es ist alle Stückwerk«, ätzte Vereinspräsident Franz Beckenbauer.

Das Spiel gegen die Westfalen wurde zu einem der wenigen Höhepunkte der Vorrunde: Die Mannschaft gewann deutlich 4:1 und die Bosse waren wenigstens an diesem Tag zufrieden. Michael Ballack (»kicker«-Note 1) bot sein bestes Saisonspiel. Schon in der zweiten Minute setzte er mit einem Freistoß, der an den Pfosten klatschte, ein Zeichen. In der 27. Minute leitete er mit einem Kopfball zum 1:0 den Kantersieg ein. Dortmund war mit den vier Gegentreffern gut bedient – vier weitere Male trafen die Münchner noch Pfosten oder Latte. Michael Ballack resümierte anschließend: »Es gab bei einigen Wirbel bei uns, die Mannschaft war nach dem 1:2 gegen Lyon verunsichert. Aber das Trainingslager hat geholfen. Wir haben die passende Antwort gegeben.«

»Es haben sich wie immer Leute zu Wort gemeldet, die ihr Fähnchen sowieso nur in den Wind halten.«

Michael Ballack über seine Kritiker

Am Tag nach dem Spiel musste der 27-Jährige allerdings den nächsten Seitenhieb einstecken. Im »Blickpunkt Sport« des Bayerischen Fernsehens hatte Uli Hoeneß etwas an seinem Profis auszusetzen: »Vom Talent, von all seinen Fähigkeit her, ist er Weltklasse. Aber kein Weltklassespieler kann einer sein, wenn er nicht fit ist. Und das war er bisher nicht. Er muss noch besser werden, weil er einfach besser spielen kann.« Am folgenden Tag, 24 Stunden vor dem Freundschafts-Länderspiel gegen Frankreich in Gelsenkirchen, legte Karl-Heinz Rummenigge nach und verglich Michael Ballack mit seinem französischen Pendant in der Spielmacherrolle, dem mehrfachen Welt-Fußballer Zinedine Zidane – Michael Ballack sei kein Zinedine Zidane, lautete seine wenig überraschende Erkenntnis: »Dazu fehlen ihm der Gewinn der Champions League, der Europameisterschaft und der WM.« Es hatte schon fast den Eindruck, der Profi solle von den Verantwortlichen möglichst klein gehalten und systematisch demontiert werden.

Niederlage gegen Zidane

Das Duell des besten deutschen und französischen Spielers der Gegenwart elektrisierte natürlich Fans und Medien. Auch Franz Beckenbauer beschäftigte sich in seiner BILD-Kolumne mit beiden – etwas differenzierter als Rummenigge: »An seine Eleganz kommt Ballack nicht heran. Zidane ist mehr ein Tänzer als ein Fußballer. In der Ballbeherrschung liegt Zidane vorn, kopfballstark sind beide. Aber: In der Kategorie Torgefährlichkeit liegt Michael Ballack vorn. Auch beim Thema Führungsqualität sehe ich Vorteile bei Ballack. Das wichtigste Plus für ihn: Er ist vier Jahre jünger Zidane, der mit 31 langsam seinen Zenit überschreitet.«

Auch ein Beckenbauer kann mal irren: Zidane lieferte vor 60 000 Zuschauern in Gelsenkirchen eine Gala auf den Rasen der »Arena Auf Schalke« und führte den Europameister zu einem ungefährdeten 3:0-Sieg. Michael Ballack baute nach einer guten ersten Hälfte zunehmend ab und verlor das Duell mit dem Franzosen deutlich. »Ballack ist von Superstar Zidane weiter entfernt, als wir uns bisher eingeredet haben«, resümierte BILD.

»Er ist von den aktiven Spielern das größte deutsche Idol, bei ihm stimmt eigentlich alles. Er tritt positiv auf, erzielt entscheidende Tore – deshalb ist er im Moment der überragende Spieler.«

Ex-Nationalmannschaftskapitän Lothar Matthäus über seinen Nachfolger

Die Hoffnungen auf eine Wende zum Besseren nach dem Sieg gegen Dortmund verpufften in München schnell. Beim 1:0-Arbeitssieg im Münchner Derby gegen einen erschreckend schwachen TSV 1860 wurden Michael Ballack und seine Mitspieler von den eigenen Fans mit einem Pfeifkonzert in die Kabine verabschiedet. Und statt ihrem angeschlagenen Spielmacher den Rücken zu stärken, schossen die Bayern-Verantwortlichen weiter öffentlich gegen ihn. Im »Sport Studio« des ZDF haderte Uli Hoeneß: »Im Moment ist er nicht fit, und deswegen spielt er nicht gut.«

Schwächste Bundesliga-Saison

Mit sieben Toren und 13 Vorlagen konnte der Sachse nicht an seine Statistiken der Vorjahre anknüpfen. Seine eigene Saisonleistung bezeichnete er als »durchwachsen, mit guten und weniger guten Spielen.« Die »kicker«-Gesamtnote von 3,4 war seine schwächste, seit er sieben Jahre zuvor die Bundesliga-Bühne betrat; damit landete er nicht einmal unter den Top Ten der Bundesliga-Mittelfeldspieler. Fünf seiner 28 Einsätze wurden mit mangelhaft bewertet, zudem wurde er zweimal des Feldes verwiesen. Den K.o. in der Champions League gegen Real Madrid bezeichnete er als »keine Schande.« Und die folgende Kritik an seiner Person konnte er nicht nachvollziehen: »Ich habe, wie andere auch, im Hinspiel ein sehr gutes Spiel gemacht und im Rückspiel eben nicht. Aber man kann doch nicht so vermessen sein, zu glauben, dass man Real zweimal beherrschen kann. Es wurde ein Sündenbock gesucht, und der war ich. Ich musste unheimlich viel Polemisches und Unsachliches schlucken.«

Dass die Münchner weder in Meisterschaft noch Pokal ihren Titel verteidigen konnten, lag für Michael Ballack auch am Ausfall von Mehmet Scholl und Sebastian Deisler: »Es ist über die komplette Spielzeit die Kreativabteilung im offensiven Mittelfeld ausgefallen. Dieser Sachverhalt wurde bisher bei der Beurteilung des Saisonergebnisses nicht ausreichend berücksichtigt.« Scholl fehlte dauerverletzt, Deisler musste sich wegen Depressionen sogar in psychotherapeutische Behandlung begeben. Michael Ballack weiter: »Ferner haben wir viel zu viele individuelle Fehler gemacht. Aber jetzt alles schlecht zu reden, wäre auch nicht richtig. Immerhin sind wir Zweiter geworden und haben uns direkt für die Champions League qualifiziert. Insgesamt jammern wir in München auf hohem Niveau.«

Michael Ballack bietet Abschied an

Es war schon ein kleines Wunder, dass sich Michael Ballack nach der stetigen Kritik, die in den zurückliegenden Wochen und Monaten von seinen Vorgesetzten auf ihn hereinprasselte, so lange beherrschen konnte. Nach Hoeneß' erneuter Spitze war aber auch er mit seiner Geduld am Ende. Im »kicker« schlug Michael Ballack zurück und bot den Verantwortlichen indirekt seinen Abschied an: »Uli Hoeneß liegt in der Wortwahl daneben. Wenn sie nicht mit mir zufrieden sind – ich bin der Letzte, der sich in den Weg stellt.«

Sofort standen die ersten potenziellen Abnehmer auf der Matte. Die italienische Sporttageszeitung »Corriere dello Sport« meldete Interesse aus Mailand: »Inter bietet 30 Millionen. Es wird bereits verhandelt.« Und Berater Michael Becker bestätigte eine Anfrage aus London: »Ein Spielervermittler aus England hat mich angerufen und erklärt, Chelsea hätte großes Interesse.« Den stets aufmerksamen Reportern der BILD-Zeitung blieb das Verlangen der Konkurrenz natürlich nicht verborgen. Tags darauf titelte das Blatt: »Nur noch Stunk bei Bayern: Sagt Ballack Bayern bald bye-bye?«

Auch das ist eine der Eigenarten des Münchner Klubs: Uli Hoeneß reagierte keinesfalls erschrocken über die Drohung seines Profis, sondern nahm diese mit Genugtuung auf. »Männer müssen sich die Meinung sagen können. Beim FC Bayern ist es immer gut, wenn es knistert«, sagte er. »Ich bin überzeugt, dass sich Michael Ballack gegen Celtic den Arsch aufreißen wird.« An eine Freigabe seines Profis dachte er natürlich nicht. Den Flug nach Glasgow nutzten beide zu einer Aussprache. Michael Ballack: »Es hat mich geärgert, was Hoeneß gesagt hat. Denn ich stelle mich immer in den Dienst der Mannschaft. Das habe ich auch schon früher getan und mit kleinen Verletzungen gespielt, um zu helfen.«

Lagen in der Saison 2003/04 nur selten auf einer Wellenlänge: Bayern-Manager Uli Hoeneß kritisierte seinen Profi mehrfach.

Das Rückspiel bei den Schotten besaß für die Münchner schon Endspiel-Charakter: eine Niederlage und ein gleichzeitiger Punktgewinn von Lyon in Anderlecht – und der FC Bayern wäre ausgeschieden gewesen. Selten war die Freude nach einem 0:0 und dem Sturz auf den letzten Platz der Vorrundengruppe so groß wie diesmal. Grund: Das Tabellenfeld lag dicht beieinander und die Münchner hatten das Weiterkommen selbst in der Hand – ein Heimsieg im abschließenden Spiel gegen Anderlecht würde reichen. Das Spiel im Celtic Park selbst ist kaum einen längeren Rückblick wert: Die Münchner hatten nur drei nennenswerte Torchancen, zwei davon durch den starken Michael Ballack – doch konnte Celtic-Torhüter Hedman seinen Distanzschuss in der 25. Minute über die Latte boxen; in der 74. Minute verzog er aus zehn Metern. Die Schotten tauchten sogar kein einziges Mal gefährlich vor Oliver Kahns Tor auf.

Krise auf dem Höhepunkt

Die Freude über den Punktgewinn in Glasgow währte aber nicht lange: Nach dem 2:2 gegen Bundesliga-Schlusslicht 1. FC Köln erreichte die Krise einen neuen Höhepunkt. »Es war blamabel, wenn man an unsere Ansprüche denkt. Ich bin maßlos enttäuscht«, schimpfte Ottmar Hitzfeld nach Schlusspfiff über die Leistung seiner Mannschaft. Uli Hoeneß bekam in der Kabine sogar einen Tobsuchtsanfall und stauchte das Team zusammen. Seine Worte wurden wie folgt überliefert: »Ihr kapiert überhaupt nichts! Ich lasse mir doch nicht alles von Euch kaputt machen. Die anderen verlieren an der Spitze Punkte, und wir sind zu blöd, das auszunützen. Wisst Ihr, wer Euer Gegner war: der Tabellenletzte.«

Michael Ballack bereitete zwar das 2:1 durch Claudio Pizarro vor, schleppte sich aber ansonsten merklich müde über den Rasen (»kicker«-Note 3,5). Bei einem erneuten Schlag auf den Fuß zog er sich auch noch einen Bluterguss in der Ferse zu. Danach gab auch er auf und bat Trainer Hitzfeld für das folgende Pokalspiel gegen den HSV um eine schöpferische Pause: »Ich kann kaum noch richtig laufen. Es hat keinen Sinn mehr.« Die Quittung der Fans für das schwache Spiel gegen Köln: Gegen den HSV verloren sich nur 8000 Zuschauer auf den Rängen des riesigen Olympiastadions – der zweitschlechteste Besuch in der Vereinsgeschichte. Mit dem souveränen 3:0-Sieg gegen einen erschreckend schwachen Gegner wurden wenigstens sie einigermaßen versöhnt – sofern sie die Tore überhaupt sehen konnten: Im Stadion herrschte dichter Nebel.

Unwirtliches Ambiente: Nur 8000 Zuschauer verloren sich zum Pokal-Achtelfinale gegen den HSV im Olympiastadion – der zweitschlechteste Besuch der Vereinsgeschichte.

»Ist man nicht Erster, gibt es permanent Kritik, selbst wenn man gute Spiele abliefert. Das geht schon das ganze Jahr so.«

Michael Ballack über die Münchner Medienwelt

Auch im Schlagerspiel drei Tage später beim Tabellen-Zweiten Werder Bremen war Michael Ballacks Mitwirken wegen der Fersenverletzung gefährdet. Nach dem Warmlaufen entschied er sich jedoch für die Teilnahme. Der 27-Jährige, sichtlich nicht im Vollbesitz seiner Kräfte, stellte sich in einer neuen Rolle in den Dienst der Mannschaft: Trainer Ottmar Hitzfeld probierte statt des bewährten 4:4:2-Systems eine 4:3:3-Variante mit den drei Angreifern Santa Cruz, Pizarro und Makaay. Michael Ballack spielte im Mittelfeld eine Art »Feuerwehrmann« vor der Abwehr und heimste dafür das Lob seiner Mannschaftskameraden und der Medien ein. »Er war unheimlich wertvoll«, sagte Kapitän Oliver Kahn. »Michael wirkte als Stabilisator. Man hat gesehen, wie wichtig er auch für die Defensive ist.« BILD schrieb nach dem 1:1: »Vom Ballermann zum Abräumer. Ballack opfert sich für den Erfolg.«

Mit Hängen und Würgen

Vor dem entscheidenden Champions-League-Match gegen Anderlecht konnte er erneut nicht mit der Mannschaft trainieren, stand bei Anpfiff aber wieder auf dem Platz. Die Münchner legten sich zu Beginn mächtig ins Zeug, der Anfangselan verflachte jedoch von Minute zu Minute. Am Ende war es Keeper Oliver Kahn, der mit einer Reihe von Glanzparaden den 1:0-Sieg rettete. Zwar erleichtert, aber ebenso ernüchtert resümierte Manager Uli Hoeneß nach Schlusspfiff: »Wir sind nicht der FC Bayern, den wir gerne sehen. Ich muss meine Worte vor Saisonbeginn, dass Europa Angst vor uns haben muss, zurücknehmen.« Franz Beckenbauer sagte in der VIP-Loge: »Ich habe gedacht, ich erlebe ein Fußballspiel, aber das hat anders geheißen. Mit Fußball hatte das nichts zu tun.«

»Sogar wenn der FC Bayern gewinnt – Ballack ist doch immer der Depp.«

Berater Michael Becker über die nicht enden wollende Kritik an seinem Schützling

Gegen Tabellenführer VfB Stuttgart spielten die Münchner zwar erneut schwach, bezwangen aber die noch schwächeren Schwaben mit 1:0 – Roy Makaay erzielte das »goldene Tor« 15 Minuten vor Abpfiff – und verkürzten den Rückstand zur Tabellenspitze auf vier Zähler. Dadurch erhielten die Kritiker erst einmal keine neue Nahrung. Michael Ballack kassierte bereits zum dritten Mal in der laufenden Saison die »kicker«-Note 5 und handelte sich nach seiner fünften Gelben Karte auch noch eine Sperre für die letzte Partie vor der Winterpause beim SC Freiburg ein. Ohne ihr Mittelfeld-Ass ließ die Mannschaft beim 6:0-Erfolg im Breisgau – der höchste Auswärtssieg seit 1979 – Erinnerungen an das »weiße Ballett« der Vorsaison aufkommen und kletterte mit nur noch vier Zählern Rückstand zum neuen Spitzenreiter Werder Bremen sogar auf den zweiten Tabellenplatz. Das stimmte ausnahmsweise auch mal Manager Uli Hoeneß zufrieden: »Na ja, das mit dem weißen Ballett lassen wir mal lieber. Aber Tatsache ist: Das war nach den Nerven aufreibenden letzten Wochen wieder Fußball zum Verlieben.«

Mit nur vier Treffern und sieben Vorlagen sowie einem Noten-Durchschnitt von 3,39 spielte Michael Ballack, gehandicapt durch Verletzungen, Blessuren und zu wenig Training, seine schwächste Bundesliga-Hinrunde seit seiner Debütsaison 1997/98. »Ich hatte sicherlich Leistungsschwankungen«, gab er zu. »In der Vorrunde waren einige gute Spiele dabei, aber auch einige nicht so gute.« Er sagte aber auch: »Meine Leistungen sollte man nicht überbewerten. Es kommt heutzutage regelmäßig vor, dass ein Spieler mal angeschlagen in ein Spiel geht. Allerdings muss dann auch gelten: Wenn sich ein Spieler in den Dienst der Mannschaft stellt und spielt, darf es anschließend keine Vorwürfe geben. Und entscheidend ist ohnehin, dass wir mit dem FC Bayern noch in allen drei Wettbewerben vertreten sind.«

Erneute Kritik von Netzer

Allerdings geriet er nach seinen wechselhaften Leistungen erneut ins Visier von Dauer-Nörgler Günter Netzer. Der Ex-Nationalspieler wiederholte in der »Frankfurter Allgemeinen Sonntagszeitung« seine persönliche Abneigung gegen die Spielweise des Münchners: »Er hat die Führungsmentalität nicht verinnerlicht. Er sollte sich bemerkbar machen, wenn es am schwierigsten ist für die Mannschaft.« Und weiter: »Dass er ein Dirigent ist, spreche ich ihm ab. Er besitzt nicht die Mentalität dafür, er hat dafür nicht den Charakter. Ballack fehlen in seinem Fußball-Charakter gewisse Dinge.« Käme es hart auf hart, so Netzer, sei der Nationalspieler nicht zu sehen. »In diesen Situationen nimmt er zu wenig Einfluss auf das Spiel. Diese Qualität hat er nicht, daher kann man ihm gewisse Aufgaben nicht übertragen.«

Der Kritisierte wollte in seinem Winterurlaub in Tirol keine Stellungnahme zu den Vorwürfen abgeben: »Diese Diskussion ist mir zu blöd!« Obwohl die Mannschaft mit Tabellenplatz zwei in der Bundesliga, dem Erreichen des Achtelfinales in der Champions League und gar des Viertelfinales im DFB-Pokal sportlich voll im Soll lag, wurde die auch die Kritik an Trainer Ottmar Hitzfeld immer lauter: Vor allem die mangelnde Einsatz- und Laufbereitschaft vieler Spieler wurde ihm vorgehalten. »Wir können unseren Fans bei Heimspielen nicht mehr zumuten, was wir ihnen seit Sommer bieten«, sagte Uli Hoeneß in einem Interview mit der »Süddeutschen Zeitung« und kündigte für die Rückrunde Konsequenzen an: »Wir müssen mit dem Trainer über Grundsätzliches reden. Wir müssen fragen, ob man nicht auf einen Spieler verzichtet, der nicht fit ist. Oder ob das Rotieren das Richtige ist.« Ein Trainerwechsel in der Sommerpause – in München kursierte immer nachhaltiger der Name von Stuttgarts Erfolgstrainer Felix Magath – sei jedoch kein Thema, wie Hoeneß versicherte: »Das ist doch alles Blödsinn.«

»Ich war es leid, immer, wenn es sportlich nicht so lief, als Sündenbock herhalten zu müssen.«

Michael Ballack über seine Wechselpläne

Mit frischem Elan nahmen Michael Ballack und seine Mitspieler Anfang Januar die Vorbereitungen auf die zweite Halbserie in Angriff. »Ich fühle mich gut erholt«, sagte er beim Trainingsstart auf dem verschneiten Vereinsgelände an der Säbener Straße. »Der Urlaub hat mir richtig gut getan, endlich konnte ich mal abschalten. Auch meine Waden bereiten mir keine Probleme mehr.« Der Rückstand auf Tabellenführer Bremen bereitete ihm kein Kopfzerbrechen: »Unsere Ausgangsposition ist trotz einer mäßigen Vorrunde ausgezeichnet. Wir haben starke Nerven bewiesen, als es gegen Anderlecht oder Stuttgart drauf ankam. Wir besitzen enormes Steigerungspotenzial. Und das weiß auch die Konkurrenz. Die hat wieder Angst und Respekt vor uns.«

Kein Fleisch mehr für Michael Ballack?

Obwohl Michael Ballack überzeugt war, dass ihm die ständig auf ihn hereinprasselnde Kritik der Vereinsverantwortlichen nichts anhaben könne (»damit kann ich umgehen. Das ist eben beim FC Bayern so. Da muss man als Spieler robust sein oder es werden«), mahnte Ex-Meistertrainer Udo Lattek in seiner Kolumne in der WELT am SONNTAG Hoeneß und Rummenigge zu mehr Geduld mit ihrem Mittelfeldmann: »Ich warne davor, permanent auf ihn einzuprügeln, wenn es mal nicht läuft. Man ist nicht gut beraten, immer nur in ihm den Schuldigen zu suchen, wenn sportlicher Erfolg ausbleibt. Dadurch wird er gehemmt, und das kann nicht im Interesse des FC Bayern sein.« Lattek forderte: »Er braucht Streicheleinheiten, um sein gesamtes Leistungspotenzial abzurufen.« Karl-Heinz Rummenigge gelobte daraufhin, den Rat seines ehemaligen Trainers anzunehmen. Geradezu trotzig kündigte der Vorstandsvorsitzende an: »Wir werden in der Rückrunde den besten Ballack aller Zeiten sehen.« Lattek hatte seine Zweifel: »Ich bin mal gespannt, wie lange er sich an diesen Vorsatz hält.«

Steht auch bei den arabischen Fans hoch im Kurs: Michael Ballack schreibt beim Trainingslager in Dubai fleißig Autogramme.

Kurz vor Abflug ins Trainingslager nach Dubai kamen Gerüchte über eine falsche Ernährung des Mittelfeld-Stars auf. Die BILD-Zeitung berichtete von einem Gesundheitscheck, bei dem herausgekommen wäre, dass er an einem angeborenen, gentechnischen Defekt leide und sein Körper zu viel Harnsäure produziere, womit sich auch die sich häufenden Verletzungen in der ersten Halbserie erklären ließen. Um nicht gar an Gicht zu erkranken, müsse der 27-Jährige künftig eine strenge Diät halten und dabei auf den Verzehr von Fleisch verzichten.

Bei den Verantwortlichen des amerikanischen Bulettenbraters McDonald's, bei dem Michael Ballack erst wenige Wochen zuvor einen gut dotierten Werbevertrag unterschrieben hatte, herrschte helle Aufregung. Der Spieler selbst zeigte sich erstaunt über die Ferndiagnose, die sich im Nachhinein als klassische »Zeitungsente« entpuppte: »Was da bei mir manchmal zusammenphantasiert wird, das ist sehr viel. Ich habe davon auch nur aus der Zeitung erfahren. Aber ich habe weder einen Diätplan noch sonst etwas, ich war in letzter Zeit auch bei keinem Arzt«, sagte er, und konnte sich ein Lächeln nicht verkneifen. »Es gibt keinen Befund, ich kann trinken und essen, was ich will.«

»Ballack braucht ein homogenes Umfeld, um Leistung zu bringen. Das hat er bei der Nationalelf, aber nicht bei Bayern.«

Lothar Matthäus über die unterschiedlichen Leistungen des Mittelfeld-Stars

Pokal-K.o. auf dem Tivoli

153: Michael Ballacks Kopfballtreffer zum 1:1 war zu wenig: Im DFB-Pokal-Viertelfinale blieben die Münchner bei Zweitligist Aachen auf der Strecke.

Bei den Vorbereitungen auf die Rückrunde im »Jumeira Beach Club« in Dubai, von Uli Hoeneß als »das härteste Trainingslager aller Zeiten angekündigt, ließ Ottmar Hitzfeld ein neues 4-3-1-2-System einstudieren, in dem Michael Ballack eine offensivere Rolle als bisher, nämlich direkt hinter den beiden Spitzen, einnehmen sollte. »Michael hat jetzt alle Freiheiten nach vorn, um seine Torgefährlichkeit auszuspielen«, sagte der Trainer. Die Premiere der neuen Taktik ging daneben: Nur 2:2 gegen Zweitligist Cottbus. Auch die weiteren Tests – 1:2 bei Aufstiegsaspirant Mainz, 5:3 bei Regionalligist Wuppertaler SV und 1:1 beim FC Southampton – verliefen nicht unbedingt viel versprechend. Michael Ballack erzielte zwei der neun Treffer.

Zum Rückrunden-Start stand die Partie im Frankfurter Waldstadion, wo die Bayern gegen die Eintracht ihre Aufholjagd starten wollten, im Mittelpunkt des öffentlichen Interesses. »Jetzt liegt es nur noch an Mannschaft und Trainer; es gibt keine Ausreden mehr«, heizte Manager Uli Hoeneß die Atmosphäre an. Der Start hätte besser nicht ausfallen können: Bereits in der ersten Spielminute erzielte Roy Makaay nach Vorarbeit von Michael Ballack das 1:0. Danach kehrte bei den Münchnern allerdings der alte Schlendrian ein – Skela erzielte kurz vor der Pause den Ausgleich für den Tabellenvorletzten. Am Spielstand änderte sich bis zum Ende nichts mehr und wieder prasselte die Kritik auf die Mannschaft herab.

»Welch' spielerische Armut«, analysierte der »kicker«. Und BILD bezeichnete die Münchner gar als »FC Arrogant: Zu fein, ihre weißen Trikots schmutzig zu machen.« Michael Ballack wirkte auf dem Weg in die Kabine konsterniert: »Das war unsere eigene Dummheit, wie wir die Punkte vergeigt haben. Wir hatten doch nach dem 1:0 alles im Griff. Aber wir wurden immer nachlässiger und hatten am Ende nichts mehr zuzusetzen.« Trainer Ottmar Hitzfeld verwarf nach nur fünf Spielen seine taktischen Veränderungen wieder und kehrte wieder zum gewohnten 4:4:2-System zurück.

Es sollte aber noch schlimmer kommen. Im Viertelfinale des DFB-Pokals mussten die Münchner zu Favoritenschreck Alemannia Aachen reisen, der zuvor mit dem TSV 1860 schon einen Bundesligisten aus dem Wettbewerb geworfen hatte. Und auch der große Ortsrivale wurde am gefürchteten Tivoli überrollt: Michael Ballack konnte in der Nachspielzeit der ersten Halbzeit zwar per Kopfball zum 1:1 ausgleichen, der Holländer Erik Meijer machte aber in der 81. Minute, ebenfalls per Kopfball, den Favoritensturz perfekt. »Bei uns läuft es einfach nicht. Wir haben die erste Halbzeit total verschlafen, viel zu statisch gespielt«, schimpfte Michael Ballack und kündigte an: »Wir müssen jetzt beißen und kämpfen, denn mit Schönspielerei haben wir ein Problem.«

Werbetermine gestrichen

Angesichts des Fehlstarts geriet Trainer Ottmar Hitzfeld immer mehr in die Bredouille. Insider machten beim »General« nach sechsjähriger Zusammenarbeit zunehmend Abnützungs- und Müdigkeitserscheinungen aus und BILD brachte sogar schon einen Trainerwechsel ins Gespräch: »Ottmar Ratlos – muss Bayern jetzt die Notbremse ziehen?« Als Konsequenz aus dem Fehlstart, und um in der Öffentlichkeit ein Zeichen zu setzen, strich Hitzfeld sämtliche Werbetermine seiner Profis: »Ich befürchte, dass einige Spieler zu viel andere Dinge im Kopf haben«, begründete er die radikale Maßnahme. »Jetzt geht es darum, sich nur noch auf das Sportliche zu konzentrieren. Es ist fünf vor zwölf.« Michael Ballack konnte seinen Trainer verstehen: »Wenn man in Frankfurt und Aachen zweimal nicht die bessere Mannschaft ist, muss man sich Gedanken machen und nahezu überall ansetzen.«

Aber auch der Profi selbst wurde wieder zur Zielscheibe: »An ihm läuft das Spiel vorbei«, kritisierte ZDF-Experte Franz Beckenbauer. »Und wenn er am Ball ist, macht er zu viele Abspielfehler.« Selbst der Ex-Münchner Stefan Effenberg, nach seinem vorzeitigen Abgang in Wolfsburg mittlerweile im fußballerischen Rentnerparadies bei Al Arabi im Katar gelandet, meldete sich zu Wort: »Es ist ein Problem der klaren Selbstüberschätzung«, lästerte er über seinen ehemaligen Arbeitgeber. Auch sein Ex-Trainer und Nachfolger auf der Spielmacherposition bekamen ihr Fett weg: »Wäre ich in der Verantwortung gewesen, hätte ich schon nach 20 Minuten zwei Leute ausgewechselt. Da kann ich Ottmar Hitzfeld nicht verstehen.« Über Michael Ballack und die weiteren Neuverpflichtungen sagte er: »Sie haben für Deisler, Ballack, Demichels und so weiter Millionen bezahlt – und wollten sie als Führungsspieler installieren. Diese Hoffnungen haben sie nicht erfüllt.«

»Ballack-Gala endet mit Backpfeife.«

Die »tz« über den Platzverweis gegen Hannover

Im folgenden Bundesliga-Heimspiel gegen Hannover 96 wurde Ottmar Hitzfeld von den Fans im Olympiastadion lautstark gefeiert: »Du bist der beste Mann«. Michael Ballack (»kicker«-Note 2) leitete in der zehnten Minute mit einem Kopfball den 3:1-Sieg ein. In der 76. Minute flog er allerdings mit Gelb-Rot vom Platz. Zunächst hatte er sich mit Schiedsrichter Fröhlich in eine Diskussion verzettelt und wurde verwarnt. Anschließend ließ er sich von Gegenspieler Julian de Guzman provozieren und versetzte dem Kanadier eine Ohrfeige. »Das darf ihm nicht passieren«, haderte Trainer Ottmar Hitzfeld mit seinem Spielmacher, der für das folgende Auswärtsspiel in Bochum gesperrt war.

Abschied aus dem Meisterkampf

Mit der 0:1-Niederlage im Ruhrstadion verabschiedeten sich die Münchner aus dem Kampf um die Meisterschaft. Spitzenreiter Bremen baute seinen Vorsprung mit einem 1:0-Sieg gegen den 1. FC Kaiserslautern auf neun Zähler aus, hatte zudem die deutlich bessere Tordifferenz. Zwar waren noch 14 Spieltage zu absolvieren und nicht weniger als 42 Zähler zu vergeben – so unterschiedlich wie sich Werder und Bayern allerdings präsentierten, glaubte niemand mehr an eine Wende. Bayern-Präsident Franz Beckenbauer gratulierte den Hanseaten in seiner BILD-Kolumne bereits zur Meisterschaft: »Glückwunsch Werder! Für uns geht's nur noch um Platz zwei.« Und auch Michael Ballack schrieb den Titel ab: »Vielleicht ist es auch mal gut, wenn man ein Jahr nicht Meister wird, damit man wieder heiß ist, wieder angreift. Wir müssen jetzt schauen, dass wir auf dem zweiten Platz bleiben und unsere Spiele gewinnen.« Die komplette Konzentration von Verein und Mannschaft galt fortan dem Champions-League-Achtelfinale gegen Real Madrid.

Wegen einer Bronchitis-Infektion musste der 27-Jährige für das erste Länderspiel des neuen Jahres in Split gegen Kroatien (2:1-Sieg) passen; vorzeitig reiste er aus dem Trainingslager in Frankfurt wieder nach Hause. Auch für das Heimspiel gegen den HSV (1:0) fiel er aus. Ohne ihren Mittelfeldmotor lief bei den Münchnern überhaupt nichts zusammen, den Siegtreffer erzielte Demichelis drei Minuten vor Schluss. Und selbst Michael Ballacks Einsatz für den bevorstehenden Schlager gegen Real Madrid entwickelte sich zu einem Wettlauf gegen die Zeit.

Nach dem K.o. im DFB-Pokal und den nahezu auf den Nullpunkt gesunkenen Chancen in der Bundesliga war die europäische Königsklasse die einzige Möglichkeit für die Münchner, die verkorkste Saison noch zu retten. Ob man sich an der Säbener Straße über das Achtelfinal-Los freuen oder ärgern sollte, wusste so recht niemand. Einerseits hatte man gegen die mit Weltstars wie Zinedine Zidane, Figo, Ronaldo und neuerdings auch David Beckham gespickte Mannschaft Gelegenheit, Werbung in eigener Sache zu betreiben – 300 000 Eintrittskarten hätte der Klub trotz winterlicher Temperaturen für die Partie verkaufen können. Andererseits drohte gegen die Spanier, die sich in ihrer Vorrundengruppe ungeschlagen gegen den FC Porto, Olympique Marseille und Partizan Belgrad durchgesetzt hatten, das vorzeitige Aus. Michael Ballacks Worte nach der Auslosung klangen wie eine Art Zweckoptimismus: »Jede Wette: Real hat sich fürchterlich geärgert. Die wollten jede Mannschaft, nur nicht

Klarer Punktsieg: Michael Ballack überläuft David Beckham im Champions-League-Duell gegen Real Madrid.

uns.« Karl-Heinz Rummenigge konstatierte, die Chancen auf ein Weiterkommen lägen allenfalls »bei zehn Prozent«.

Stark gegen Real

Nach halbwegs überstandener Bronchitis wollte Trainer Hitzfeld seinen Spielmacher langsam an die Mannschaft heranführen und ließ ihn zunächst mit den Reservisten trainieren: »Er muss sich wieder herantasten.« Er zog auch in Betracht, Michael Ballack eventuell die Jokerrolle zukommen zu lassen: »Das werde ich zusammen mit ihm entscheiden. Die Frage ist, ob es besser ist, ihn von Anfang an spielen zu lassen oder zum Ende der Partie.« Michael Ballack war sich selbst unschlüssig, was für ihn das Beste sei: »Ich bin nach überstandener Krankheit noch ziemlich geschwächt. So was bleibt ja nicht in den Kleidern hängen. Es wird ganz kurzfristig entscheiden, ob es geht.«

Natürlich stand der Sachse im Spiel des Jahres von Anfang an auf dem Platz. Zwar konnte er weniger Akzente in der Offensive setzen, dafür erwies er sich als enorm zweikampfstark und holte nacheinander Beckham, Figo und Zidane von den Beinen, um diese einzuschüchtern. Die Münchner spielten überzeugend, waren überlegen und gingen in der 75. Minute durch einen Kopfball von Makaay auch verdient in Front. Die Real-Asse hatten nicht nur gegen den Gegner anzukämpfen, sondern auch gegen die für sie ungewohnten Temperaturen weit unter dem Gefrierpunkt. Sieben Minuten vor Schluss kamen sie jedoch zum Ausgleich – unter gütiger Mithilfe von Bayern-Keeper Oliver Kahn, der einen 35-Meter-Schuss von Roberto Carlos über die Linie rutschen ließ. »Kahn wieder vom Brasilien-Syndrom erwischt«, schrieb die »Frankfurter Rundschau« in Anspielung an das WM-Finale 2002, als der Münchner bei einem Distanzschuss von Carlos' Landsmann Rivaldo ebenso eine schlechte Figur hinterließ.

»Die Niederlage bei Real Madrid ist mehr denn je eine Niederlage für Michael Ballack.«

»Frankfurter Rundschau« nach dem K.o. in der Champions League

»Wir hätten den Sieg absolut verdient gehabt«, haderte Ottmar Hitzfeld. Dem unglücklichen Schlussmann wollte aber niemand einen Vorwurf machen. Michael

Ballack: »Olli ist die ärmste Sau, da müssen wir gar nicht drüber reden. Aber wir gewinnen als Mannschaft und wir verlieren als Mannschaft.«

Kollektives Versagen in Madrid

Vor dem Rückspiel fühlten sich die Münchner in der Außenseiterrolle ausgesprochen wohl. Mit Bundesliga-Siegen gegen Wolfsburg (2:0) und in Leverkusen (3:1) hatte sich die Mannschaft neuen Mut geholt. Michael Ballack traf in der BayArena mit einem Rechtsschuss zum 2:0 und sah in seinem Ex-Verein sogar eine Art Sparringspartner: »Das war ein wichtiger Sieg bei einem Gegner, der eine ähnliche Spielanlage wie Real hat.« Ungewöhnlich: Trainer Hitzfeld ließ sogar die Spielerfrauen mit in die spanische Hauptstadt fliegen, wenngleich diese in einem anderen Hotel wohnen mussten. »Wir sind Außenseiter, der ein kleines Wunder braucht«, sagte Michael Ballack vor der Partie im Stadion Santiago Bernabeu, obwohl die Gastgeber mit den beiden Brasilianern Ronaldo (Muskelfaserriss) und Roberto Carlos (gesperrt) auf zwei Leistungsträger verzichten mussten. Und weiter: »Alle müssen in Topform sein. Aber wir haben im Hinspiel bewiesen, dass wir stark genug sind, um Real schlagen zu können. Die haben Respekt vor uns.«

Zweikampf mit harten Bandagen: Michael Ballack versucht, Real-Superstar Zinedine Zidane vom Ball zu trennen.

Mit Anpfiff waren die guten Vorsätze jedoch wie weggeblasen: Die Mannschaft wirkte von der ersten Minute an indisponiert und konnte die Leistung aus dem Hinspiel nicht wiederholen. Michael Ballack fand 90 Minuten lang keine Bindung zum Spiel. »Das war nicht mein Tag«, gestand er ein. Das Tor zum 1:0-Sieg erzielte ausgerechnet sein Pendant auf Madrider Seite, Zinedine Zidane, mit einem akrobatischen Seitfallzieher aus fünf Metern (32. Minute), was natürlich die Kritik an dem Münchner verschärfte: »Als Totalausfall entpuppte sich Michael Ballack«, schrieb die »Deutsche Presse-Agentur«. BILD titelte in fetten Lettern: »Große Spiele, kleiner Ballack.« Und Franz Beckenbauer ätzte: »Ballack konnte dem Spiel keinen Stempel aufdrücken. Er war nicht der Führungsspieler, den der FC Bayern brauchte. Den Vergleich mit Zidane kann er nicht halten. Ihm wurden die Grenzen aufgezeigt.«

Flucht aus dem Stadion

Selbst Ex-Bayer Lothar Matthäus, inzwischen als ungarischer Nationaltrainer tätig, legte aus der Ferne den Finger in die Wunde: »Er sucht die Fehler nie bei sich selbst, sucht immer nach Ausreden – wie früher Jürgen Klinsmann.« Hintergrund: Michael Ballack hatte seine schwache Vorstellung mit den Worten »vielleicht habe ich mich zu sehr in der Defensive aufgerieben« begründet. Ottmar Hitzfeld nahm seinen Spieler zwar als einziger Münchner Verantwortlicher in Schutz (»ich glaube nicht, dass es an ihm lag, dass wir uns nicht für das Viertelfinale qualifiziert haben«), dennoch zitierte er ihn am folgenden Tag in München in sein Trainerbüro: »Er weiß selbst, dass er schlecht gespielt hat. Ich erwarte eine Reaktion von ihm.«

Die blieb allerdings aus. Beim 3:3 im heimischen Olympiastadion gegen Rostock war von dem Sachsen außer einem 18-Meter-Schuss, den Hansa-Keeper Schober abprallen ließ, und den Makaay zum 2:0 verwertete, nichts zu sehen (»kicker«-Note 5). Nach dem folgenden 1:1 bei Hertha BSC Berlin, bei dem für seine Verhältnisse magere 51 Ballkontakte und nur 42 Prozent gewonnene Zweikämpfe vorweisen konnte (»kicker«-Note 4), gestand Michael Ballack ein, dass ihn die ständigen Beanstandungen seiner Leistungen zermürben: »Ich bin ein Spieler, der Kritik einstecken kann. Aber zuletzt war das ein bisschen viel – und das geht nicht spurlos an einem vorbei.«

»Sollte ich mal ins Ausland wechseln, dann am liebsten nach Spanien. Der Fußball dort kommt mir entgegen, das sieht eher nach Fußball aus als etwa in Italien, weil die Spanier mehr Spektakel lieben.«

Michael Ballack während seiner Zeit in Leverkusen

An Aufgabe dachte der Profi aber noch lange nicht. In einem Interview mit der »Süddeutschen Zeitung« antwortete er auf die Frage, ob es nicht sinnvoller sei, den Verein zu verlassen: »Nein. Ich habe hier einen Vierjahres-Vertrag und will mit Bayern noch viel erreichen. Wenn ich irgendwann weggehen sollte, dann deshalb, weil mich das Ausland reizen würde.« Um Kampfkraft und innere Stärke zu symbolisieren, lief er im folgenden Länderspiel in Köln gegen Belgien geradezu trotzig als einziger Spieler mit kurzen Ärmeln auf – und sorgte per Kopfball für den 3:0-Endstand.

Aber auch nach diesem Spiel gab es wieder Knatsch. Auf dem Weg in die Kabine bekam der Münchner auf den TV-Monitoren den Tadel von ARD-Kommentator Reinhold Beckmann zu Ohren: »Kaum erspielte Torraumszenen, keine Kreativität, die Laufbereitschaft sehr begrenzt ... das Thema Ballack bleibt uns erhalten, trotz seines tollen Kopfballtores.« Michael Ballack verstand die Welt nicht mehr (»da gewinnen wir und werden trotzdem verrissen«) und flüchtete, ohne ein weiteres Statement abzugeben, aus dem Stadion. Franz Beckenbauer sah das Spiel etwas anders als

Nummer sechs oder Nummer zehn?

Eine geradezu groteske Diskussion beschäftigte den FC Bayern im Frühjahr 2004: Während in der Vorrunde die ewige Frage nach Michael Ballacks Fitness Fans, Medien, Experten und Verantwortliche in Atem hielt, war es nun seine Rolle auf dem Platz. Einen, für einen Verein wie den FC Bayern, an Peinlichkeit nicht zu überbietenden Irrtum räumte Manager Uli Hoeneß nach Ansicht von Videobändern ein, die ihm Bayern-Chefscout Wolfgang Dremmler zusammengestellt hatte: Die Münchner hatten Michael Ballack unter völlig falschen Vorzeichen verpflichtet. »Wir haben alle einen großen Fehler gemacht«, so Hoeneß.
Der Manager wörtlich: »Wir haben uns von Wolfgang Dremmler die besten Ballack-Spiele aus glorreichen Leverkusener Zeiten zusammenschneiden lassen. Da fiel es uns wie Schuppen aus den Augen: Unser größter Trugschluss war, anzunehmen, er sei ein offensiver Mittelfeldspieler. Ballack ist eine typische Nummer sechs! Nur so kann er seine entscheidenden Stärken richtig ausspielen.« Mit der Nummer sechs verbindet man im Fußball aus einer Zeit, als die Spieler streng nach Positionen geordnet von eins (Torhüter) bis elf (Linksaußen) durchnummeriert waren, den klassischen defensiven Mittelfeldmann. Als hätte Michael Ballack in Leverkusen unter Ausschluss der Öffentlichkeit gekickt, räumte Hoeneß seinen Fehler ein: »Ja, den Schuh zieh' ich mir an.«
Michael Ballacks Idealposition ist seit jeher nicht die direkt hinter den Spitzen, die er anfangs der Rückrunde spielte. Es ist auch nicht die defensive Mittelfeldrolle, die er zum größten Teil in der Hinserie einnehmen musste. Es ist genau die dazwischen. »Er ist beides: ein offensiver und ein defensiver Mittelfeldspieler«, sagte Trainer Ottmar Hitzfeld. Der Chemnitzer ist jemand, der das Spiel vor sich haben muss. Dann kann er seine Stärken ausspielen, aus der zweiten Reihe schießen, in den Strafraum eindringen und den genialen Pass spielen. Michael Ballack klärte auf: »Bei Bayer hatte ich eine Zwischenposition, im Mittelfeld einen vor mir und einen hinter mir. Bayern hat das nicht, wir spielen ein 4-4-2-System, in Leverkusen war das mehr so ein 3-5-2, das ist etwas ganz anderes.«

Beckmann und hatte für den Spieler Lob parat: »Gibt es zwei Michael Ballacks? Einen bei Bayern und einen bei der Nationalmannschaft? So stark wie in der zweiten Halbzeit habe ich ihn lange nicht in der Bundesliga erlebt«, schrieb der »Kaiser« in seiner BILD-Kolumne.

Platzverweis im Westfalenstadion

Nachdem in der Bundesliga-Tabelle der Rückstand zu Spitzenreiter Werder Bremen – nach dem 25. Spieltag betrug er elf Punkte – weiter anwuchs, verschärfte sich nicht nur die Kritik an Michael Ballack, sondern auch an Trainer Ottmar Hitzfeld. Auf der offiziellen Internet-Homepage des Vereins verkündete Karl-Heinz Rummenigge: »Nüchtern betrachtet, haben wir keinen guten Fußball gespielt. Ich glaube, mit diesem Kader kann man besser spielen, als es in diesem Jahr der Fall war. Wir haben nicht regelmäßig die Leistung abgerufen, die möglich gewesen wäre.«

An seiner alten Wirkungsstätte in Kaiserslautern lief Michael Ballack, wie immer, zu großer Form auf und bot beim 2:0-Erfolg der Münchner seine beste Leistung in der Rückrunde (»kicker«-Note 2). Per Kopf bereitete er in der zehnten Minute Roy Makaays Führungstreffer vor. Wie sehr er motiviert war, bekam in der Halbzeitpause FCK-Torhüter Tim Wiese zu spüren – beide Spieler lieferten sich zunächst ein Wortgefecht, anschließend ein Handgemenge. Kaiserslauterns Torwarts-Trainer Gerry Ehrmann trennte die Streithähne, ehe es zu einer schlimmeren Auseinandersetzung kam.

Schiri Merk kennt keine Gnade und stellt Michael Ballack im Dortmunder Westfalenstadion vom Feld.

Auch ein Kurztrip nach Katar – auf Einladung von Scheich Tamim Al Thani gewannen die Münchner ein Freundschaftsspiel gegen eine Auswahl der Q-League mit 6:5 nach Elfmeterschießen und nahmen 600 000 Euro Gage mit nach Hause – konnte Michael Ballacks Gemüt nicht abkühlen. Beim Gastspiel im Dortmunder Westfalenstadion (0:2) wurde er zum zweiten Mal in der laufenden Saison des Feldes verwiesen. In der 68. Minute grätschte er den Dortmunder Salvatore Gambino, der zuvor mit einer »Schwalbe« im Strafraum den Elfmeter zum 1:0 herausgeholt hatte, brutal um. »Übermotiviert«, bezeichnete Ottmar Hitzfeld die Situation. Schiedsrichter Markus Merk zögerte keine Sekunde und stellte den Übeltäter mit Gelb-Rot vom Platz. »Zu fünfzig Prozent dachte ich, ich komme noch an den Ball«, beschrieb der 27-Jährige den, für ihn, verhängnisvollen Zweikampf. »Aber zu fünfzig Prozent war es auch Frust.« Beim folgenden 1:0-Derbysieg gegen den TSV 1860 – Franz Beckenbauer bezeichnete das Spiel als »schlechter als Ober- gegen Untergiesing« – war er gesperrt.

Endspiel gegen Werder

Nach der abermals enttäuschenden Vorstellung entschloss sich die Vereinsführung zu einem einschneidenden Schritt: Der Vertrag von Trainer Ottmar Hitzfeld sollte über den 30. Juni 2005 nicht verlängert werden. Dann würde auch der Vertrag des für die Nachfolge auserkorenen Felix Magath in Stuttgart auslaufen. Bis dahin solle Hitzfeld sein Arbeitsverhältnis jedoch erfüllen. »Wir planen die nächste Saison mit Ottmar Hitzfeld«, stellte Rummenigge klar.

Wegen einer erneuten Wadenverletzung (»Ich hab' im Bayern-Training im Zweikampf mit Roque Santa Cruz einen Schlag abbekommen«) musste Michael Ballack kurzfristig für das Länderspiel in Rumänien passen. Auf der Auswechselbank erlebte er im Giulesti-Valentin-Stanescu-Stadion von Bukarest eine der schwärzesten Stunden des deutschen Fußballs mit. Bereits zur Pause lag die Mannschaft von Rudi Völler mit 0:4 hinten – einen derartigen Rückstand gab es in der deutschen Fußballgeschichte nur einmal: Im November 1913 bei der 2:6-Niederlage in Belgien. In der zweiten Hälfte ließen es die Gastgeber ruhiger angehen und bewahrten die deutsche Mannschaft vor einer noch größeren Blamage (1:5).

Beim 2:1-Erfolg in Köln biss Michael Ballack trotz einer Sehnenreizung im rechten Knie und einer schweren Prellung am rechten Schienbein auf die Zähne und spielte die Partie zu Ende. Seinen Einsatz im Schlagerspiel des 32. Spieltages gegen Spitzenreiter Werder Bremen wollte er sich nicht nehmen lassen. »Verdammt schmerzhaft«, sagte er. »Der Fuß wird behandelt. Zum Glück gibt es entzündungshemmende Mittel.« Der Vorsprung der Hanseaten war nach einer kurzen Schwächephase auf sechs Punkte zusammengeschmolzen. Ein Sieg, und die Münchner hätten bei zwei noch ausstehenden Spieltagen auf drei Zähler aufgeschlossen; gleichzeitig hatte Werder die Chance, mit einem Erfolg die Meisterschaft vorzeitig perfekt zu machen. »Die letzten Spiele sind noch mal sehr schwer für Werder«, machte Michael Ballack sich und seinen Mitspielern noch einmal Mut. »Da wird man sehen, was sie machen.«

»Es war eine große Erfahrung für mich, nur Zweiter geworden zu sein. Da habe ich das erste Mal gespürt, wie gewisse Dinge ablaufen, wenn man in München nicht Erster wird und Schuldige gesucht werden. Die Art und Weise der Kritik, die es teilweise an meiner Person auch von Vereinsseite gab, hat mich enttäuscht.«

Michael Ballack

Trennung beschlossene Sache

Wie in der Champions League in Madrid versagten die Münchner auch im entscheidenden Bundesliga-Spiel kollektiv. Mit einem 3:1 – bereits nach 35 Minuten führten sie 3:0 – räumte Werder ausgerechnet im Stadion des Erzrivalen den letzten the-

Champions League
Vorrunden-Gruppe A:

		Spiele	Tore	Punkte
1.	Olympique Lyon	6	7:7	10
2.	FC Bayern München	6	6:5	9
3.	Celtic Glasgow	6	8:7	7
4.	RSC Anderlecht	6	4:6	7

Achtelfinale: FC Bayern München – Real Madrid 1:1, 0:1

oretischen Zweifel am vierten Meistertitel der Vereinsgeschichte aus. Bei den Münchnern hing nach der abermals desolaten Leistung der Haussegen schief. Franz Beckenbauer verkündete auf »Premiere« das bevorstehende Aus für Trainer Hitzfeld: »Ottmar war ein Glücksfall für uns. Aber es kommt irgendwann einmal der Punkt, an dem man vielleicht nicht mehr in der Lage ist, die Mannschaft zu motivieren. Darum sollten wir uns nach der Saison zusammensetzen und zu einer Entscheidung kommen.«

So lange brauchten Beckenbauer und Hitzfeld gar nicht zu warten. Zwei Tage nach der Heimpleite kamen Karl-Heinz Rummenigge und Uli Hoeneß mit dem achtköpfigen Aufsichtsrat des Vereins, dem neben Beckenbauer auch adidas-Boss Herbert Hainer und FOCUS-Boss Helmut Markwort angehören, zu einer Krisensitzung im Arabella Sheraton Hotel zusammen. Dort wurde neben der Ablösung des Trainers auch der Verkauf von Michael Ballack zum Saisonende beschlossen.

»Er hat die Fähigkeit, seinen Mann im Camp Nou zu stehen, zumal er ja bereits bei einem der Großen, wie den Bayern, gespielt hat. Mit ihm könnte Barca viel offensiver spielen.«

Der Augsburger Bernd Schuster, der zwischen 1980 und 1988 für den FC Barcelona spielte

Die anhaltende Kritik der Vereinsführung an ihrem eigenen Angestellten hatte mittlerweile derartige Ausmaße angenommen, dass eine weitere Zusammenarbeit als nicht mehr möglich angesehen wurde. Vor allem das Verhältnis zu »Dauernörgler« Karl-Heinz Rummenigge schien nicht mehr zu kitten. Michael Ballack erinnerte an dessen Versprechen aus der Winterpause: »Er hat gesagt, wir müssen ihn mal in Ruhe lassen und dürfen nicht jede Woche an ihm herumnörgeln. Daraufhin habe ich gesagt: Das ist aber ein guter Vorsatz vom FC Bayern, mal gucken, wie lange der vorhält. Vier Wochen später war es das alte Lied.« Mit Ottmar Hitzfeld wurde zudem seine Vertrauensperson demontiert: »Er ist einer der wenigen im Verein, der mit volle Rückendeckung gibt.«

Interna werden bekannt

»Sport Bild« berichtete in seiner folgenden Ausgabe über die Inhalte des zweieinhalbstündigen Meetings derart genau, als ob das Blatt selbst mit am Tisch gesessen hätte: »Die Aufsichtsräte erfuhren von der Unruhe in den Fanclubs, die das lethargische Gekicke Ballacks nicht mehr länger hinnehmen wollen und das Beckenbauer spöttisch so kommentierte: ›Wie ein Trabpferd – immer nur ein Tempo.‹ Die allgemeine Ballack-Müdigkeit kam schleichend, aber sie hat alle befallen. In der Mannschaft hat er keinen Rückhalt.« Vor allem die beiden Franzosen Bixente Lizarazu und Willy Sagnols sähen das Gerüst gefährdet, weil Michael Ballack weder defensiv noch offensiv spielen wolle, sondern eine Sonderrolle beanspruche und zudem kein Winner-Typ sei wie Stefan Effenberg.

»Sport Bild« weiter: »Sportlich ging es seit Ballacks Verpflichtung nur noch bergab. Im ersten Jahr kam das Aus in der Champions League in der Vorrunde, im zweiten Jahr im Achtelfinale. International ist Bayern zweitklassig. Als es im Frühjahr auf ihn ankam, spielte Ballack unterirdisch schlecht. Genauso im Saisonfinale gegen Bremen. ›Der rennt nur, wenn er den DFB-Adler auf der Brust hat‹, schimpfte Beckenbauer. Und Ballack war es, der Hitzfeld in den Abgrund riss.« Als Ablöse für Michael Ballack stellten sich die Aufsichtsräte eine Summe zwischen 20 und 40 Millionen Euro vor.

FC Bayern München – Saison 2003/04 (1. Bundesliga)

Tor
Oliver Kahn
Michael Rensing
Abwehr
Robert Kovac
Samuel Kuffour
Christian Lell
Thomas Linke
Bixente Lizarazu
Willy Sagnol
Mittelfeld
Michael Ballack
Sebastian Deisler
Martin Demichelis
Markus Feulner
Thorsten Fink
Owen Hargreaves
Jens Jeremies
Tobias Rau
Hasan Salihamidzic
Mehmet Scholl
Bastian Schweinsteiger
Piotr Trochowski
Zé Roberto
Angriff
Giovane Elber
Roy Makaay
Zvjezdan Misimovic
Claudio Pizarro
Roque Santa Cruz
Alexander Zickler
Trainer
Ottmar Hitzfeld

Abschlusstabelle Bundesliga

		Spiele	Tore	Punkte
1.	Werder Bremen	34	79:38	74
2.	FC Bayern München	34	70:39	68
3.	Bayer 04 Leverkusen	34	73:39	65
4.	VfB Stuttgart	34	52:24	64
5.	VfL Bochum	34	57:39	56
6.	Borussia Dortmund	34	59:48	55
7.	Schalke 04	34	49:42	50
8.	Hamburger SV	34	47:60	49
9.	Hansa Rostock	34	55:54	44
10.	VfL Wolfsburg	34	56:61	42
11.	Borussia Mönchengladbach	34	40:49	39
12.	Hertha BSC Berlin	34	42:59	39
13.	SC Freiburg	34	42:67	38
14.	Hannover 96	34	49:63	37
15.	1. FC Kaiserslautern	34	39:62	36
16.	Eintracht Frankfurt	34	36:53	32
17.	TSV 1860 München	34	32:55	32
18.	1. FC Köln	34	32:57	23

Zudem berichtete das Blatt vom Ärger der Vereinsführung mit Michael Ballacks Berater Michael Becker und Vermarkter Peter Olsson, wonach diese mit dem Abschluss von Privatverträgen mit den Vereinssponsoren Coca-Cola, adidas, Sony und Telekom ausgeschert seien und den Spieler durch Werbeauftritte verheizen würden: Eindeutig zu viele Werbespots, zu viel Ablenkung, soll der Aufsichtsrat kritisiert haben. Dass gerade »Sport Bild« derartige Interna enthüllte, war für Michael Ballack kein Zufall mehr. Von der Illustrierten fühlte er sich nicht zum ersten Mal unfair angegangen: »Ja, das ist auffällig. Die Zeitschrift ›Sport Bild‹ ist schon die ganze Saison durch unsachliche Berichterstattung auffällig geworden. Bereits seit Monaten wird dort eine Hetzkampagne gegen mich gefahren. Aber ich kenne den Hintergrund nicht«, beklagte er sich öffentlich.

Vertrauen nachhaltig erschüttert

Das Vertrauen zwischen Michael Ballack und seinen Beratern auf der einen und der Bayern-Vereinsführung auf der anderen Seite war nach Veröffentlichung der Gesprächsinhalte derart nachhaltig erschüttert, dass auch der Spieler den Verein am liebsten sofort verlassen wollte. »Es kann nicht sein, dass du aus einer bestimmten Ecke über Wochen und Monate in unsachlicher Art und Weise und in beleidigender Form angegriffen wirst, ohne dass von Vereinsseite eine Reaktion kommt. Ich hätte erwartet und hätte auch erwarten dürfen, dass die Vereinsführung solcher Polemik massiv entgegentreten würde«, erklärte Michael Ballack. Und weiter: »Das war hier leider nicht der Fall. Im Gegenteil: Es fällt auf, dass ich kurz vor wichtigen und richtungweisenden Spielen wie beispielsweise gegen Celtic Glasgow oder Real Madrid auch von Vorstandsseite öffentlich kritisiert wurde. Ich brauche aber wie jeder andere Spieler auch ein Umfeld, das hundertprozentig zu mir steht. Nur dann kann ich auch Top-Leistungen bringen.«

Unmittelbar vor dem folgenden Auswärtsspiel in Stuttgart erzielten Rummenigge und Hoeneß bei einem Treffern mit der VfB-Vereinsführung Einigung über einen Wechsel von Trainer Felix Magath nach München bereits zur kommenden Saison. Hoeneß teilte Trainer Hitzfeld das Ende der Zusammenarbeit bei einem gemeinsamen Abendessen in seinem Haus in Brunntal mit. Das Fachblatt »kicker« kritisierte die Art und Weise des Abschiedes: »Eine Frage des Stils ... der ›General‹ hätte einen würdigeren Abschied verdient.«

Die Partie im Daimler-Stadion ging mit 1:3 verloren. »Ich kann es nicht erklären«, zeigte sich Michael Ballack nach der abermals enttäuschenden Vorstellung ratlos. »Wir wissen, worum es geht und versagen. Es ist einfach nichts da. Heute hat die Einstellung gefehlt. Es kann nicht sein, dass wir uns so präsentieren. Wir hätten auch für den Trainer spielen müssen.« Wenigstens zum Saisonfinale im heimischen Olympiastadion riss sich die Mannschaft zusammen und sicherte sich mit einem 2:0 als Tabellen-Zweiter wenigstens die direkte Champions-League-Qualifikation. Michael Ballack gab in seinem vermeintlich letzten Spiel im Bayern-Dress noch einmal eine Kostprobe seines Könnens und war an beiden Treffern beteiligt: Den ersten durch Sebastian Deisler bereitete er vor, beim zweiten durch Bixente Lizarazu holte er den Elfmeter heraus.

Abschied vom General: Trainer Ottmar Hitzfeld muss den FC Bayern nach sechs Jahren verlassen.

In Schubecks Küche

Einen Tag nach der Krisensitzung von Vereinsführung und Aufsichtsrat wurde Michael Ballack von Uli Hoeneß über deren Ergebnis unterrichtet. Der Manager: »Wir hatten ein sehr ernsthaftes Gespräch. Es war in der Küche von Alfons Schubeck, bevor wir unsere Abschlussfeier hatten. Da waren wir uns einig, dass wir uns trennen.« Michael Ballack erinnert sich: »Wir haben lebhaft gestritten, die Zeichen standen auf Trennung.« Niemand wollte dem wechselwilligen Profi mehr einen Stein in den Weg legen.

»Ballack brennt darauf, sich das rot-blaue Trikot überzustreifen. Sein größter Traum ist es, im Camp Nou zu spielen.«

Die spanische Sport-Tageszeitung »Sport«

Mit dem FC Barcelona meldete auch schon ein Klub ernsthaftes Interesse an einer Verpflichtung. »Wir beschäftigen uns intensiv mit dem Thema Ballack. Er ist ein sehr interessanter Spieler für uns«, sagte Barcelonas Sportdirektor Pxiki Beguiristain in einem Interview mit »Radio Marca«. Fünf Tage nach dem letzten Bundesliga-Spiel meldete auch BILD: »Es wird immer heißer – Ballack zu Barcelona!« Das Boulevardblatt berief sich auf die Internet-Homepage des katalonischen Klubs, wo Beguiristain das Interesse an Michael Ballack konkretisierte: »Wir wissen, dass er Bayern München verlassen will. Wenn das passiert, werden wir sicherstellen, dass wir mit seinem Klub verhandeln.« Ähnlich äußerte sich Vizepräsident Sandro Rosell in der Sport-Tageszeitung »Sport«: »Wir wissen um die Differenzen zwischen dem Spieler und seinem Verein. Wenn beide Seiten so weit auseinander sind, möchten wir über eine Verpflichtung sprechen und somit beiden Seiten helfen.«

Michael Ballack galt schon lange als Wunschkandidat des holländischen Trainers Frank Rijkaard. Die landesweite Sport-Tageszeitung »El Mundo Deportivo« berichtete, Barcelona wolle dem Mittelfeldstar noch in der laufenden Woche ein Angebot unterbreiten. Als Ablöse standen zehn Millionen Euro im Raum.

Heißer Flirt mit Barca

»Ja, das ist eines meiner Ziele. Und der FC Barcelona mein Lieblingsklub.« – Michael Ballack im »kicker« vom 8. Mai 2000 auf die Frage, ob er sich vorstellen könne, eines Tages ins Ausland zu wechseln. Nun schien dieser Wunsch Wirklichkeit zu werden. Berater Michael Becker bestätigte eine »konkrete Nachfrage« der Katalonier: »Ich habe die Laufzeit des Vertrags bis 2006 bestätigt und an den FC Bayern München als den geeigneten Ansprechpartner verwiesen.«

Michael Ballack, inzwischen ins EM-Trainingslager der Nationalmannschaft in Winden im Schwarzwald eingerückt, nahm die, für ihn, freudige Botschaft relativ unterkühlt entgegen, wusste er doch, dass noch schwierige Verhandlungen über die Ablösesumme bevorstehen: »Das Interesse der Spanier ehrt mich. Aber ich habe einen Vertrag bei Bayern bis 2006. Den habe ich bewusst ohne Ausstiegsklausel unterschrieben.« DFB-Teamchef Rudi Völler glaubte jedenfalls nicht, dass sein Schützling durch die Spekulationen in den Vorbereitungen auf die bevorstehende EM in Portugal gestört werde – im Gegenteil: »Ich kann mir Schlimmeres vorstellen als eine Anfrage aus Barcelona. Das Interesse spricht für Michael und wird ihm auch einen Schub geben.«

»Der Spieler möchte hierhin wechseln und genau das ist das Wichtigste.«

Barcelonas Vizepräsident und Verhandlungsführer Sandro Rosell

Im Freundschafts-Kick im Freiburger Dreisamstadion gegen Malta (7:0) betrieb der 27-Jährige als vierfacher Torschütze beste Eigenwerbung: So viele Treffer hatte er in seiner Profikarriere noch nie erzielt – und im Nationaldress war dies nach dem Zweiten Weltkrieg ohnehin erst einem Spieler gelungen: Gerd Müller 32 Jahre zuvor. Gegen die von vorne bis hinten überforderten Teilzeitprofis von der Mittelmeerinsel eröffnete der (Noch-) Münchner mit einem Doppelschlag in der 15. und 17. Minute den Torreigen, den er mit den Treffern Nummer fünf (59.) und sechs (86.) fortsetzte; anschließend fuhr er jede Menge Lob ein: »Das war Michael Ballack, wie ihn sich Deutschland wünscht. Die Bayern werden ihm nicht verboten haben, auch so gut für sie zu spielen«, sagte ARD-Experte Günter Netzer. Der ebenfalls wechselwillige Torhüter Oliver Kahn bemerkte mit Seitenhieb auf die Bayern-Bosse: »Ballack darf niemand aufgeben. Ein solcher Spieler braucht Vertrauen, Sicherheit. Und nicht beim ersten Fehler die Drohung, verkauft zu werden.« Der Held des Tages blieb gewohnt bescheiden: »Es freut mich, dass ich zum ersten Mal vier Tore geschossen habe. Die sind wichtig fürs Selbstvertrauen – aber die schweren Aufgaben kommen erst noch.« Über seine Vertragssituation indes wollte er sich nicht äußern, solange der Transfer nicht abgeschlossen war.

Spanier drängen auf Verpflichtung

Alles deutete jedenfalls darauf hin, dass das Arbeitsverhältnis zwischen dem besten deutschen Spieler der Gegenwart und dem größten Klub des Landes schon in Kürze, zwei Jahre vor Ablauf des Vertrages, beendet sein würde. Die Bayern hielten schon nach einem Nachfolger Ausschau und nahmen den für Portugal spielenden Brasilianer Deco von Champions-League-Sieger FC Porto ins Visier.

»Barca hat das Ja des Spielers«

Die spanische Zeitung »El Mundo«

Noch vor Beginn der EM wollte Barcelona die Verpflichtung perfekt machen und intensivierte die Bemühungen. Präsident Joan Laporta und Vize Sandro Rosell flogen nach Deutschland, wo sie sich am Rande des EM-Vorbereitungsspiels gegen Ungarn in Kaiserslautern mit den Bayern-Verantwortlichen Uli Hoeneß und Karl-Heinz Rummenigge trafen. »Sport« berichtete, die Katalonier seien sich mit dem Mittelfeldspieler grundsätzlich einig und hätten ihr Ablöseangebot von zehn auf 15 Millionen Euro erhöht. Wenn nichts mehr dazwischen komme, könne Michael Ballack bereits nächste Woche ein Blau-Roter sein, es fehle lediglich die letzte Verhandlung. Um dem Deutschen den Einstand zu erleichtern, zog der 16-fache spanische Meister zudem die Verpflichtung von Nationalspieler Bernd Schneider in Betracht, mit dem dieser einst in Leverkusen bestens harmoniert hatte.

Die Münchner Vereinsführung spielte allerdings auf Zeit – aus drei Gründen: 15 Millionen Ablöse waren ihnen zu wenig. »Dafür müssen wir über andere Summen sprechen«, sagte Vereinspräsident Franz Beckenbauer. Sollte Michael Ballack bei der EM herausstechen, würde sein Marktwert deutlich steigen. Zudem wollten sie auf Nummer sicher gehen und die Verhandlungen mit Deco zuerst zum Abschluss bringen, bevor sie Michael Ballack abgeben. Laut der portugiesischen Zeitung »Maisfutebol« hätten die Münchner dem FC Porto 20 Millionen Euro Ablöse für den 26-Jährigen offeriert. Außerdem hatten Rummenigge, Hoeneß & Co. schlechte Erinnerungen an das letzte Geschäft mit Barcelona, auch wenn dort mittlerweile eine komplett neue Führungsriege das Sagen hatte: 2001, beim Wechsel des Schweden Patrik Andersson, brauchte der Klub über zwei Jahre, um die fünf Millionen Euro abzustottern.

Nach der 0:2-Blamage in der EM-Generalprobe gegen Ungarn gab DFB-Teamchef Rudi Völler seinen Schützlingen bis zum Abflug nach Portugal zwei Tage trainingsfrei. Michael Ballack verbrachte sie zu Hause in Berg am Starnberger See, wo er Barcelonas Verhandlungsführer Sandro Rosell empfing. Dabei kam man überein, dass der Wechsel des deutschen Fußballers der Jahre 2002 und 2003 schnellstmöglich über die Bühne gehen solle. Michael Ballack bat daraufhin die Münchner Vereinsführung, die momentan noch im Weg stehenden Probleme auszuräumen.

Von den Bayern als Ersatz für Michael Ballack ausgeguckt: Der für Portugal spielende Brasilianer Deco.

Ungewiss zur EM nach Portugal

Rosell sagte nach der Rückkehr den spanischen Reportern, die ihn bereits am Flughafen erwarteten: »Jetzt müssen wir abwarten. Ballack ist für die Münchner das, was Ronaldino für uns ist. Und wir wissen genau, dass es nicht leicht ist, sich von so einem Spieler zu trennen. Es wird ihnen schwer fallen, eine Entscheidung zu fällen, aber wir sind wie immer optimistisch.« Eine weitere Erhöhung der Ablösesumme komme für den Ex-Nike-Manager jedenfalls nicht in Betracht: »Wir müssen das ganze ruhig angehen lassen und dürfen nichts überstürzen. Geduld ist unsere Stärke, Ungeduld zahlt sich hingegen negativ aus und kostet in der Welt des Fußballs viel Geld. Wir bleiben standhaft und warten auf eine Reaktion der Bayern. Das kann in 24 Stunden der Fall sein, am 31. 8. oder auch gar nicht.«

Die Antwort der Bayern kam schneller als erwartet: Sie wiesen das vorgelegte Angebot als zu gering zurück und sagten auch das vorgesehene Treffen mit der Barca-Führung im Münchner Hotel »Vier Jahreszeiten« ab. »Wir haben das Heft des Handelns in der Hand«, erklärte Uli Hoeneß. Den Bayern-Bossen hatten offensichtlich die sinkenden Erfolgsaussichten auf eine Verpflichtung von Wunschkandidat Deco zugesetzt, denn auch der vom russischen Öl-Milliardär Abramovich finanzierte FC Chelsea war in den Poker um den Portugiesen eingestiegen. Und gegen die neureichen Londoner anzukommen, gilt als schwierig bis unmöglich. Chelsea bot für Deco 27 Millionen Euro und überbot die Bayern-Offerte damit um sieben Millionen. Peter Kenyon, sportlicher Direktor des Londoner Vereins, war bereits nach Porto gereist, um die Verhandlungen zu einem Abschluss zu bringen.

Ohne Gewissheit über seinen künftigen Wohnort und Arbeitgeber rückte Michael Ballack ins EM-Quartier der Nationalmannschaft, dem »Ria Park Garden Hotel« in Almancil ein. »Ich will das Thema die nächsten Wochen ausblenden und mich ganz auf die EM konzentrieren«, sagte der Mittelfeldspieler. Teamchef Rudi Völler hatte für die Dauer der EM Vertragsverhandlungen kategorisch ausgeschlossen und das

Mannschaftshotel zur absoluten Tabu-Zone für Manager und Agenten erklärt: »Ich dulde keine Störfeuer und werde keine Ausnahmen machen.«

Berater Becker drängt auf Klarheit

Berater Michael Becker drängte indes auf eine rasche Klärung der für seinen Klienten unbefriedigenden Lage. In der »Süddeutschen Zeitung« sagte der Jurist, der mit Rosell die Modalitäten für eine mögliche Zusammenarbeit längst ausgehandelt hatte: »Ich erwarte von der Bayern-Führung, dass sie sich diese Woche mal eindeutig äußern. Es gibt ja weder ein klares ›Go‹, noch ein Bekenntnis, dass Michael bleiben soll.« Auch der neu verpflichtete Bayern-Trainer Felix Magath forderte eine schnelle Lösung. Der Ex-Nationalspieler sprach sich deutlich für einen Verbleib Michael Ballacks an der Isar aus: »Er soll bleiben. Er ist einer der besten Spieler, die wir haben.«

Mit dem Dortmunder Nationalspieler Torsten Frings hatten die Münchner zwischenzeitlich einen Spieler unter Vertrag genommen, der Michael Ballack im defensiven Mittelfeld würde beerben können – der Sachse hatte im Trainingslager selbst die Weichen für seine Nachfolge gestellt: »Michael hat mir ans Herz gelegt bei den Bayern zu unterschreiben, da es ein erstklassiger Verein ist«, berichtete Frings. Als Ablöse zahlten die Münchner 9,8 Millionen Euro.

»Man sollte ihn halten und ihm die Flausen austreiben.«

Franz Beckenbauer

Um dem wochenlangen Hickhack und der eigenen Unentschlossenheit endlich ein Ende zu bereiten, verpflichteten sich die Münchner, noch während der ersten EM-Tage offiziell Stellung zum Thema Michael Ballack zu beziehen: Entweder sie legen eine feste Ablösesumme für den von Barca gewünschten Mittelfeldspieler fest, oder sie erklären ihn für unverkäuflich. »Wir sprechen nur noch über das Thema, wenn es diesbezüglich einen festen Entschluss gibt; entweder in die eine, oder eben in die andere Richtung«, stellte Karl-Heinz Rummenigge klar. Nach dem Vorrundenspiel der deutschen Mannschaft gegen Hol-

Dynamischer Antritt: Michael Ballack jagt dem erschrocken dreinblickenden Holländer Edgar Davids den Ball ab.

land war eine Zusammenkunft mit Becker und Rosell in einer Loge des Estadio do Dragao von Porto geplant.

Bayern verließ der Mut

Nach Informationen der spanischen Zeitung »Sport« wäre Barca bereit gewesen, sein Angebot bis auf 20 Millionen Euro zu erhöhen. Doch nach Michael Ballacks glänzender Vorstellung im EM-Auftaktspiel (siehe »Man of the Match«) war Bayern nicht mehr bereit, seinen Mittelfeldmann unter den gegebenen Umständen abzugeben. »Wie wertvoll Michael Ballack ist, haben wir doch gegen Holland gesehen. Jetzt ist er hundertprozentig fit, konditionell voll da. Auf seiner Position gibt es in Deutschland keinen besseren«, analysierte Präsident und ZDF-Experte Franz Beckenbauer und erklärte den Nationalspieler quasi für unverkäuflich: »Natürlich gibt es eine finanzielle Meßlatte, bei der wir bereit wären zu verhandeln. Ich spreche hier von 100 Millionen Euro.« Eine unrealistische Summe.

»Die Verhandlungen um Ballack sind an einem toten Punkt angelangt.«

Die spanische Sport-Tageszeitung »Marca«

Wenige Tage nach dem Turnier, in dem Michael Ballack als bester deutscher Spieler brillierte, unternahmen die Spanier noch einmal einen letzten Vorstoß. FCB-Präsident Joan Laporta erklärte die Verhandlungen zur Chefsache, nachdem sein Stellvertreter Sandro Rosell nicht entscheidend weitergekommen war. Berater Michael Becker schürte in einem Interview mit dem katalonischen Radiosender »RAC1« noch einmal die Hoffnungen: »Michael hofft weiter und denkt nur daran, für Barca zu spielen. Allerdings müssen sich beide Vereine vorher zusammensetzen.« Die Münchner blockten jedoch kategorisch ab. »Barcelona kann sich seine Anrufe sparen«, machte Karl-Heinz Rummenigge klar. Uli Hoeneß verriet später: »Wir hatten wir nicht den Mut, einen Tausch vorzunehmen. Michael Ballack spielte eine ordentliche EM. Und Deco, den wir als Ersatz im Auge hatten, spielte keine gute EM.«

Michael Becker erklärte daraufhin alle Gespräche mit Barcelona für eingestellt. Die Katalonier nahmen als Ersatz erst für sieben Millionen Euro Ablöse den Franzosen Ludovic Giuly, Spielmacher des Champions-League-Finalisten AS Monaco, unter Vertrag. Später auch noch Bayerns einstigen Wunschkandidaten Deco, dessen Wechsel zum FC Chelsea sich zerschlagen hatte, für 21,0 Millionen. Bei einer Ablöse von 25 Millionen Euro wäre die Bayern-Führung vermutlich noch einmal schwach geworden und Barcelona hätten den Deutschen unter Vertrag nehmen können – aber der Traditionsklub wollte nur das bezahlen, was der Markt festlegte, und Michael Ballacks Wert war nach seiner durchwachsenen Saison in München gesunken.

Auf dem Weg zum Leitwolf

Nach seinem Urlaub an der Algarve und später an seinem Stammdomizil Porto Cervo, wo er sich für zwei Wochen Villa und Yacht gemietet hatte, nahm Michael Ballack Anfang Juli wieder seinen Dienst beim FC Bayern auf – wie alle EM-Teilnehmer zwei Wochen später als der Rest des Teams. Der neue Trainer Felix Magath, eigentlich als Schleifer verrufen und von der Münchner Boulevardpresse auf Grund seiner harten Trainingsmethoden schnell als »Quälix« tituliert, zeigte sich jedoch überraschend gnädig und räumte ihm und Oliver Kahn überraschend vier zusätzliche trainingsfreie Tage ein: »Beide hatten enorme Belastungen in der vergangenen Saison. Ein paar Tage mehr Ruhe machen auch den Kopf wieder frei.«

Trotzdem führte Michael Ballacks Weg noch vor seinem ersten offiziellen Arbeitstag unter Felix Magath an das Vereinsgelände an der Säbener Straße – zwar nicht auf den Trainingsplatz, sondern in die Geschäftsstelle. Dort räumten Manager, Vorstandschef und Spieler in einem offenen Gespräch die zahlreichen Missverständnisse der zurückliegenden Wochen und Monate aus. Hoeneß und Rummenigge versprachen Michael Ballack künftig volle Rückendeckung, dieser versicherte, wieder mit vollem Einsatz und Hingabe für seinen alten und neuen Klub zu Werke zu gehen. »Wir haben alle Differenzen ausgeräumt und vereinbart, in Zukunft offen miteinander umzugehen«, berichtete Uli Hoeneß.

»Die vergangene Spielzeit ist für mich abgehakt. Es wäre schade, wenn da etwas hängen bliebe.«

Michael Ballack nach der Aussprache mit der Bayern-Führung

»Die Bayern haben eingesehen, dass sie nicht alles richtig gemacht haben. Die vergangene Spielzeit ist für mich abgehakt. Es wäre schade, wenn da etwas hängen bliebe«, sagte der Profi und lobte im gleichen Atemzug die Personalpolitik seines Arbeitgebers: »Ich freue mich auf die neue Saison beim FC Bayern, denn wir haben uns mit Lucio, Andreas Görlitz, Torsten Frings und Vahid Hashemian gut verstärkt. In Deutschland gibt es nichts Besseres.« 26 Millionen Euro ließen sich die Münchner die Aufrüstung der Mannschaft kosten. »Mein Ziel sind Titel. Nicht nur die Meisterschaft und der DFB-Pokal. Ich will auch in der Champions League endlich so weit kommen wie mit Leverkusen vor zwei Jahren«, so Michael Ballack, der – mit einem durch seine guten EM-Leistungen gestärkten Selbstbewusstsein – Trainer Felix Magath sogar einen Ratschlag mit auf den Weg gab: »Ich hoffe, dass wir offensiv spielen. Die Typen dazu haben wir.«

Die »Golden Boys«

Gleich an seinem ersten Trainingstag machte der Profi Bekanntschaft mit Felix Magaths Trainingsmethoden, von denen er bislang nur in der Zeitung gelesen oder von seinen Teamkollegen gehört hatte: Schon um 9 Uhr morgens durfte er Medizinbälle über den Platz schleppen. Die Bayern-Verantwortlichen hatten den ehemaligen Nationalspieler nicht zuletzt deshalb verpflichtet, um die physische Verfassung, taktische Disziplin und Laufbereitschaft der Spieler wieder auf Vordermann zu bringen. »Felix fand eine Mannschaft vor, die durch die lange Erfolgs-Ära von Ottmar Hitzfeld etwas gefällig geworden war«, schrieb Franz Beckenbauer in seiner BILD-Kolumne. »Es wird eine völlig neue Zusammenarbeit mit Felix Magath werden, aber sicherlich auch eine sehr interessante«, so Michael Ballack nach dem ersten, zweistündigen Training.

»Bayern & Ballack: Kriegsbeil begraben«

BILD zur Aussprache zwischen Michael Ballack und der Vereinsführung

Unkonventionelle Trainingsmethoden an der Säbener Straße: Der neue Trainer Felix Magath trimmt seine Profis körperlich auf Vordermann.

In der Saisonvorbereitung – unterbrochen von einem mehrtätigen PR-Trip nach Chicago, wo sie Manchester United mit 4:2 nach Elfmeterschießen besiegten – ließen der Nationalspieler und der Rest der Mannschaft eine viel versprechende Frühform erkennen: Im Ligapokal wurde im Halbfinale in Wattenscheid zunächst Bayer 04 Leverkusen mit 3:0 und anschließend im Finale in Mainz Werder Bremen mit 3:2 geschlagen. »Es freut einen natürlich, nach so langer Zeit endlich mal wieder einen Pokal in den Händen zu halten, auch wenn er nicht ganz so wichtig ist wie die anderen«, sagte Michael Ballack, der zwei der insgesamt fünf Münchner Tore beisteuerte. Besonders sehenswert sein Treffer zum 2:0 gegen seinen ehemaligen Klub nach einem Sololauf über den halben Platz. Im neu formierten Mittelfeld fühlte er sich sichtlich wohl: Wie Rudi Völler in der Nationalmannschaft stattete ihn auch Felix Magath im Aufbauspiel mit allen Freiheiten aus.

In Anlehnung an die neuen, goldfarbenen Auswärtstrikots des Teams machte bereits der Begriff »Golden Boys« die Runde. Franz Beckenbauer schnalzte als Fernseh-Experte mit der Zunge: »Es ist erstaunlich, wie gut die Mannschaft schon spielt.« Und BILD titelte nach dem Ligapokal-Sieg: »Ballack ballert richtig los.«

Erfolgreicher Saisonstart: Michael Ballack hält den Ligapokal in Händen, Sebastian Deisler (im Hintergrund) freut sich.

Neuer Mannschaftskapitän?

Vor dem Bundesliga-Auftakt beim HSV liebäugelte Felix Magath damit, Michael Ballack die Rolle des Mannschaftskapitäns zu übertragen. Der Mittelfeldmann gab sich jedoch gewohnt zurückhaltend: »Das ist ein Thema, das der Trainer entscheidet. Ich mache mir da keine Gedanken. Ich muss das eigentlich nicht haben.« Franz Beckenbauer konnte sich eine derartige Lösung allerdings gut vorstellen: »Es würde mich nicht wundern, wenn es so kommt.« Letztendlich entschied sich der Trainer aber für die seit Jahren bewährte Lösung mit Oliver Kahn.

»Ballack: Wieder Bock auf Bayern«

BILD vor dem Bundesliga-Start

Auch ohne die Binde bewies Michael Ballack am ersten Spieltag in der AOL-Arena Führungsqualitäten. Ohne die Angst im Nacken, nach einem schwächeren Spiel von den Verantwortlichen in aller Öffentlichkeit gnadenlos kritisiert zu werden, spielte er unbeschwert auf und steuerte gleich den ersten Münchner Saisontreffer bei. Trotz des ungefährdeten 2:0-Sieges bei den als Mitfavorit gehandelten Hanseaten war Felix Magath mit der Darbietung seiner Mannschaft allerdings alles andere als zufrieden: »Unsere Qualität muss viel höher werden, das Potenzial ist schließlich da.« Es sollten jedoch noch einige Wochen vergehen, ehe die Bayern dies abriefen und mit der von der Vereinsführung geforderten Spielfreude zur Sache gingen.

Nach einem 1:1 im heimischen Olympiastadion gegen Hertha BSC Berlin, einem 6:0 im Pokal beim unterklassigen TSV Völpke – Michael Ballack wurde geschont – setzte es in einem Privatspiel eine 0:2-Niederlage beim Fünftligisten FV Olympia

Laupheim. Die Mannschaft zog aus der Blamage allerdings keine Lehren und präsentierte sich fünf Tage später beim 1:4 in Leverkusen in einer geradezu desolaten Verfassung. Michael Ballack erzielte sechs Minuten vor Schluss per Kopf den Ehrentreffer und machte anschließend das neue, ungewohnte Trainingsprogramm für den Fehlstart (Tabellen-Zehnter) verantwortlich: »Das ist ein Umgewöhnungsprozess, der noch andauert. Uns fehlen Spritzigkeit und der letzte Biss im Zweikampf.«

Felix Magath gestand zwar ein: »Ich gebe zu, dass unsere Auftritte bisher keineswegs berauschend waren.« Kritik an seinem Trainingsprogramm duldete er jedoch nicht. Stattdessen zeigte er wieder einmal Härte, strich die für den nächsten Tag angesetzte, traditionelle Isarfloßfahrt der Spieler samt deren Frauen beziehungsweise Freundinnen und setzte dafür ein Straftraining um neun Uhr morgens an.

Zahlreiche Missverständnisse

Die ersten Wochen waren geprägt von zahlreichen Missverständnissen zwischen Mannschaft und Trainer. Zum Beispiel diesem: Am Tag nach dem 3:1-Länderspielsieg gegen Österreich in Wien machten sich Michael Ballack und die anderen Münchner Nationalspieler bereits um 5.30 Uhr morgens auf den Weg zum Flughafen, weil um 9 Uhr Training an der Säbener Straße angesetzt war. Als sie dort um 8.30 Uhr eintrafen, standen sie allerdings vor verschlossenen Türen. Magath hatte das Training kurzfristig auf den Nachmittag verlegt – den Nationalspielern allerdings nicht Bescheid gegeben. Auch Magaths disziplinarische Maßnahmen wie eine strikte Kleiderordnung waren für die Spieler zunächst »gewöhnungsbedürftig« (Michael Ballack).

»Michael Ballack ist der Mittelpunkt unseres Spiels, das Schaltzentrum. Er bestimmt den Rhythmus und wo es auf dem Platz hingeht. Hinzu kommt seine Torgefährlichkeit. Für mich zählt er mit seinen Fähigkeiten zu den besten Spielern der Welt.«

Bayern-Trainer Felix Magath

Der langjährige Hamburger trat auch mit einigen unbedachten Äußerungen ins Fettnäpfchen. Nach einem »Sport Bild«-Interview, in dem er schonungslos mit den seiner Ansicht nach verwöhnten Profis abrechnete, zeichnete sich sogar ein Machtkampf zwischen Mannschaft und Trainer ab. Magath hatte darin persönliche Eitelkeiten der Profis für deren mangelnde Einsatzbereitschaft verantwortlich gemacht: »Sie stehen lange vor dem Spiegel und schmieren sich Gel in die Haare«, polterte er. »Sie wollen selbst gut dastehen und vernachlässigen dabei die Spielidee: Weite Wege zu gehen, die niemand sieht. Wege, bei denen nicht sie selbst, sondern der Nebenmann besser aussieht.«

Nach der erneut wenig überzeugenden Vorstellung beim 1:0-Arbeitssieg gegen den Tabellen-Vorletzten Arminia Bielefeld – Michael Ballack bereitete mit einem Traumpass sogar den Siegtreffer durch Roy Makaay vor – machte sich an der Säbener Straße zunehmend Unruhe breit. War die Entscheidung wirklich richtig, den beliebten Ottmar Hitzfeld gegen Felix Magath auszutauschen? War der einsilbige Ex-Nationalspieler der richtige Trainer für den oft und auch zu Recht als FC Hollywood titulierten Verein? Franz Beckenbauer sagte: »Ich hoffe, dass Felix Magath jetzt langsam die Kurve kriegt. Und die Mannschaft bald kapiert, was er will.« Nach der Saison bekannte der 51-Jährige: »Ich spürte damals: Jetzt kann es kritisch werden. Da hab ich auch schlecht geschlafen.« Je länger die Saison dauerte, umso mehr rauften sich Trainer und Mannschaft allerdings zusammen.

Behandlung mit Antibiotika

Vor dem Champions-League-Start bei Maccabi Tel Aviv wussten die Münchner nicht so recht, wo sie standen: Seit drei Jahren hatten sie in der europäischen Königsklasse kein Auswärtsspiel mehr gewonnen, hinzu kamen der Fehlstart in der Bundesliga und die fehlende Kenntnis über das Leistungsvermögen des Gegners. »Maccabi wird in der Öffentlichkeit maßlos unterschätzt«, warnte Manager Uli Hoeneß. Michael Ballack allerdings demonstrierte Optimismus: »Wir fliegen dorthin, um zu gewinnen. Der Gegner darf keine Rolle spielen. Wir müssen unser Spiel durchsetzen und die drei Punkte einfahren.«

Das taten die München, wenngleich glanzlos. Wieder einmal Roy Makaay (63. Minute) sorgte für den 1:0-Sieg. Kurios: Nur 1700 Unentwegte verloren sich im 43 000 Zuschauer fassenden Nationalstadion Ramat Gan. Die Uefa hatte die Partie ausgerechnet für den 15. September, dem Tag des jüdischen Neujahrsfestes, angesetzt und war zu keiner Terminverlegung bereit. Beim obligatorischen Mitternachtsbankett meldete sich nach monatelanger öffentlicher Zurückhaltung (»es ist manchmal besser, man hält seinen Mund«) erstmals wieder Karl-Heinz Rummenigge zu Wort: »Uns muss klar sein: Wir werden keine einfache Saison haben. Unser Fußball ist sicherlich nicht der, mit dem wir auf lange Sicht Erfolg haben werden. Die Spieler wirken mutlos.« Felix Magath bemängelte indes erneut den fehlenden Zusammenhalt: »Die Mannschaft muss schnell eine Einheit werden, sonst erreichen wir unsere Ziele nicht.«

Am nächsten Morgen, zurück in München, führte Michael Ballacks direkt vom Flughafen zum HNO-Arzt: Seit einer Woche schon klagte der Nationalspieler über starke Halsschmerzen, die sich trotz Schmerz stillender Medikamente und einem Tag Bettruhe nicht lindern ließen. Eine Behandlung mit Antibiotika wurde angeordnet.

Das 2:2-Unentschieden im Dortmunder Westfalenstadion, wo die Bayern in den beiden letzten Spielminuten einen 0:2-Rückstand wettmachten, erlebte er nur im Trainingsanzug auf der Ersatzbank mit. Zum Zweitrunden-Pokalspiel beim Regionalligisten VfL Osnabrück reiste er gar nicht erst mit – erneut konnte die Mannschaft nicht überzeugen und kam dank Makaays Siegtreffer in der letzten Spielminute lediglich zu einem schmeichelhaften 3:2.

Der Knochenbrecher

Erst im Heimspiel gegen den SC Freiburg kehrte Michael Ballack aufs Feld zurück. Gegen die Breisgauer traf er per Kopfball zum 3:1-Endstand. Trotz des souveränen Sieges und dem Sprung auf den vierten Tabellenplatz sah der Mittelfeldmann in der Leistung der Mannschaft wenig gutes und schlug am Vortag seines 28. Geburtstages in die gleiche Kerbe wie Trainer Felix Magath: »Unser Problem war, dass wir den Gegner zu leicht genommen haben. Jeder muss für den Mannschaftserfolg sein Ego zurückstecken. Wir haben viele Individualisten und große interne Konkurrenz: Da denkt der eine oder andere vielleicht beim Zweikampf: Hoffentlich sehe ich nicht blöd aus. Er kann aber ruhig blöd aussehen, wenn es der Mannschaft was bringt.«

In die Schranken gewiesen: Michael Ballack und Bayern schicken Rafael van der Vaart und Ajax mit einer 4:0-Packung nach Hause.

Für das bevorstehende Champions-League-Duell gegen Ajax Amsterdam ahnte er nichts Gutes: »So können wir nicht bestehen. Ajax wird ein viel härteres Kaliber.« Vor dem Duell gegen den 29-fachen holländischen Meister forderte Manager Uli Hoeneß: »Wir brauchen endlich eine Topleistung, damit der Knoten platzt.« Tatsächlich bot die Mannschaft beim 4:0-Sieg (mit drei Makaay-Treffern) eine ausgezeichnete Vorstellung. »Wir haben klar und gut nach vorne gespielt und sind zu vielen Torchancen gekommen. Das war eine ausgezeichnete Leistung. Jetzt müssen wir dran bleiben. Erstmals haben wir so gespielt, wie es sich der Trainer wünschte.«

Trotz einer schmerzhaften Blessur am linken Knöchel, die er sich bei einem Foul von Gegenspieler Wesley Snejder zuzogen hatte und die ihm zu einer zweitägigen

Auch beim 2:1-Sieg in Bremen traf Michael Ballack mit Köpfchen. Die Werder-Profis Tim Borowski und Miroslav Klose (von links) können ihn daran nicht hintern.

Trainingspause zwang (der erste Verdacht auf Bänderriss bestätigte sich nach einer Kernspintomographie nicht), ließ er sich die Teilnahme im Spitzenspiel bei Titelverteidiger Bremen nicht nehmen: »Mit Werder haben wir bekanntlich noch eine Rechnung offen.« Für den Bremer Frank Fahrenhorst eine verhängnisvolle Entscheidung: Bereits in der dritten Spielminute landete Michael Ballacks Ellbogen bei einem Zweikampf um den Ball im Gesicht des zweifachen Nationalspielers – mit dem Krankenwagen musste dieser blutüberströmt ins Hospital gebracht werden. Dort wurde ein Nasenbeinbruch festgestellt.

»Es tut mir leid, ich habe ihn einfach nicht gesehen«, sagte der Münchner über den Zweikampf mit unschönem Ende. Kritische Stimmen aus dem Werder-Lager, die ihm Absicht unterstellten, konnte und wollte er nicht ernst nehmen: »Jeder, der mich kennt, weiß, dass dies nicht meine Art ist. Ich wollte mich zum Tor drehen und dabei treffe ich ihn unglücklich.« Neu und ungewohnt: Auch von Uli Hoeneß erhielt er Rückendeckung. »Michael kann keiner Fliege was zu leide tun. Das war ein astreiner Zweikampf«, so er Bayern-Manager. 17 Minuten nach dem Unfall leitete Michael Ballack, der fortan bei jedem Ballkontakt gnadenlos ausgepfiffen wurde, mit einem Kopfball den 2:1-Sieg ein.

»Scheiß-Spiel« gegen Schalke

Für die Münchner die erhoffte Wende zum Guten? Mitnichten. Bereits im nächsten Match setzte es im Olympiastadion gegen die nach dem Trainerwechsel von Jupp Heynckes zu Ralf Rangnick aufblühende Mannschaft von Schalke 04 eine 0:1-Pleite. »Ein Scheiß-Spiel«, schimpfte Michael Ballack. Die »Süddeutsche Zeitung« schrieb daraufhin: »Eine solche Verbalinjurie aus Ballacks stubenreinem Munde – die Lage scheint wirklich übel und ernst zu sein.« Und tatsächlich versammelte Felix Magath seine Mannen am folgenden Tag zu einer Krisensitzung: Zwei Stunden lang faltete er diese zusammen. »Ihr wart auf dem richtigen Weg, aber das war ein Rückschritt. Bei einigen war das schon im Training abzusehen«, wurden seine Worte überliefert.

Michael Ballack gelobte, stellvertretend für seine Teamkameraden, für den bevorstehenden Champions-League-Schlager bei Juventus Turin Besserung: »Wir wissen, dass wir mit der Schalke-Leistung in Turin überhaupt keine Chance haben. Das haben wir begriffen und werden auch ganz anders auftreten. Wir werden ein anderes Gesicht zeigen.« Sein mit Spannung erwartetes Duell gegen Pavel Nedved, den »Weltfußballer des Jahres«, geriet jedoch auf einmal zur Nebensache: Die Schlagzeilen gehörten Sebastian Deisler, der wegen eines Depressions-Rückfalls vorzeitig aus dem Piemont abreisen und sich erneut in psychotherapeutische Behandlung begeben musste.

Trotz einer beim Kampf um den Ball erlittenen Kapselverletzung im linken Knöchel versuchte Michael Ballack gegen den 27-fachen italienischen Meister immer wieder, die Offensive anzukurbeln, konnte allerdings keine entscheidenden Akzente setzen. Ausgerechnet seinem Pendant Nedved gelang vor nur 20 000 Zuschauern im Stadio delle Alpi das einzige Tor des Abends. »Das Ergebnis ist bitter«, analysierte der Münchner. »Wir haben ein gutes Spiel gemacht, aber einmal hinten geschlafen. Aber das wirft uns nicht um. Wir sind immer noch gut dabei.« In Vorrundengruppe C rangierten die Münchner mit drei Punkten Vorsprung zu Verfolger Ajax auf Platz zwei.

Platz zwei in der Champions League

Die Bayern-Verantwortlichen hatten aus den Fehlern der Vorsaison gelernt und bewahrten diesmal trotz zwei Niederlagen in Folge Ruhe. Uli Hoeneß stellte sich sogar demonstrativ gegen aufkeimende Kritik: »Wir haben doch nicht gegen Landkundschaft gespielt.« Für das folgende Bundesliga-Spiel im Rostocker Ostseestadion musste Michael Ballack wegen seines lädierten Knöchels pausieren; auch die Partie in der folgenden Woche gegen Überraschungs-Spitzenreiter Wolfsburg sagte er ab: »Die Schmerzen sind einfach immer noch zu groß. Es macht keinen Sinn.« Ausgerechnet ohne ihn bot das Team seine bislang besten Leistungen der Saison: In beiden Spielen blieben die Münchner ohne Gegentor, gewannen 2:0 und kletterten in der Tabelle, mit nur noch einem Zähler Rückstand zu Wolfsburg, auf Platz drei.

Es blieb allerdings nur ein kurzes Zwischenhoch. Im neuen Mönchengladbacher Borussia-Park – Michael Ballack war wieder mit an Bord – enttäuschten die Münchner erneut maßlos und unterlagen 0:2. »Jetzt sind die Alarmglocken an. Unsere Probleme ziehen sich seit Saisonbeginn«, erklärte der Nationalspieler, der eine schwache Leistung bot (»kicker«-Note 4,5). »In der Bundesliga spielen wir durchwachsen – aber in der Champions League gut.« Ein Spiegelbild vier Tage später gegen Juventus Turin: Mit viel Engagement drückten Michael Ballack & Co. dem Spiel den Stempel auf. Die Italiener konnten von Glück reden, dass es kurz vor Spielende noch 0:0 stand. Ein schwerer Patzer von Oliver Kahn in der 90. Minute bescherte ihnen sogar noch einen für nicht mehr möglich gehaltenen Sieg: Der Bayern-Schlussmann ließ einen Schuss des Schweden Ibrahimovic nach vorne, direkt vor die Füße von del Piero, abprallen, der zum 0:1 einschoss. Die in Gruppe C weiterhin verlustpunkt- und gegentorfreien Turiner waren damit vorzeitig für das Achtelfinale qualifiziert. Bayern blieb Zweiter, da Amsterdam überraschend in Tel Aviv unterlag. Michael Ballack: »Nach einem verlorenen Spiel noch so eine Ausgangsposition zu haben, ist ein Geschenk.«

Trikot-Tausch auf höchstem Niveau: Michael Ballack beglückwünscht Juventus-Ass Pavel Nedved zu dessen Tor und 1:0-Sieg.

»Wenn ich ihn spiele sehe, denke ich immer: Das kann kein deutscher Spieler sein. Er hat eine tolle Technik, ist torgefährlich, gefällt mir als Spielertyp.«

Pavel Nedved (Juventus Turin), Europas Fußballer des Jahres 2003, über den Münchner

Die Münchner nahmen es an: Im folgenden Spiel schossen sie sich gegen die völlig überforderte Mannschaft von Maccabi den Frust von der Seele und sicherten sich mit einem 5:1, dem höchsten Champions-League-Erfolg der Vereinsgeschichte, den Einzug ins Achtelfinale. Michael Ballack gehörte ausnahmsweise nicht zu den Torschützen. Dafür traf er in der abschließenden, bedeutungslosen Vorrundenpartie bei Ajax Amsterdam: Sein Kopfballtreffer 13 Minuten vor Schluss rettete das 2:2. Mit sechs Zählern Vorsprung auf Amsterdam und Tel Aviv schloss Bayern die Vorrunde souverän als Gruppen-Zweiter ab.

Die Wende zum Guten

Auch in der Bundesliga nahm die Mannschaft langsam an Fahrt auf. Mannschaft und Trainer rauften sich zusammen. »Wir haben keinen Keil von außen in unser Verhältnis treiben lassen«, erklärte Michael Ballack nach Saisonende. Die Niederlage in Mönchengladbach war die letzte der Hinrunde. In den verbleibenden sechs Spielen bis zur Winterpause fuhr der FC Bayern vier Siege und zwei Unentschieden mit einem Torverhältnis von 17:8 ein. Mit einem 3:1 gegen den 1. FC Kaiserslautern übernahmen die Münchner am 14. Spieltag die Tabellenspitze, die sie bis zur Winterpause nicht mehr abgaben. Hinzu kam ein souveräner 3:0-Erfolg im Achtelfinale des DFB-Pokals gegen den VfB Stuttgart. Michael Ballack köpfte zum 2:0 ein. Die

Fataler Irrtum: Schiedsrichter Fröhlich verweist Michael Ballack des Feldes. Der ist außer sich. Später macht der Unparteiische seine Entscheidung rückgängig.

Mannschaft ging von Spiel zu Spiel mit mehr Esprit zu Werke und schöpfte endlich, wie von den Verantwortlichen erwünscht, ihr spielerisches Potenzial aus.

Beim 3:0-Heimsieg gegen Hannover 96 war der 28-Jährige erneut in eine strittige Situation verwickelt, als er von Schiedsrichter Fröhlich in der 38. Minute zunächst des Feldes verwiesen wurde, der Berliner jedoch wenige Augenblicke später seine Entscheidung widerrief. Was war passiert? Nachdem er Hannovers Julian de Guzman rustikal von den Beinen geholt hatte, sah der Nationalspieler zu Recht die Gelbe Karte. Nur eine Minute später zückte Fröhlich nach einem Foul an Christiansen Gelb-Rot gegen den Münchner. Michael Ballack protestierte fassungslos, hatte das Foul doch sein Teamkollege Bastian Schweinsteiger begangen. Der aufmerksame Linienrichter Dr. Drees aus Mainz erkannte die Verwechslung und machte Meldung bei Fröhlich. Der Schiedsrichter revidierte seine Entscheidung (»Es war ein objektiver Irrtum von mir«) und entschuldigte sich per Handschlag bei Michael Ballack. »Ein wirklich große Geste vom Schiri«, sagte dieser. Nach Saisonende wurde Fröhlich für seine Courage vom Verband Deutscher Sportjournalisten (VDS) mit dem Fairplay-Preis ausgezeichnet.

»Ballack spielt den starken Mann – und den natürlichen Chef.«

»Frankfurter Allgemeine Zeitung« über Michael Ballacks Führungsqualitäten

Am vorletzten Spieltag der Hinrunde beim Gastspiel im Nürnberger Frankenstadion bekam er von Trainer Magath eine neue, ungewohnte Aufgabe zugeteilt: Nürnbergs torgefährlichen Mittelfeldmann Marek Mintal, mit 24 Treffern am Saisonende Torschützenkönig der Bundesliga, sollte er als eine Art Manndecker ausschalten. »Auf den werde ich mächtig aufpassen müssen«, blickte Michael Ballack seinem Spezialauftrag entgegen. Ehe er sich versah, hatte der Slowake schon zum 1:0 für den Aufsteiger (23. Minute) getroffen. Am Ende stand es 2:2; Michael Ballack erledigte seine Aufgabe, abgesehen von dem Gegentreffer, mit Bravour (»kicker«-

Note 2). Mintal baute zunehmend ab, der Münchner drehte dafür auf und kurbelte das Angriffsspiel seiner Mannschaft an. Sein Kopfballtreffer wurde wegen angeblicher Abseitsstellung zu Unrecht aberkannt, zum dritten Mal in der laufenden Saison wurde er in die »Elf des Tages« gewählt.

Zur Autorität gereift

Dem Vorwurf, die Mannschaft sei nach der 2:1-Führung in der 60. Minute »zu überheblich« (Manager Uli Hoeneß) zu Werke gegangen, konterte er: »Wir haben sehr wohl gewinnen wollen, aber man muss auswärts auch mal mit einem Punkt zufrieden sein.« Es war nicht das erste Mal, dass Michael Ballack auch verbal Führungsqualitäten bewies. In der Hinrunde meckerte er vermehrt mit Gegnern, dem Schiedsrichter und auch Mitspielern, wenn diese ihm, seiner Ansicht nach, den Ball vorenthielten. Vor allem die Zusammenarbeit mit dem neuen Bundestrainer Jürgen Klinsmann, der ihn in seiner ersten Amtshandlung zum Kapitän ernannt hatte (siehe Kapitel »Von Klinsmann zum Kapitän bestimmt«), schien ihn regelrecht zu beflügeln. »Er hat eine Gabe, die ihresgleichen sucht«, beschrieb Michael Ballack seinen neuen Vorgesetzten im DFB-Team. »Ich habe in meiner Karriere bisher selten einen Trainer gehabt, der so unheimlich positiv eingestellt ist und Menschen so derart begnadet für eine Sache begeistern kann. Was sogar den Effekt hat, dass wir nach Länderspielen zurück zu unseren Klubs kommen und unsere positive Einstellung dort weiter ausleben.«

Auf einer Wellenlänge: Michael Ballack im Gespräch mit Bundestrainer Jürgen Klinsmann.

»Boss Ballack gibt jetzt endlich den Ton an.«

Hamburger Morgenpost

Michael Ballack kritisierte seine Kollegen sogar öffentlich, wenn dies seiner Meinung nach angebracht war. »Ich äußere mich nun auch zu Themen, bei denen ich mich bisher eher zurückgehalten habe«, sagte er. Nach Torhüter Timo Hildebrand im Kreise der Nationalmannschaft (siehe Kapitel »Von Klinsmann zum Kapitän be-

Michael Ballacks Bundesliga-Karriere in Zahlen

Saison	Verein	Spiele	Tore	Assists	»Elf des Tages« Berufungen	»kicker«-Notenschnitt
1997/98	1. FC Kaiserslautern	16	0	0	0	2,9
1998/99	1. FC Kaiserslautern	30	4	1	2	3,2
1999/00	Bayer 04 Leverkusen	23	3	1	5	2,8
2000/01	Bayer 04 Leverkusen	27	7	0	1	3,4
2001/02	Bayer 04 Leverkusen	29	17	5	9	2,8
2002/03	FC Bayern München	26	10	7	8	2,9
2003/04	FC Bayern München	28	7	12	5	3,4
2004/05	FC Bayern München	27	13	6	7	2,9

stimmt«) maßregelte er wenige Wochen später auch dessen Vereinskollegen Kevin Kuranyi. Am letzten Spieltag vor der Winterpause, an dem die Münchner beim 2:2 gegen den VfB Stuttgart in den letzten 25 Minuten einen Zwei-Tore-Rückstand wettmachten, hatte er sich in den Katakomben des Olympiastadions ein Gerangel mit dem aufmüpfigen Jung-Nationalspieler geliefert. Danach schimpfte er: »Das steht einem jungen Spieler nicht zu, der soll sich zurückhalten.« Bundestrainer Jürgen Klinsmann bemerkte: »Michael Ballack hat in letzter Zeit eine sehr interessante Entwicklung seiner Persönlichkeit durchgemacht.«

Für den Münchner war das Fußball-Jahr 2004 nach dem letzten Vorrunden-Spieltag aber noch nicht beendet. Mit der Nationalmannschaft ging er auf zehntägige Asienreise mit Länderspielen gegen Japan, Südkorea und Thailand. Beim souveränen 3:0 gegen Asienmeister Japan war er nicht nur bester Spieler auf dem Platz und Torschütze zum 2:0, sondern holte im International Stadium von Yokohama auch sein persönliches WM-Finale nach. Zur Erinnerung: Beim Endspiel zweieinhalb Jahre zuvor an gleicher Stelle gegen Brasilien war er wegen seiner zweiten Gelben Karte gesperrt. »Diese Gedanken sind mir durch den Kopf geschwirrt, als ich das Stadion betrat«, gestand er.

Verpatztes Jubiläum

Weniger erfreulich verlief für Michael Ballack das Match drei Tage später in Bursan gegen Südkorea, sein 50. Einsatz im Nationaltrikot. Die Zuschauer im Asia Main Stadium hatten dem Münchner den 1:0-Siegtreffer im WM-Halbfinale von 2002 nicht vergessen und buhten ihn bei jedem Ballkontakt aus. Zudem verschoss er einen Handelfmeter zum möglichen 2:2-Ausgleich (»den muss ich reinmachen«) und musste am Ende mit 1:3 die erste Niederlage in seinem sechsten Spiel als Nationalmannschaftskapitän hinnehmen. Michael Ballack nahm das verpatzte Jubiläum und Ende der kleinen Erfolgsserie allerdings nicht allzu dramatisch: »Ich habe mein erstes Länderspiel verloren und jetzt das Fünfzigste. Der schließt sich der Kreis«, blickte er schmunzelnd auf seine Premiere fünfeinhalb Jahre zuvor, einem 0:1 in Bremen gegen Schottland, zurück. Beim 5:1 im abschließenden Match in Bangkok gegen Thailand gönnte ihm Jürgen Klinsmann eine Pause.

Nach kurzem Urlaub trat Michael Ballack pünktlich am 2. Januar wieder seinen Dienst beim FC Bayern an. Die Rückkehr des Franzosen Bixente Lizarazu von einem unglücklichen Gastspiel bei Olympique Marseille heizte den Konkurrenzkampf innerhalb des Teams zusätzlich an. »Die Konkurrenz darf keine Gefahr für unseren Zusammenhalt haben«, warnte Michael Ballack. »Wir sollten es als Luxusproblem sehen, dass wir so viele Spieler haben.« Der Mittelfeldmann war für Trainer Felix Magath als einziger Feldspieler gesetzt. »Jetzt, wo er seine Position gefunden hat, muss er der Mann sein, der unser Spiel bestimmt. Er muss noch präsenter sein, mehr am Ball, mehr den anderen den Weg weisen«, appellierte der Bayern-Coach.

»Ich habe in der Vergangenheit gemerkt, dass ich nur gut Fußball spielen kann, wenn ich mich wohl fühle.«

Michael Ballack

Zum Rückrunden-Auftakt gegen den HSV konnte er die Forderungen noch nicht umsetzen: Wegen seiner fünften Gelben Karte, die er sich am letzten Spieltag vor der Pause eingehandelt hatte, erlebte Michael Ballack das 3:0 aus der Ehrenloge des Olympiastadions. »Wir werden in den nächsten Wochen voll angreifen und unseren Vorsprung ausbauen«, kündigte er für seine Rückkehr an.

Zoff mit »Premiere«

Beim folgenden 0:0 in Berlin konnte er grippegeschwächt allerdings wenig bewirken (»kicker«-Note 3). Und auch die Freude über den souveränen 2:0-Sieg gegen seinen ehemaligen Klub Bayer 04 Leverkusen verging ihm rasch: Nicht nur, dass er während des Spiels einen Schlag von Placente mitten ins Gesicht hatte einstecken müssen, der vom schwachen Schiedsrichter Weiner übersehen wurde. Nach dem Spiel fühlte er sich von »Premiere«-Reporter Christian Sprenger provoziert. Grund: Den Münchnern war in der Nachspielzeit der ersten Halbzeit ein fragwürdiger Elfmeter zugesprochen worden (Nowotny an Guerrero), zu dem er Stellung beziehen sollte. Michael Ballack, noch sichtlich aufgewühlt vom Spiel, ließ allerdings die nötige Souveränität vermissen, brach das Interview ab und marschierte in die Kabine. Dem nicht genug: Wenige Minuten später kehrte er zurück und stellte den verblüfften TV-Mann zur Rede: »Sie sollen mich hier nicht behandeln wie einen Hanswurst!«

Das folgende Testspiel der Nationalmannschaft gegen Argentinien fand ohne den Kapitän statt. Michael Ballack verließ das Mannschaftsquartier in Düsseldorf und flog nach Hause. »Ich quäle mich schon seit Tagen mit einer Grippe, die ich mir beim Spielen mit meinen Kindern eingefangen habe«, erklärte er. Fünf Tage Trainingspause waren die Folge. Auch ohne ihn kam das DFB-Team in der LTU-Arena zu einem respektablen 2:2. »Mit Michael Ballack hätten wir es diesmal wohl gepackt«, schrieb Franz Beckenbauer in seiner BILD-Kolumne.

Angetrieben vom seinem Ehrgeiz wollte der Münchner beim Spiel in Bielefeld entgegen ärztlichem Rat unbedingt wieder dabei sein: »Wir müssen es endlich schaffen, die Kluft zwischen Heimstärke und Auswärtsschwäche zu schließen.« Ohne zuvor ein einziges Mal mit der Mannschaft trainiert zu haben, lief er im Stadion auf der Alm auf. Eine folgenschwere Fehlentscheidung: Die Gastgeber hatten, um sich einen Vorteil zu verschaffen, trotz vorangegangener Schneefälle darauf verzichtet, die Rasenheizung anzudrehen. Die technisch überlegenen Münchner konnten auf dem tiefen, schneebedeckten Boden ihr Spiel nicht aufziehen und mussten sich mit 1:3 geschlagen geben. Zu allem Überfluss zog sich Michael Ballack eine Muskelverhärtung im rechten Oberschenkel zu. Seine Teilnahme am Benefizspiel der Uefa in Barcelona zu Gunsten der Tsunami-Opfer zwischen einer Europa- und Weltauswahl musste er absagen und sich stattdessen erneut in medizinische Behandlung begeben.

Verrenkung des Iliosacral-Gelenks

Vereinsarzt Hans-Wilhelm Müller-Wohlfart diagnostizierte eine Verrenkung des Iliosacral-Gelenks. Durch die Irritation am Rücken drückte ein Nerv auf den Oberschenkelmuskel. Mit Spritzen und Stromtherapie versuchten Ärzte und Physiotherapeuten, die Beschwerden zu lindern. Sogar der bekannte Chiropraktiker Thomas von Mendelsohn nahm sich seines Rückens an. Doch Michael Ballacks Teilnahme in den bevorstehenden Schlagerspielen in Bundesliga gegen Borussia Dortmund und Champions-League-Achtelfinale gegen Arsenal London war fraglich. »Es schaut nicht gut aus«, sagte er. »Gegen Borussia sehe ich keine Chance mehr, auch Arsenal ist fraglich.«

Ohne ihn besiegten die Münchner Dortmund souverän mit 5:0. Und auch das 3:1 gegen Arsenal London erlebte er von der Tribüne mit. Der Argentinier Martin Demichelis nahm seine Position im defensiven Mittelfeld ein und machte seine Sache glänzend. »Micho, der neue Ballack«, frohlockte die BILD-Zeitung. Und Torjäger Roy Makaay trat mit einer unbewussten Aussage (»wir haben gezeigt, dass wir auch ohne Michael Ballack gut spielen können«) eine Lawine los. Eifrige Statistiker rechneten vor, dass die Mannschaft ohne ihren Anführer sogar erfolgreicher agiere: Durchschnittlich 2,6 Punkte fuhren die Münchner in den fünf Spielen ein, in denen

Michael Ballack wegen Sperre, Erkrankung oder Verletzung fehlte – indes nur 2,3 Zähler waren es in den 17 Spielen mit ihm. »Plötzlich hat Magath ein Ballack-Problem«, titelte daraufhin BILD.

Der Trainer geriet tatsächlich ins Grübeln, schließlich gab es für ihn keinen Grund, die aktuell erfolgreiche Elf auseinander zu reißen. Vor dem Gastspiel in Freiburg wählte er deshalb eine salomonische Lösung und ließ den wiedergenesenen Mittelfeldmann daheim. Offizielle Begründung: »Er hat fast drei Wochen kaum trainiert und muss Kondition nachholen.« Statt mit der Mannschaft in den Breisgau zu reisen, drehte Michael Ballack mit Konditionstrainer Werner Leuthard Laufrunden an der Säbener Straße. Im Dreisamstadion fuhren die Münchner mit 1:0 den dritten Sieg in Folge ein.

Prominente Tribünengäste: Michael Ballack und Sebastian Deisler erleben den 3:1-Sieg des FC Bayern gegen Arsenal London in der Ehrenloge des Münchner Olympiastadions.

Zweifel ausgeräumt

Im Pokal-Viertelfinale vier Tage später beim gleichen Gegner warf Felix Magath seine Bedenken jedoch über den Haufen. Michael Ballack kehrte in die Mannschaft zurück und räumte alle Zweifel an seinem Stellenwert aus. Beim 7:0-Erfolg (Manager Uli Hoeneß: »solche Spiele gibt es selten«) bereitete er schon nach sechs Minuten das 1:0 durch Pizarro vor und steuerte 21 Minuten später das 3:0 selbst bei. Bei seinem Gewaltschuss wurde ein Tempo von 105,4 Stundenkilometern gemessen. »Der Chef meldet sich zurück: Bayern mit Ballack doch besser«, räumte BILD ein. Der Profi selbst sagte: »Ja, das war wohl ein sehr erfolgreiches Comeback. Alles lief nach Maß, alles hat geklappt.«

Drei Tage später im Bundesliga-Spitzenspiel gegen Werder Bremen setzte er noch eins drauf: Per Kopfball erzielte er den einzigen Treffer des Tages. Der 28-Jährige bejubelte den Treffer so ausgelassen wie selten und sagte hinterher über die Diskussion der vergangenen Wochen: »Natürlich ärgert das einen. Ich habe die Antwort auf dem Platz gegeben.« Die Münchner mussten den Sieg gegen die Hanseaten allerdings teuer bezahlen: Zwei Minuten vor Abpfiff zog sich Torjäger Roy Makaay einen Muskelfaserriss zu und musste für das Champions-League-Rückspiel bei Arsenal London passen.

Baby-Bomber Ballack!

»Zwei Söhne, zwei Tore – da sind aller guten Dinge wohl drei", sagte Michael Ballack am 17. März 2005 nach der Geburt seines dritten Sohnes Jordi. Nachdem seine beiden ersten Kinder Louis und Emilio das Licht der Welt hatten, erzielte der Mittelfeldmann im jeweils nächsten Bundesliga-Spiel ein Tor: am 18. August 2001 noch für Bayer 04 Leverkusen beim 3:3 gegen Schalke 04 sowie am 21. September 2003 beim 3:1 der Bayern gegen Cottbus.
Damit die Serie nach der Geburt Jordis auch wirklich eine Fortsetzung fand, wurde Michael Ballack am 19. März 2005 im Heimspiel gegen Hansa Rostock zum »Balldieb«. Eine Minute vor Abpfiff hatte ihn der Rostocker Uwe Möhrle im Strafraum zu Fall gebracht; Schiedsrichter Meyer (Burgdorf) erkannte auf Elfmeter. Eigentlich wollte Claudio Pizarro schießen, doch entgegen der alten Fußballer-Weisheit, dass der Gefoulte nie selbst schießen soll, schnappte sich Michael Ballack das Leder und drosch es zum 3:1-Endstand unter die Latte. »Ich wollte doch meine Baby-Serie unbedingt ausbauen«, sagte er schmunzelnd.
Optimaler Zeitpunkt für die Geburt von Kind Nummer vier: 8. Juli 2006, der Tag vor dem WM-Finale.

Die Partie im Highbury Stadium wurde für die Bayern ein heißer Tanz: Arsenal kämpfte verbissen darum, den Zwei-Tore-Rückstand aus dem Hinspiel aufzuholen, doch die Münchner stemmten sich mit aller Macht dagegen. Schon nach fünf Minuten verletzte sich Michael Ballack am Fuß, hielt aber bis zum Ende durch. Die Gastgeber gingen in der 66. Minute 1:0 in Führung, wenige Minuten später hatte der 28-Jährige den Ausgleich auf dem Fuß, scheiterte jedoch an seinem Nationalmannschafts-Kollegen Jens Lehmann im Londoner Tor. Mit Glück und können retteten die Deutschen den Vorsprung aus dem Hinspiel über die Zeit. »Wir haben großartig gekämpft, das Spiel sehr gut kontrolliert«, meinte Michael Ballack. »Einmal haben wir nicht aufgepasst, und dann wurde es noch mal spannend.«

»Ballack ist auf dem Weg zum Leitwolf. Klinsmann machte ihn zum Kapitän. Das gab ihm einen Schub.«

Bundesliga-Chef-Kritiker Max Merkel in seiner BILD-Kolumne

Doppelpack gegen Londoner Klubs

Beim obligatorischen Mitternachtsbankett im Hotel Landmark war selbst Karl-Heinz Rummenigge zufrieden gestimmt: »Wir haben uns eindrucksvoll zurückgemeldet und einen Meilenstein in der Vereinsgeschichte gesetzt.« Im Viertelfinale wartete mit dem FC Chelsea ein weiterer Londoner Verein. In einem turbulenten Duell gegen die vom russischen Erdöl-Milliardär Roman Abramovich finanzierte Mannschaft war für die Münchner allerdings Endstation. Im Mittelpunkt von Hin- und Rückspiel stand Chelseas exzentrischer Trainer Jose Mourinho. Von der Uefa wurde der Portugiese wegen öffentlicher Schiedsrichterschelte für Hin- und Rückspiel gesperrt – Mourinho hatte dem Schweden Anders Frisk Manipulation vorgeworfen – und durfte zu keinem Zeitpunkt der Partie Kontakt zu seiner Mannschaft haben.

Champions League:

Vorrunden-Gruppe C:		**Spiele**	**Tore**	**Punkte**
1.	Juventus Turin	6	6:1	16
2.	FC Bayern München	6	12:5	10
3.	Ajax Amsterdam	6	6:10	4
4.	Maccabi Tel Aviv	6	4:12	4

Achtelfinale:

FC Bayern München – Arsenal London 3:1, 0:1

Viertelfinale:

FC Bayern München – Chelsea London 2:4, 3:2

Trotzdem fand er via Funkgerät die Möglichkeit, aus einer Loge des Stadions an der Stamford Bridge Einfluss auf das Spielgeschehen zu nehmen. Ohne die Leistungsträger Makaay, Pizarro (beide verletzt) und Demichelis (gesperrt), dafür mit dem jungen Peruaner Guerrero als einziger Spitze, standen die Münchner auf verlorenem Posten, lagen nach 80 Minuten mit 1:4 zurück, ein Debakel drohte.

Michael Ballack hatte den einzigen Münchner Treffer durch Bastian Schweinsteiger per Freistoß eingeleitet und sorgte in der Nachspielzeit mit einer Einzelleistung dafür, dass die Münchner im Rückspiel sechs Tage später im Olympiastadion zumindest noch eine theoretische Chance aufs Weiterkommen besaßen: In einem Zweikampf mit dem Portugiesen Ricardo Carvalho ließ er sich geschickt fallen und verwandelte den anschießenden Foulelfmeter selbst zum 2:4. Es war sein erst zweiter Champions-League-Treffer für die Münchner. »Ballack hat uns alle verarscht«, schimpfte Chelsea-Verteidiger John Terry. Die englischen Zeitungen schrieben von einem »Diver«, einer Schwalbe Michael Ballacks.

K.o. gegen Chelsea

Der vermeintliche Sünder redete vor dem Rückspiel seine Mannschaft stark und den Gegner schwach: »Wenn die Engländer über den Elfmeter jammern, zeigt das nur, dass sie nervös sind. Wir haben schon öfter drei, vier Tore geschossen.« Mit den Rückkehrern Makaay, Pizarro und Demichelis spielten die Münchner tatsächlich bravourös: Gleich in der vierten Minute setzte Michael Ballack mit einem Schuss aus elf Metern das Signal zur Aufholjagd. Die mangelhafte Chancenverwertung kostete jedoch den Einzug ins Halbfinale. In der 70. Minute beispielsweise wurde Michael Ballacks Kopfball von der Torlinie gekratzt. Chelsea nutzte seine wenigen Möglichkeiten durch Lampard zum 0:1 (30. Minute) und Drogba zum 1:2 (80.) cleverer. Guerrero (90.) und Scholl in der Nachspielzeit sorgten noch für einen 3:2-Sieg des FC Bayern, es war jedoch ein Tor zu wenig.

Setzt seinen Gegenspieler unter Druck: Michael Ballack jagt Chelsea-Star Frank Lampard.

»Wir waren die klar bessere Mannschaft«, haderte Michael Ballack anschließend mit dem Schicksal. »Da ist es umso ärgerlicher, wenn man ausscheidet. Wir hatten viele Torchancen, auch ich. Aber der Ball wollte nicht reingehen. Dennoch können wir stolz auf unsere Leistung sein.« Trotz des Ausscheidens gewannen die Münchner mit ihrem couragierten Auftretens bundesweit an Sympathien. Das 100. Champions-League-Spiel der Vereinsgeschichte war zugleich das letzte im in die Jahre gekommenen Olympiastadion. Zur kommenden Saison zog man in die Allianz Arena um. Chelsea musste sich in einem rein englischen Halbfinale dem FC Liverpool geschlagen geben, der auch im Finale gegen AC Mailand mit 6:5 nach Elfmeterschießen reüssierte.

In der Bundesliga agierte die Mannschaft von Spiel zu Spiel souveräner. Nur noch einmal, nach einem 0:1 am 25. Spieltag gegen Schalke 04, gab sie die Tabellenführung ab. Mit einem Freistoß aus zwanzig Metern überwand der Brasilianer Lincoln Oliver Kahn und sorgte damit für die Fortsetzung der schwarzen Serie aus Münchner Sicht: Im fünften Gastspiel in der »Arena Auf Schalke« kassierte der ersatzgeschwächte Rekordmeister (ohne Makaay, Scholl, Zé Roberto, Frings und Kovac) die fünfte Niederlage. Die bis dato punktgleichen Schalker setzten sich in der Tabelle auf drei Zähler ab.

Souveräne Meisterschaft

Michael Ballack bot eine durchschnittliche Leistung (»kicker«-Note 3). Kein Wunder, war er doch nicht mit voller Konzentration bei der Sache. Daheim in Berg am Starnberger See erwartete seine Lebensgefährtin Simone Lambe die Geburt des dritten Kindes. Der Mittelfeldstar hatte die Erlaubnis des Vereins, im Kreißsaal dabei sein zu dürfen und wäre im Extremfall wohl noch vor dem Spiel heimgereist: »Die Niederkunft ist zwar erst für nächste Woche geplant«, sagte er, »aber natürlich kann es jeden Moment so weit sein.« Nach dem Spiel strahlte er trotz der Niederlage und der verlorenen Tabellenführung Optimismus aus. Über den Rivalen Schalke sagte er: »So wie die gespielt haben, werden die auf keinen Fall an der Spitze bleiben. Ich glaube nicht, dass die sich weiter so durchmogeln werden.«

Und tatsächlich bekamen die »Königsblauen« schon am folgenden Spieltag die Flatter und unterlagen bei Aufsteiger Mainz 05 mit 1:2. Bayern kehrte mit einem 3:1 gegen Rostock dank der deutlich besseren Tordifferenz an die Tabellenspitze zurück und gab diese bis zum letzten Spieltag nicht mehr ab. Das härteste Stück Arbeit auf dem Weg zum 19. Titelgewinn der Vereinsgeschichte: Der 2:1-Arbeitssieg im Olympiastadion gegen Borussia Mönchengladbach. Erst sechs Minuten vor Schluss knallte Michael Ballack den Ball per Kopf zum Siegtreffer ins Netz. Beim 1:0 in Hannover fehlte er wegen eines im Champions-League-Rückspiel gegen Chelsea erlittenen Blutergusses im Oberschenkel.

Verfolger Schalke baute immer mehr ab, verlor vier von fünf Spielen. Bayern setzte sich von Spiel zu Spiel ab. Vor dem 31. Spieltag war der Vorsprung auf bereits neun Zähler angewachsen. Ausgerechnet an Michael Ballacks ehemaligem Arbeitsplatz, dem Kaiserslauterer Betzenberg, räumte die Mannschaft mit einem 4:0-Triumph den letzten theoretischen Zweifel an der Meisterschaft aus dem Weg und verfehlte die eigene Bestmarke aus den Jahren 1973 und 2003 nur knapp: Damals konnten die Münchner bereits nach dem 30. Spieltag die Meisterschaft bejubeln. Angesichts der Dominanz und immer überlegener werdenden Spielweise titelte BILD »Kahn, Lucio, Ballack, Makaay – endlich hat der Meister wieder eine Traumachse« und stellte Vergleiche zu den großen Teams der Siebziger Jahre mit dem Angelpunkten Maier – Beckenbauer – Müller, der Achtzigern mit Augenthaler – Breitner – Rummenigge oder dem Champions-League-Gewinner von 2001 mit der Achse Kahn – Effenberg – Elber an. Der »kicker« schrieb vom »Beginn einer neuen Ära«.

Sucht den Kontakt zu den Fans: Michael Ballack bedankt sich nach dem letzten Saisonspiel in Stuttgart für deren Unterstützung.

Zoff bei Meisterfeier

Nach den obligatorischen Weißbierduschen und einem Gala-Büffet noch am gleichen Abend im Restaurant »Seehaus« im Englischen Garten zogen die Spieler zu einer teaminternen Meisterfeier in die Nobeldisco »P1« weiter. Dort gab es allerdings kurz vor vier Uhr morgens Zoff. Als Claudio Pizarro von Betrunkenen angepöbelt wurde, eilte Michael Ballack seinem Mannschaftskameraden sofort zu Hilfe und ging auf die Streithähne los. Die Situation geriet außer Kontrolle, es wurde geschubst, gezerrt und geschlagen. Türsteher und Geschäftsführung mussten die Streithähne trennen.

Die verbleibenden Bundesliga-Spiele nutzen die Münchner zur Vorbereitung aufs DFB-Pokalfinale in Berlin. Mit einem 2:0 auf der Bielefelder Alm hatten sie sich zum 14. Mal in der Vereinsgeschichte für das Endspiel qualifiziert. Michael Ballack erzielte schon in der siebten Minute mit einem Kopfball-Aufsetzer das 1:0, Roy Makaay ließ in der Nachspielzeit per Elfmeter das 2:0 folgen. »»Wir haben sehr konzentriert gespielt und unser großes Ziel erreicht«, analysierte der Nationalspieler nach seinem dritten Pokaltor im dritten Spiel der laufenden Saison.

Im Finale wartete vor 75 000 Zuschauern im Berliner Olympiastadion Vizemeister Schalke 04, der Angstgegner aus Münchner Sicht. Beide Bundesliga-Spiele der laufenden Saison hatte der Revierklub mit 1:0 für sich entschieden. »Wenn es eine Mannschaft dreimal in einer Saison schafft, den FC Bayern zu schlagen, dann hat sie den Pokal wirklich verdient«, sagte Manager Uli Hoeneß vor dem Spiel. »Aber bislang hat dies noch nie jemand geschafft.« Auch den Schalkern blieb der große Coup verwehrt. Ailton, Lincoln, Sand & Co. konnten den FC Bayern nicht ernsthaft in Gefahr bringen. Das knappe Endergebnis (2:1) täuscht über den wahren Spielverlauf hinweg. Der schwache Schiedsrichter Meyer (»Nur das Ergebnis hat ihn gerettet«, so Manager Uli Hoeneß) verweigerte den Münchnern nach einem Michael-Ballack-Schuss einen klaren Handelfmeter und erkannte ein regulär erzieltes Tor durch Pizarro ab. Schalkes Strafstoß, der zum zwischenzeitlichen 1:1-Ausgleich führte, war indes ein »Geschenk«. Allerdings war auch Bayern Siegtreffer durch den im Abseits stehenden Salihamidzic nicht unumstritten.

»Un grande lider«

Bayerns- Abwehrchef Lucio in deutsch-portugiesischen Kauderwelsch über Michael Ballacks Führungsqualitäten

Tore mit Köpfchen

Michael Ballack (»kicker«-Note 2) glänzte als unermüdlicher Ankurbler seines Teams, war im Abschluss jedoch ohne Fortune. Nach der Siegerzeremonie resümierte er glücklich: »Das Pokalfinale war für mich der Abschluss einer tollen Saison, es war wohl mein bisher bestes Jahr beim FC Bayern. Allerdings war es nicht der Durchbruch, wie verschiedentlich zu lesen war. Ich habe auch in meinen ersten beiden Jahren in München erfolgreich gespielt.«

Mit 13 Toren in 27 Einsätzen war der 28-Jährige zweitbester Torschütze der Münchner hinter Roy Makaay (22) und zehntbester der gesamten Liga. Bemerkenswert: Acht Treffer erzielte er mit dem Kopf – nur der Dortmunder 2,02-Meter-Riese Jan Koller (elf) war in dieser Rubrik besser. Siebenmal wurde er in die »Elf des Tages« berufen. Der Notenschnitt von 2,98 entsprach ziemlich genau dem seines ersten Münchner Jahres. Hinter dem Bremer Fabian Ernst (2,79) war er damit zweitbester

Mittelfeldakteur der gesamten Liga.

Auch die Verantwortlichen waren nach dem zwölften Pokalsieg und sechsten Double der Vereinsgeschichte fröhlich gestimmt. Beim Siegerbankett in Berlin sprach Karl-Heinz Rummenigge von einem »wunderbaren, geschichtsträchtigen Tag in der Vereingeschichte. Die Mannschaft hat Fantastisches geleistet.« Uli Hoeneß meinte, dass das Team »ganz großes Potenzial« besitze und Franz Beckenbauer hoffte, dass man diese »Leistungen auf die Allianz-Arena übertragen« könne.

Felix Magath hatte ebenfalls Grund zum Strahlen: Für den der ersten Saisonhälfte nicht unumstrittenen Trainer endete die Saison also doch mit einem Happyend. »Für mich hat sich ein Lebenstraum erfüllt«, sagte er. Als erstem Bayern-Trainer seit Branko Zebec (1969) war ihm gleich in seiner ersten Saison an der Isar das Double gelungen. »Es hat gedauert, bis sie sich zusammengerauft haben, aber in den letzten beiden Monaten spielte die Mannschaft wie aus einem Guss«, anerkannte Franz Beckenbauer. Der krönende Abschluss einer brillanten Saison: Vier Tage nach dem Pokalsieg fertigte der FC Bayern zur Eröffnung der neuen Allianz Arena die ohne Münchner Spieler angetretene Nationalmannschaft mit 4:2 ab.

FC Bayern München – Saison 2004/05 (1. Bundesliga)

Tor
Oliver Kahn
Michael Rensing

Abwehr
Andreas Görlitz
Robert Kovac
Samuel Kuffour
Thomas Linke
Lucio
Bixente Lizarazu
Tobias Rau
Willy Sagnol

Mittelfeld
Michael Ballack
Sebastian Deisler
Martin Demichelis
Torsten Frings
Owen Hargreaves
Jens Jeremies
Hasan Salihamidzic
Mehmet Scholl
Bastian Schweinsteiger
Piotr Trochowski
Zé Roberto

Angriff
Paolo Guerrero
Vahid Hashemian
Roy Makaay
Claudio Pizarro
Roque Santa Cruz
Alexander Zickler

Trainer
Felix Magath

Abschlusstabelle Bundesliga:

		Spiele	Tore	Punkte
1.	FC Bayern München	34	75:33	77
2.	Schalke 04	34	56:46	63
3.	Werder Bremen	34	68:37	59
4.	Hertha BSC Berlin	34	59:31	58
5.	VfB Stuttgart	34	54:40	58
6.	Bayer 04 Leverkusen	34	65:44	57
7.	Borussia Dortmund	34	47:44	55
8.	Hamburger SV	34	55:50	51
9.	VfL Wolfsburg	34	49:51	48
10.	Hannover 96	34	34:36	45
11.	FSV Mainz 05	34	50:55	43
12.	1. FC Kaiserslautern	34	43:52	42
13.	Arminia Bielefeld	34	37:49	40
14.	1. FC Nürnberg	34	55:63	38
15.	Borussia Mönchengladbach	34	35:51	36
16.	VfL Bochum	34	47:68	35
17.	Hansa Rostock	34	31:65	30
18.	SC Freiburg	34	30:75	18

Sommerliches Wechseltheater

Während des Confederations Cup (siehe Kapitel »Der Kapitän in Top-Form«) und der Vorbereitung auf die neue Saison war Michael Ballacks zum 30. Juni 2006 auslaufender Vertrag das bestimmende Thema rund um die Nationalmannschaft und den FC Bayern. Den Münchner Verantwortlichen war bewusst, dass der Weltklassespieler den Verein im kommenden Jahr ablösefrei verlassen könnte. Dementsprechend entschlossen drängten sie auf eine frühzeitige Verlängerung.

Nach Informationen von BILD am SONNTAG war der Meister bereit, für den Verbleib des 28-Jährigen ganz tief in die Tasche zu greifen: Von einem Brutto-Jahresgehalt von rund 6,5 Millionen Euro sowie einem Handgeld von zehn Millionen für eine Verlängerung bis 2010 war die Rede. Zusätzlich sollten die Persönlichkeits- und Werberechte, schon bei Michael Ballacks Wechsel von Leverkusen nach München anno 2002 lange Zeit ein Zankapfel, komplett an den Spieler übergehen, wodurch weitere Einnahmen in Millionenhöhe zu erwarten wären.

Zum dritten Mal »Fußballer des Jahres«: Michael Ballack bei der Ehrung zwischen Karl-Heinz Rummenigge und Felix Magath (links), der zum Trainer des Jahres ausgezeichnet wird.

Insgesamt hätte der Deal also ein Gesamtvolumen von 36 Millionen Euro und wäre das größte Geschäft der Bundesliga-Geschichte. Vorstandschef Karl-Heinz Rummenigge bestätigte, mit dem Angebot »bis an die Schmerzgrenze« gegangen zu sein. Manager Uli Hoeneß bezeichnete die kursierenden Zahlen allerdings als »so weit von der Realität entfernt, wie die Raumfähre Discovery von der Erde«. Wie dem auch war: Um das Thema möglichst schnell, am besten vor Saisonbeginn, vom Tisch zu haben, luden die Münchner Michael Ballacks Berater Michael Becker (»es ist legitim für uns zu schauen, ob das Münchner Angebot marktgerecht ist«) ein, die Mannschaft auf ihrer PR-Reise nach Tokio zu begleiten.

»Es sollte bald Klarheit herrschen«, forderte Trainer Felix Magath und empfahl seinem Schützling einen Verbleib an der Isar: »Er ist hier der Leitspieler. Woanders müsste er sich die Position neu erkämpfen. Bei uns weiß Michael Ballack: Hier bin ich Chef, hier darf ich sein.« Auch Franz Beckenbauer riet dem Profi, die Gunst der Stunde zu nutzen und das vorgelegte Angebot schnellstmöglich zu unterschreiben: »Ballack hat alle Trümpfe in der Hand. Was weiß er, was in einem Jahr ist. Vielleicht ist er verletzt und spielt bei der werbeträchtigen WM gar nicht.« Karl-Heinz Rummenigge jedenfalls war überzeugt: »Es wird keinen Verhandlungs-Marathon geben.«

»Fish and Chips« in Manchester?

Anders als erwartet verzögerte sich Michael Ballacks Entscheidung. Der 28-Jährige ließ durchblicken, dass er gar nicht den letzten Euro ausreizen wolle, sondern stellte sportliche Ziele in den Vordergrund: »Ich möchte in den nächsten vier Jahren bei einem Verein spielen, der die Champions League gewinnen kann.« Auf einen Zeitpunkt wollte er sich nicht festlegen: »Ich habe Zeit, lasse mich von außen nicht beeinflussen und werde meine Entscheidung treffen und bekannt geben, wenn ich das Gefühl habe, es ist der richtige Augenblick dafür.« Durch die zögerliche Haltung keimten natürlich immer neue Spekulationen über seine Zukunft auf.

»Ums Geld geht es nicht in erster Linie. Ich bin keine 23 oder 24 Jahre mehr und habe bei Bayern einen sehr guten Vertrag, meine Familie und ich fühlen uns wohl in München, ich habe drei süße kleine Kinder: Das rückt in den Mittelpunkt.«

Michael Ballack über seine Zukunft

Die spanische Sportzeitung »Marca« berichtete, dass sich Real Madrid intensiv um seine Verpflichtung bemühe und Präsident Florentino Perez, ein großer Bewunderer des deutschen Mittelfeldstars, längst Kontakt zu dessen Berater aufgenommen habe. Wenige Tage später meldeten die englische Tageszeitungen »The Guardian« und »Daily Mail«, Michael Ballack und sein Berater hätten während der Japan-Reise Einigung mit Manchester United erzielt, das zur gleichen Zeit im »Four Seasons Hotel« von Tokio wohnte. Bei den Engländern solle der Deutsche die Nachfolge von ManU-Legende Roy Keane antreten. Becker dementierte beides allerdings heftig: »Da ist gar nichts dran. Es gibt keinen Vorvertrag und auch kein Gentlemen's Agreement.« Dass Michael Ballack mit seiner abwartenden Haltung seine Verhandlungsposition stärken wollte, war für Uli Hoeneß legitim: »Michael weiß, dass der nächste Vertrag der wichtigste seines Lebens ist.«

Nur zwei Stunden nach Abpfiff des Ligapokal-Halbfinales gegen den VfB Stuttgart reisten die Münchner nach Japan. Michael Ballack kam bei der 1:2-Niederlage gegen die Schwaben nicht zum Einsatz (Trainer Magath: »Nach nur einer Woche

Die Top-Verdiener 2005

		in Mio. Euro
1.	David Beckham (Real Madrid)	7,2
	Zinedine Zidane (Real Madrid)	7,2
	Ronaldo (Real Madrid)	7,2
	Steven Gerrard (FC Liverpool)	7,2
6.	Roy Keane (Manchester United)	7,1
7.	Michael Ballack (Bayern München)	6,5
	Frank Lampard (Chelsea London)	6,5
	Ruud van Nistelrooy (Manchester United)	6,5
	John Terry (Chelsea London)	6,5
	...	
	Ronaldinho (FC Barcelona)	4,0
	Jens Nowotny (Leverkusen)	3,5
	Christian Wörns (Dortmund)	3,4
	Tomas Rosicky (Dortmund)	3,0
	Jon Dahl Tomasson (Stuttgart)	3,0
	Kevin Kuranyi (Schalke)	2,6

Quellen: BILD/BILD am SONNTAG

Training ist das Verletzungsrisiko einfach zu groß«) und absolvierte während des Spiels Übungen in der Aufwärmhalle in den Katakomben der Allianz Arena. Dafür blühte er bei der fünftägigen PR-Reise auf, bei der neben zwei Spielen, vier Trainingseinheiten auch Sponsorentermine und ein Empfang in der Deutschen Botschaft auf dem Programm standen: Beim 4:0 gegen den FC Tokio und 3:1 gegen Jubilo Iwata gehörte er zu den stärksten Münchnern. Gegen Abo-Meister Iwata erzielte er zwei der drei Münchner Tore. »Der Trip war sehr anstrengend für uns«, resümierte der Mittelfeldstar nach der Rückkehr. »Die Zeitumstellung, die Hitze, der jeweils zwölfstündige Flug. Aber ich glaube, wir haben uns dort gut präsentiert, haben beide Spiele gewonnen und uns den nötigen Fitnesszustand geholt, um nächste Woche gut in die Saison zu starten.«

Erfolgreicher Saisonstart

Felix Magath definierte die Zielsetzung der Münchner bei der Saisoneröffnungs-Pressekonferenz wie folgt: »Es gilt, die unangefochtene nationale Spitzenstellung zu halten und die Champions League zu gewinnen«. Michael Ballack sagte über die europäische Königsklasse: »Wir haben uns peu à peu gesteigert, seit ich in München bin. Der Weg geht nach oben: erst Aus in der Vorrunde, dann Achtel-, zuletzt Viertelfinale. Unser großes Ziel ist es, ins Finale zu kommen. Und wenn man das Finale erreicht, will man es auch gewinnen.«

Die Strapazen des Japan-Trips konnten den Münchnern nichts anhaben. Zum Saisonauftakt setzten sie mit Kantersiegen gegen Borussia Mönchengladbach (3:0) und bei Bayer 04 Leverkusen (5:2) gleich an die Tabellenspitze. An seiner ehemaligen Wirkungsstätte erzielte Michael Ballack nach nur wenigen Minuten die 1:0-Führung, seinen ersten Saisontreffer. Beim 4:0-Erfolg in der ersten Runde des DFB-Pokals beim MSV 1919 Neuruppin gönnte ihm Felix Magath eine Ruhepause.

Ballack für Deutschland

Am 28. April 1999 beim 0:1 gegen Schottland im Bremer Weserstadion debütierte Michael Ballack als 22-Jähriger in der A-Nationalmannschaft. Bis Ende August 2005 kamen weitere 58 Länderspiele mit beeindruckenden 29 Toren hinzu. Im August 2004 ernannte ihn Bundestrainer Jürgen Klinsmann zum Kapitän. Mit der DFB-Elf wurde Michael Ballack Vize-Weltmeister 2002 und Dritter beim Confederations Cup 2005. Die Heim-WM 2006 soll zur Krönung seiner Karriere werden.

U21-EM 1998 : Unsinniger Turniermodus

Michael Ballacks erstes großes Turnier für den Deutschen Fußball-Bund (DFB) war die U-21-Europameisterschaft Ende Mai 1998 in Rumänien. In der Qualifikation setzte sich die Mannschaft von Bundestrainer Hannes Löhr souverän gegen die schärfsten Konkurrenten Ukraine und Portugal durch. In Rumänien – alle Turnierspiele wurden in der Hauptstadt Bukarest ausgetragen – sorgte jedoch der seltsame Austragungsmodus für Unbehagen: Wegen des engen Zeitfensters wurde auf die Einteilung der acht Teilnehmer in Vorrunden-Gruppen verzichtet, stattdessen sofort K.o.-Spiele absolviert. Bereits im Viertelfinale gegen Griechenland sollte sich also entscheiden, ob die DFB-Elf weiter um den Titel spielen darf, oder nur noch um die Ränge fünf bis acht. Michael Ballack gab sich selbstbewusst: »Ist doch klar, dass wir jetzt nicht gleich ausscheiden, sondern möglichst weit kommen wollen.«

»Einige werden sicher in absehbarer Zeit in der A-Nationalmannschaft erscheinen. Ich denke da an Simon Jentzsch, Mustafa Dogan, Kai Michalke und Michael Ballack.«

U-21-Bundestrainer Hannes Löhr nach der Europameisterschaft 1998 in Rumänien

Gegen die technisch versierten und körperlich robusten Hellenen standen die jungen Deutschen im Cotroceni-Stadion jedoch auf verlorenem Boden. Ein Ballverlust des Rostockers Uwe Ehlers in der 57. Minute, den Karagounis zum 1:0 verwertete, bedeutete die Niederlage. »Wir haben zwei Jahre ordentlich gespielt und ausgerechnet in diesem Schlüsselspiel blieb ein Großteil unter seiner Form«, haderte Hannes Löhr mit seinen Schützlingen. »Es ist schwierig, sich nach solch einer Enttäuschung neu zu motivieren.« Michael Ballack war bester deutscher Feldspieler, erhielt vom »kicker« die Note 3. Das Fachblatt berichtete: »Die Sache hatte noch gar nicht so richtig begonnen, da war sie auch schon fast erledigt. Nach dem 0:1 im Viertelfinale

U-21-Europameisterschaft 1988 in Rumänien

Tor

Christian Fiedler	(Hertha BSC Berlin)
Simon Jentzsch	(Karlsruher SC)

Abwehr

Frank Baumann	(1. FC Nürnberg)
Michael Bochtler	(Sturm Graz)
Mustafa Dogan	(Fenerbahce Istanbul)
Uwe Ehlers	(Hansa Rostock)
Marcell Fensch	(1. FC Köln)
Markus Reiter	(MSV Duisburg)

Mittelfeld

Michael Ballack	(1. FC Kaiserslautern)
Thomas Cichon	(1. FC Köln)
Christian Fährmann	(Hertha BSC Berlin)
Torsten Frings	(Werder Bremen)
Frank Gerster	(FC Bayern München)
Andreas Neuendorf	(Hertha BSC Berlin)
Lars Ricken	(Borussia Dortmund)
Danny Schwarz	(VfB Stuttgart)

Angriff

Thomas Brdaric	(Fortuna Köln)
Kai Michalke	(VfL Bochum)
Lars Müller	(KFC Uerdingen)
Markus Schroth	(Karlsruher SC)

Trainer

Hannes Löhr

Spiele

Viertelfinale:	Deutschland – Griechenland	0:1
Zwischenrunde:	Rumänien – Deutschland	0:1 n.V.
Spiel um Platz fünf:	Deutschland – Schweden	2:1

gegen die Griechen wird die EM-Endrunde der U 21 zur nachsaisonalen Regenerationswoche, die lediglich durch das Zwischenrundenspiel gegen Rumänien sowie das Platzierungsspiel unterbrochen wird.«

Konstantester Spieler im Aufgebot

In der Zwischenrunde setzte sich die DFB-Elf gegen Gastgeber Rumänien mit 1:0 nach Verlängerung durch. Der Stuttgarter Danny Schwarz erzielte in der 101. Spielminute das »Golden Goal«, Michael Ballack (»kicker«-Note 4) konnte nicht ganz an seine starke Vorstellung aus dem Auftaktmatch anknüpfen. Mit einem weiteren Sieg im Spiel um Platz fünf, einem 2:1 gegen Schweden, endete das Turnier für die Deutschen noch halbwegs versöhnlich. Der 21 Jahre alte Sachse war in seinem 19. und letzten U-21-Länderspiel (»kicker«-Note 3), bei dem sich gerade mal 1000 Zuschauer im riesigen Rund des Lia-Manoliu-Stadion verloren, erneut bester Spieler auf dem Feld.

»Das Team hat Charakter bewiesen«, lobte Trainer Hannes Löhr. »Dieser Sieg unterstreicht unsere guten Leistungen in den vergangenen beiden Jahren.« Michael Ballack war für den Trainer zwar »der konstanteste Spieler« in seinem Aufgebot, trotzdem sagte er: »Eigentlich hat er noch mehr drauf.« Europameister wurde Spanien nach einem 1:0-Finalsieg über Griechenland.

Die deutsche U-21-Nationalmannschaft vor der EM 1998 (von links): Kapitän Thomas Cichon, Torhüter Christian Fiedler, Michael Bochtler, Marcus Wedau, Ronny Ernst, Mustafa Dogan, Michael Ballack, Frank Baumann, Markus Schroth, Kai Michalke, Andreas Neuendorf.

Confederations Cup 1999: Reise ohne Gegenliebe

Trotz seines Reservistendaseins in der Endphase der Saison 1998/99 beim 1. FC Kaiserslautern und der öffentlichen Bedenken von Teamchef Erich Ribbeck (»Er hatte zuletzt Einsätze von sieben bis 15 Minuten. Und das soll jetzt die nationale Elite werden?«) fand sich Michael Ballack im Sommer 1999 im Aufgebot der deutschen A-Nationalmannschaft für den Confederations Cup Ende Juli in Mexiko wieder. Das Turnier, in dem sich die Meister der sechs Kontinental-Verbände (Deutschland als Europameister von 1996), der amtierende Weltmeister und der Gastgeber gegenüberstanden, stieß bei den Bundesliga-Klubs auf wenig Gegenliebe, da es die Profis mitten aus den Vorbereitungen auf die zwei Wochen später beginnende Bundesliga-Saison riss. Reihenweise sagten die Spieler aus dubiosen Gründen ab.

Da der DFB im Hinblick auf seine Bewerbung um die Ausrichtung der Weltmeisterschaft 2006 aus sport-politischen Gründen auf eine Teilnahme pochte, einigten sich Teamchef Erich Ribbeck und die Bundesligisten auf einen faulen Kompromiss: Pro Verein durfte Ribbeck maximal drei Spieler nominieren. Obwohl der Verband für die zwölftägige Reise eine stattliche Antrittsprämie von 70 000 Mark pro Mann offerierte, musste der Teamchef regelrecht hausieren gehen, um überhaupt eine Mannschaft aufbieten zu können. Und so fanden sich Spieler wie der Stuttgarter Heiko Gerber, der Bielefelder Ronald Maul oder der Frankfurter Horst Heldt im Aufgebot wieder, die später nie mehr in der Nationalelf auftauchen sollten. Auf einen dritten Torhüter neben Jens Lehmann und Robert Enke wurde, für internationale Turniere ungewöhnlich, von vornherein verzichtet.

Die Reise war für den DFB ein einziges Debakel: Wegen der hohen Temperaturen konnte nur einmal am Tag trainiert werden, die Vormittage verbrachten die Spieler in ihrem Hotel in Guadalajara am Swimmingpool. Entsprechend schlapp waren sie dann abends auf dem Platz. Die Zeitumstellung sowie die dünne Luft des auf 1500 Meter Höhe gelegenen Stadions bereiteten der DFB-Auswahl zusätzliche Probleme.

Schaltzentrale im Mittelfeld

Michael Ballack sollte gemeinsam mit dem Berliner Dariusz Wosz die Schaltzentrale im Mittelfeld bilden. Die beiden Techniker standen vor 70 000 Zuschauern im Jalisco-Stadion jedoch selbst gegen die brasilianische B-Elf – die Südamerikaner waren nur durch den Verzicht von Weltmeister Frankreich ins Teilnehmerfeld gerutscht – auf verlorenem Boden. Mit 0:4 kassierte die deutsche Mannschaft die höchste Niederlage seit 45 Jahren (3:8 gegen Ungarn in der Vorrunde der WM 1954, als man später gegen den gleichen Gegner im Finale bezwang) und purzelte gleich auf den letzten Platz ihrer Vorrundengruppe. Michael Ballack ging, wie der Rest des Teams, unter: »Er wirkte bisweilen taktisch unbeholfen, war zu langsam, tat zu wenig für den Spielaufbau und verursachte mit einem Foulspiel den Elfmeter vor dem 0:2«, schrieb der »kicker« in seiner Einzelkritik, in der er an den Jungstar die Note mangelhaft (5) vergab.

Für das zweite Turnierspiel gegen Ozeanien-Meister Neuseeland baute Ribbeck seine Mannschaft auf zahlreichen Positionen um. Unter anderem fand sich Michael Ballack auf der Ersatzbank wieder. Erst acht Minuten vor Schluss wurde er für Lothar Matthäus auf der Liberoposition eingewechselt und half mit, vor 50 000 Zuschauern gegen die Freizeitkicker aus »Down under«, Nummer 102 der Weltrangliste, den einzigen, wenn auch glanzlosen Turniersieg (2:0) über die Zeit zu retten. Nach einem abschließenden 0:2 gegen die USA – der Neu-Leverkusener saß die gesamten 90 Minuten auf der Bank – musste die deutsche Mannschaft vorzeitig die Heimreise antreten. Die 40 000 Zuschauer im Jalisco-Stadion von Guadalajara verabschiedeten die Spieler mit höhnendem Gelächter und Pfiffen in die Kabine.

Auch bei der ansonsten eher zurückhaltenden Deutschen Presse-Agentur kassierten die DFB-Kicker vernichtende Kritik: »Mit einer weiteren Peinlichkeit gegen die Auswahl der USA hat die deutsche Fußball-Nationalmannschaft ihre blamable Mexiko-Reise zum Confederations Cup vorzeitig beendet. Bei der zweiten Blamage gegen die US-Boys, gegen die bereits vor fünf Monaten in einem Testspiel in Jacksonville mit 0:3 verloren wurde, hinterließ die DFB-Elf in Guadalajara wie schon gegen Brasilien und Neuseeland einen katastrophalen Eindruck. Der Auftritt kam einer Bankrotterklärung gleich.« Der »kicker« titelte kurz und bündig: »Gute Nacht Deutschland!«

Chance nicht genutzt

Nicht nur in der Heimat sorgten die blamablen Ergebnisse für Hohn und Spott, sondern auch weltweit. »Die Ergebnisse der letzten Jahre haben am Lack des Fußballs gekratzt«, gestand Ex-DFB-Teamchef Franz Beckenbauer, der den Wert der

Reise im Hinblick auf die WM-Bewerbung für 2006 trotzdem verteidigte: »Wir hatten keine andere Wahl. Hätten wir abgesagt, hätten wir für 2006 nicht den Hauch einer Chance.«

Aber nur notdürftig konnten die sport-politischen Pluspunkte den Imageschaden für den deutschen Fußball kaschieren. Für Erich Ribbeck waren die Niederlagen von Guadalajara der Anfang vom Ende. Kein anderer Bundestrainer bzw. Teamchef in der DFB-Geschichte hatte je zuvor eine derart schwache Bilanz wie der 62-Jährige: Nur fünf Siege, zwei Unentschieden, aber auch fünf Niederlagen in zwölf Spielen. Ribbeck nahm, was ihn ehrte, die Schuld auf sich: »Der DFB wollte das Turnier nicht, die Vereine nicht, und ich habe schon immer gesagt, dass ich es nicht wollte. Aber den Letzten beißen bekanntlich die Hunde.« Auch Uli Hoeneß, Manager des FC Bayern, hatte mit seinem ehemaligen Trainer Mitleid: »Ribbeck ist die ärmste Sau.«

Michael Ballack konnte die ihm gebotene Chance, sich in den Blickpunkt zu spielen, nicht nutzen. Turniersieger wurde die Mannschaft von Gastgeber Mexiko, die sich in einem mitreißenden Finale in Mexiko-City gegen Brasilien 4:3 durchsetzte.

Confederations Cup 1999 in Mexiko

Tor

Robert Enke	(Benfica Lissabon)
Jens Lehmann	(Borussia Dortmund)

Abwehr

Mustafa Dogan	(Fenerbahce Istanbul)
Heiko Gerber	(1. FC Nürnberg)
Thomas Linke	(FC Bayern München)
Lothar Matthäus	(FC Bayern München)
Christian Wörns	(Borussia Dortmund)

Mittelfeld

Michael Ballack	(Bayer 04 Leverkusen)
Jörg Heinrich	(AC Florenz)
Horst Heldt	(TSV 1860 München)
Ronald Maul	(Arminia Bielefeld)
Lars Ricken	(Borussia Dortmund)
Bernd Schneider	(Bayer 04 Leverkusen)
Mehmet Scholl	(FC Bayern München)
Dariusz Wosz	(Hertha BSC Berlin)

Angriff

Olaf Marschall	(1. FC Kaiserslautern)
Oliver Neuville	(Bayer 04 Leverkusen)
Michael Preetz	(Hertha BSC Berlin)
Paulo Rink	(Bayer 04 Leverkusen)

Trainer

Erich Ribbeck

Spiele

Vorrunde:	Brasilien – Deutschland	4:0
	Deutschland – Neuseeland	2:0
	USA – Deutschland	2:0

EM 2000: Michael Ballack für Thomas Häßler?

Nach seiner starken Rückrunde bei Bayer 04 Leverkusen stellte Michael Ballacks Berufung in den EM-Kader keine große Überraschung dar. Ex-Bundestrainer Jupp Derwall forderte in seiner »kicker«-Kolumne für die Schaltzentrale im Mittelfeld sogar die Ablösung des international erfahrenen Welt- und Europameisters Thomas Häßler und stattdessen einen Stammplatz für den elf Jahre jüngeren Michael Ballack: »Ballack statt Häßler« titelte daraufhin das Fachblatt. Auch der Leverkusener selbst wollte sich nicht mehr mit der Reservistenrolle zufrieden geben: »Natürlich ist ein solches Turnier Gold wert für die

Entwicklung eines Spielers in meinem Alter«, sagte er. »Aber ich muss langsam dahin kommen, dass man nicht mehr vom Talent spricht. Ich bin jetzt 23, die Zeit ist einfach da.«

In den Vorbereitungsspielen gegen den spanischen Erstligisten Real Mallorca (4:0), Tschechien (3:2) und Liechtenstein (8:2) konnte er sich allerdings nicht aufdrängen. Unmittelbar vor den Titelkämpfen schrieb »Sport Bild«: »Ballack, eines der großen Talente mit gutem Blick, langen Pässen und scharfem Schuss, überzeugte nicht so recht. Gefällig gegen Mallorca, ein bisschen versteckt und schwach gegen die Tschechen – Ballack ist noch nicht in Form.«

Trotz der Erfolgserlebnisse in den abschließenden Tests war die Stimmung im Lager des Titelverteidigers angespannt: Nach den unglücklichen Reisen nach Florida und Mexiko in den vorangegangenen eineinhalb Jahren sowie einer 1:2-Niederlage in einem Testspiel Ende Februar gegen Holland sah sich Teamchef Erich Ribbeck derart harscher Kritik ausgesetzt wie kein zweiter Trainer der 16 EM-Teilnehmer. Um die Erwartungen zu dämpfen, formulierte der 62-Jährige das EM-Ziel ebenso bescheiden wie schwammig: »Es gibt einige Top-Favoriten bei dieser EM, zu denen wir nicht zählen. Alle anderen Teilnehmer betrachte ich als Mitfavoriten. Wir wollen das Bestmögliche erreichen.«

Blamage gegen Portugal

Michael Ballack fand sich im Auftaktspiel vor 30 000 Zuschauern im Sclessin-Stadion von Lüttich gegen Rumänien die kompletten 90 Minuten auf der Ersatzbank wieder: Häßler und Mehmet Scholl erhielten im Mittelfeld den Vorzug, und letztgenanntem gelang in der 28. Minute auch der Treffer zum 1:1-Endstand, nachdem Viorel Moldovan die Rumänen bereits nach fünf Minuten in Führung gebracht hatte. Die Mannschaft musste sich nach einer ideenlosen Vorstellung in der nationalen wie internationalen Presse erneut Häme gefallen lassen: »Nichts Neues aus Germanien. Die Deutschen spielten denselben Stil, den sie schon in der Steinzeit gepflegt hatten«, schrieb beispielsweise die spanische Zeitung »El Mundo«.

»Die schlechteste Mannschaft seit Menschengedenken«

Der englische »Daily Telegraph« über die DFB-Elf bei der EM 2000

Das zweite Vorrunden-Duell in Charleroi, der prestigeträchtige Fußball-Klassiker gegen England, hatte somit schon vorentscheidenden Charakter. Die Engländer hatten ebenfalls ihr Auftaktmatch verloren (2:3 gegen Portugal) und Erich Ribbeck baute seine Aufstellung auf einigen Positionen um: Für den schwachen Thomas Häßler brachte er allerdings nicht, wie erwartet, Michael Ballack, sondern das erst 20 Jahre alte Ausnahmetalent Sebastian Deisler. Die Änderungen hatten keinen Erfolg. Die Mannschaft spielte noch schwächer als gegen Rumänien und war mit der 0:1-Niederlage – Alan Shearer traf in der 53. Minute per Kopfball nach Vorlage von David Beckham – noch gut bedient. Michael Ballack wurde in der 74. Minute für Deisler eingewechselt, konnte allerdings keine Akzente mehr setzen. Die internationale Presse kannte mit Erich Ribbeck und seinen Mannen endgültig keine Gnade mehr. Die italienische »Gazzetta dello Sport« berichtete von einem »jämmerlichen Fußball« und beschrieb die Darbietung als »primitiv und langweilig«.

Konnte die 0:1-Niederlage gegen England nicht mehr abwenden: DFB-Teamchef Erich Ribbeck (im Hintergrund) bringt Michael Ballack für Sebastian Deisler.

Nur noch ein kleines Wunder – ein Sieg im abschließenden Vorrundenspiel gegen Portugal bei einer gleichzeitigen Niederlage Englands gegen Rumänien – hätte die DFB-Elf ins Viertelfinale bringen können. Erich Ribbeck gab sich, fern jeglicher Realität, optimistisch: »Ich traue es Rumänien zu und werde versuchen, meine Spieler dahin zu bringen, dass sie an unsere kleine Chance glauben.« Was dann allerdings im Rotterdamer Stadion De Kuip folgte, war der absolute Tiefpunkt in seiner zweijährigen Amtszeit und eine der schwärzesten Stunden in der Geschichte des DFB überhaupt. Die Portugiesen waren nach Siegen über England und Rumänien bereits für das Viertelfinale qualifiziert und Nationaltrainer Humberto Coelho schonte seine Stars Luis Figo, Rui Costa und Joao Pinto auf der Bank. Aber selbst gegen die zweite Garde blamierte sich das deutsche Team bis auf die Knochen.

Zoff mit Ziege

Michael Ballack kam erstmals von Beginn an zum Einsatz, konnte allerdings wenig bewirken. Nach einem 0:1-Rückstand zur Pause – Sergio Conceicao hatte die Südeuropäer in der 35. Minute in Führung geschossen – blieb er in der Kabine und erlebte in der zweiten Hälfte von der Ersatzbank aus mit, wie sein Team, das den Portugiesen weder technisch noch kämpferisch etwas entgegenzusetzen hatte, nach zwei weiteren Treffern des Italien-Legionärs von Lazio Rom mit 0:3 vollkommen unter die Räder geriet. Durch die Hintertür verließen die deutschen Spieler das Stadion und verbarrikadierten sich vor den wartenden Journalisten im Mannschaftsbus. Torhüter Oliver Kahn war als Einziger bereit, sich den Fragen zu stellen und bezeichnete die vorangegangenen 90 Spielminuten als »den mit Abstand bittersten Moment meiner Karriere«. Kahn weiter: »Ich schäme mich. Es ist eine Schande, die wir Deutschland angetan haben, wir haben das Kapitel Nationalmannschaft endgültig auf den Grund gefahren.«

»Die EM hat mir wirklich nichts gebracht.«

Michael Ballack über die EM 2000

Der letzte Platz in Vorrundengruppe A war das schwächste Abschneiden einer DFB-Elf seit 62 Jahren, zudem blieb das Team erstmals seit 1984 bei einem internationalen Großturnier wieder nach der Vorrunde auf der Strecke – dementsprechend blank lagen in der Heimat die Nerven. Mit zum Teil unter die Gürtellinie gehender Kritik wurde Michael Ballack zu einem der Versager der Euro 2000 gestempelt, selbst sein Vereinstrainer Christoph Daum bezeichnete seine Leistung in Belgien und Holland als »einfach Scheiße«. Auch die Spieler fielen öffentlich übereinander her. Christian Ziege unterstellte Michael Ballack Starallüren: »Der hat von seiner Grundeinstellung ein Problem. Dem kann man nichts mehr sagen. Der ist schon Weltmeister«, schimpfte der England-Legionär. Hintergrund: Während der Vorbereitung auf die Titelkämpfe war es zu einem Zweikampf zwischen beiden Spielern gekommen, bei dem Michael Ballack den ehemaligen Münchner grätschte. Als sich dieser daraufhin lautstark beschwerte, konterte Michael Ballack mit den Worten: »Halt's Maul«.

Europameisterschaft 2000 in Belgien/Holland

Tor	
Hans-Jörg Butt	(Hamburger SV)
Oliver Kahn	(FC Bayern München)
Jens Lehmann	(Borussia Dortmund)
Abwehr	
Markus Babbel	(FC Bayern München)
Thomas Linke	(FC Bayern München)
Lothar Matthäus	(New York Metro Stars)
Jens Nowotny	(Bayer 04 Leverkusen)
Marko Rehmer	(Hertha BSC Berlin)
Christian Ziege	(FC Middlesbrough)
Mittelfeld	
Michael Ballack	(Bayer 04 Leverkusen)
Sebastian Deisler	(Hertha BSC Berlin)
Thomas Häßler	(TSV 1860 München)
Dietmar Hamann	(FC Liverpool)
Jens Jeremies	(FC Bayern München)
Carsten Ramelow	(Bayer 04 Leverkusen)
Mehmet Scholl	(FC Bayern München)
Dariusz Wocz	(Hertha BSC Berlin)
Angriff	
Oliver Bierhoff	(AC Mailand)
Marco Bode	(Werder Bremen)
Carsten Jancker	(FC Bayern München)
Ulf Kirsten	(Bayer 04 Leverkusen)
Paulo Rink	(Bayer 04 Leverkusen)
Trainer	
Erich Ribbeck	

Spiele

Vorrunde:	Deutschland – Rumänien	1:1
	England – Deutschland	1:0
	Portugal – Deutschland	3:0

Sieben Fußballer aus den Neuen Bundesländern

Die Worte von Franz Beckenbauer sind unvergessen: »Wenn wir jetzt noch die Spieler aus der DDR dazubekommen, glaube ich, dass unsere Mannschaft über Jahre hinaus nicht zu besiegen sein wird. Das tut mir leid für den Rest der Welt«, sagte der »Kaiser« unmittelbar nach dem WM-Triumph 1990 in Rom. Auch ein Beckenbauer kann sich mal irren. Sechs Jahre nach seinem Ausspruch führte der Dresdner Matthias Sammer die Mannschaft von Berti Vogts tatsächlich zum Gewinn der Europameisterschaft in England – mit Rene Schneider und Olaf Marschall gehörten allerdings nur zwei weitere Spieler zum Aufgebot, die ihr fußballerisches Handwerk in der einstigen DDR gelernt hatten. Bei den WM-Turnieren 1994 in den USA und 1998 in Frankreich scheiterte die DFB-Elf jeweils im Viertelfinale. Beim EM-Debakel 2000 standen gleich sieben ostdeutsche Profis im Team von Erich Ribbeck, fast ein Drittel des Kaders – so viele wie nie zuvor und danach nicht mehr. Neben Michael Ballack waren dies Thomas Linke (30 Jahre) aus Erfurt, Ulf Kirsten (34) aus Riesa, Marko Rehmer (28) aus Berlin, Jens Jeremies (26) aus Görlitz, Carsten Jancker (25) aus Wismar und Dariusz Wosz (30) aus Halle. Einerseits ein Beweis, dass Talente in den Kinder- und Jugend-Sportschulen (KJS) der DDR umfassender ausgebildet wurden. »Es war nur eine Frage der Zeit, bis sich die Spieler aus dem Osten durchsetzen«, sagte Bayern-Profi Thomas Linke. Andererseits kein Garant für Erfolg und Beleg, warum die DDR mit ihrer Auswahl international nur zweitklassig blieb. Klaus Sammer, ehemaliger Bundesliga-Coach von Dynamo Dresden und Vater von Matthias Sammer, sagte einmal: »Im DDR-System wurde jungen Talenten früher schnell die Persönlichkeit genommen. Wenn du ein bisschen aufgemuckt hast, hattest du keine Chance mehr.« Matthias Sammer und Michael Ballack bestätigten als Ausnahmen die Regel.

Die Nationalelf der Schande

Der Neu-Leverkusener war in seinen beiden Kurzeinsätzen zwar weit unter seinen Möglichkeiten geblieben, an seinen insgesamt 62 Minuten Einsatzzeit kann das Desaster aber wohl kaum gelegen haben. Ein Freund verriet dem Kölner »EXPRESS«: »Er ist doch nur verarscht worden. Bei der EM hat ihn die Bayern-Fraktion schlecht aussehen lassen.« Was er damit meinte? Der große Block an aktuellen und ehemaligen Münchner Spielern (Markus Babbel, Lothar Matthäus, Christian Ziege, Thomas Linke, Jens Jeremies, Dietmar Hamann, Mehmet Scholl, Carsten Jancker) habe den Youngster nicht ins Spiel eingebunden und die Bälle absichtlich an ihm vorbeigespielt.

Michael Ballack schottete sich nach dem Turnier ab, verbrachte mit seiner Lebensgefährtin Simone Lambe mehrere Wochen in den USA und verordnete sich einen Medienboykott. »Mit Kritik muss man eben leben«, sagte er später. »Ich habe bei der EM nur etwas mehr als eine Halbzeit lang gespielt, aber darüber nie ein Wort verloren.«

Erich Ribbeck übernahm für das Scheitern die volle Verantwortung und erklärte einen Tag nach dem Portugal-Spiel seinen Rücktritt: »Ich denke, dass es besser ist, wenn ich den Weg frei mache für einen Nachfolger.« Was den Fußball-Lehrer endgültig verzweifeln ließ, war das Verhalten einiger Nationalspieler unmittelbar nach der 0:3-Blamage gegen die Portugiesen. Bis morgens um 6 Uhr feierten Mehmet Scholl, Carsten Jancker, Ulf Kirsten, Jens Jeremies, Dariusz Wosz, Marco Rehmer, Carsten Ramelow und Sebastian Deisler ein feucht-fröhliches Saufgelage, als ob ihnen der Vorrunden-K.o. egal gewesen wäre. BILD titelte daraufhin: »Die Nationalelf der Schande: Sie feierten und lachten auch noch.«

Weltmeisterschaft 2002: Wettlauf gegen die Zeit

Mit über zweiwöchiger Verspätung nahmen Michael Ballack und seine Leverkusener Kollegen Hans-Jörg Butt, Bernd Schneider, Carsten Ramelow und Oliver Neuville wegen der Finalteilnahmen im DFB-Pokal und der Champions League die Vorbereitungen für die WM in Japan und Südkorea auf. Bei den Testspielen in Freiburg gegen Kuwait (7:0) und in Cardiff gegen Wales (0:1) fehlten sie ebenso wie beim 6:2 in der Generalprobe gegen Österreich in der heimischen Bay Arena. Michael Ballack sagte bei seiner Ankunft im Trainingslager im Schwarzwald, ernüchtert von den drei »verlorenen« Titeln in Meisterschaft, Pokal und Champions League: »Das Allerwichtigste ist jetzt, dass wir versuchen, den Kopf freizukriegen und all diese bitteren Enttäuschungen in den nächsten Tagen abarbeiten. Ich hoffe, dass wir alle neue Kraft schöpfen können.«

»Er ist der torgefährlichste Mittelfeldspieler der Welt.«

Teamchef Rudi Völler während der WM 2002

Ohne Hoffnungsträger Sebastian Deisler, der sich im abschließenden Test gegen Österreich einen Bänderriss im Knie zugezogen hatte, den ebenfalls verletzten Routiniers Jens Nowotny und Christian Wörns sowie den kurz vor der WM zurückgetretenen Jörg Heinrich und Mehmet Scholl, dafür aber mit dem angeschlagenen Michael Ballack trat die Mannschaft den Flug nach Japan an. Nach dem Ausfall Deislers plante Teamchef Rudi Völler den Noch-Leverkusener als Führungsspieler ein: »Er ist so weit, dass er die Führungsrolle einnehmen kann.« Der Profi schöpfte aus der Zusammenarbeit mit dem neuen Teamchef, der nach der EM 2000 den glücklosen Erich Ribbeck abgelöst hatte, Mut für das Turnier. »Viele kleine Sachen«, so Michael Ballack, hätten sich unter Völler geändert, die in ihrer Summe jedoch ausschlaggebend seien. »Wir haben heute eine klare Hierarchie, wir haben einen Spielerrat, und die Disziplin, die jede Mannschaft braucht, ist wieder da. Jeder weiß, was erlaubt ist, und was nicht. So war es damals nicht.« Bis zum Abflug konnte der Neu-Münchner wegen seiner Mittelfußprellung kein einziges Mal mit der Mannschaft trainieren. Stattdessen wurde ihm eine Behandlung mit Spritzen verordnet. Bei den Übungen auf dem Platz war er zunächst lediglich in die Taktikschulung einbezogen. Auch nach Ankunft im WM-Quartier, dem noblen »Sheraton Phoenix Golf Ressort« in Miyazaki, musste Michael Ballack passen: »Schon seit Wochen nehme ich Tabletten, um überhaupt spielen zu können. Ich laufe auf dem Zahnfleisch, mein Mittelfuß braucht absolute Ruhe.« Zu der Prellung hatte sich, auf Grund der Spielbelastungen in der Endphase der Saison, mittlerweile eine Knochenhautentzündung gesellt. Erst am zweiten Tag nach der Landung drehte er in Laufschuhen erste Runden um den Trainingsplatz, machte anschließend gymnastische Übungen. Den 10:0-Testspielsieg gegen eine U-21-Auswahl von Miyazaki schaute er sich von außen an. Sein Einsatz zum Turnierauftakt sechs Tage später wurde zu einem Wettlauf gegen die Zeit – Michael Ballack gab sich allerdings zuversichtlich: »Alle können sich darauf verlassen, dass ich dabei sein werde. Notfalls lasse ich mir eine Spritze geben.«

Das erste seiner drei WM-Tore 2002: Michael Ballack trifft beim 8:0 gegen Saudi-Arabien per Flugkopfball.

Verhaltener Auftakt

Es ging auch ohne. Beim 8:0 im Sapporo Dome gegen die völlig überforderte Mannschaft aus Saudi-Arabien, den BILD mit der legendären Schlagzeile »Rudi, haudi Saudi« angekündigt hatte, stand Michael Ballack trotz seines Kopfballtreffers zum 3:0 klar im Schatten des kongenialen Sturmduos Miroslav Klose (drei Treffer) und Carsten Jancker (1). Und obwohl er vier Tage später beim 1:1 in Ibaraki gegen Irland den Führungstreffer von Miroslav Klose mit einem genialen Steilpass vorbereitete, musste er sich die Kritik von Franz Beckenbauer gefallen lassen. Der »Kaiser« vermisste im deutschen Spiel eine Führungsfigur: »Wir haben keinen Chef!«. Selbstkritisch räumte Michael Ballack ein: »Ja, ich muss wirklich lauter werden und mehr auf die anderen einwirken. Ich weiß selbst, dass ich mich gegen Kamerun steigern muss – und das werde ich auch.« Trotz der Tabellenführung in Gruppe E war im abschließenden Vorrundenspiel in Shizuoka gegen den vom Deutschen Winfried Schäfer trainierten Afrika-Meister ein Punktgewinn für den Einzug ins Achtelfinale nötig. Und den schaffte die Völler-Elf gegen die im Vorfeld des Turniers zum Mitfavoriten hochstilisierten Kameruner trotz der frühen Gelb-Roten Karte gegen Carsten Ramelow in der 40. Minute in beeindruckend souveräner Manier. Der Bremer Marco Bode (50.) traf zum 1:0, Miro Klose ließ nach Flanke von Michael Ballack per Kopfball das 2:0 folgen (79.). Während in der Heimat BILD angesichts der starken Vorstellung bereits höhere Ziele ins Visier nahm (»... und plötzlich träumt Deutschland vom Titel«), trat der Noch-Leverkusener auf die Euphoriebremse: »Wir haben das Minimalziel erreicht. Es war harte Arbeit.« Seine persönlichen Leistungen empfand er als durchwachsen: »Ich kann sicherlich besser spielen als gegen die Saudis, Irland und Kamerun. Nach der nicht gerade optimalen Vorbereitung bin ich trotzdem sehr zufrieden.«

»Bei der Weltmeisterschaft können wir mit unseren klassischen deutschen Tugenden – Kampfkraft und Disziplin – sehr viel erreichen.«

Michael Ballack vor dem WM-Turnier 2002

Vor dem Achtelfinale in Seogwipo gegen Paraguay schlugen Mannschaftsarzt Josef Schmitt und Physiotherapeut Klaus Eder erneut Alarm: Michael Ballack musste wiederum mit dem Training aussetzen und sich in medizinische Behandlung begeben. Nach fast 70 Pflichtspielen in den zurückliegenden elf Monaten klagte der 25-Jährige über eine Muskelverhärtung in der linken Wade: »Das habe ich direkt nach dem Kamerun-Spiel gespürt.« Statt Mannschaftstraining standen Massagen und leichtes Joggen auf dem Programm.

Von Spiel zu Spiel stärker

Michael Ballack belehrte seine einstigen Kritiker, die ihn nicht einmal ein Jahr zuvor als Schönwetter-Fußballer abqualifiziert hatten, eines Besseren. Entgegen ärztlichem Rat stand er gegen die Südamerikaner auf dem Platz und erlebte mit, wie sein ehemaliger Leverkusener Mannschaftskollege Oliver Neuville vor 25 176 Zuschauern zwei Minuten vor Spielende per Dropkick den 1:0-Arbeitssieg sicherstellte. Michael Ballack sah in der zweiten Hälfte wegen Foulspiels die Gelbe Karte. »Eine Frechheit«, sagte er über die Entscheidung des überforderten Schiedsrichters Batres aus dem Fußball-Entwicklungsland Guatemala – die Verwarnung sollte zudem Folgen haben. Als Belohnung für den Viertelfinal-Einzug gab Rudi Völler seinen Profis Ausgang bis zum nächsten Tag. Viele Spieler nutzten die Gelegenheit zu einer Liebesnacht mit ihren mittlerweile angereisten Frauen, Michael Ballack besuchte mit seinen Kollegen Bernd Schneider und Oliver Neuville ein Casino. Freundin Simone

Lambe, im siebten Monat schwanger, war nicht nach Japan gereist, vielmehr bereitete sie in der Heimat den Umzug von Leverkusen nach Berg am Starnberger See vor.

Sofort nach Rückkehr ins Mannschaftsquartier begab sich der Mittelfeldmann erneut in die Obhut der Ärzte. Seinen Einsatz in der Runde der letzten Acht gegen das Überraschungsteam der USA sah er allerdings nicht gefährdet. Michael Ballack wollte mithelfen, den Viertelfinal-Fluch – bei den WM-Turnieren 1994 und 1998 war hier gegen Bulgarien beziehungsweise Kroatien vorzeitig Endstation – zu besiegen. Er sagte: »Ich brauche keine Pause. Das ist eine WM und kein Freundschaftsturnier. Da spielt man bis zur letzten Patrone. Die Zeit bis zum Viertelfinale reicht aus, meine muskulären Probleme in den Griff zu bekommen.«

»Ganz Deutschland Balla-Ballack«

BILD nach dem WM-Viertelfinale 2002 gegen die USA

In einem unansehnlichen Spiel vor 37 337 Zuschauern im koreanischen Ulsan avancierte der 25-Jährige sogar zum Matchwinner: Nach einem Freistoß von Christian Ziege stieg er in der 39. Minute am höchsten und erzielte per Kopf das Tor des Tages. Anschließend rettete der überragende Torhüter Oliver Kahn mit zahlreichen Glanzparaden den Sieg. »Ins Halbfinale gehumpelt«, schrieb BILD am folgenden Tag.

Weltmeisterschaft 2002 in Japan/Südkorea

Tor	
Hans-Jörg Butt	(Bayer 04 Leverkusen)
Oliver Kahn	(FC Bayern München)
Jens Lehmann	(Borussia Dortmund)
Abwehr	
Frank Baumann	(Werder Bremen)
Jörg Böhme	(Schalke 04)
Sebastian Kehl	(Borussia Dortmund)
Thomas Linke	(FC Bayern München)
Christoph Metzelder	(Borussia Dortmund)
Marko Rehmer	(Hertha BSC Berlin)
Christian Ziege	(Tottenham Hotspur)
Mittelfeld	
Michael Ballack	(Bayer 04 Leverkusen)
Torsten Frings	(Werder Bremen)
Dietmar Hamann	(FC Liverpool)
Jens Jeremies	(FC Bayern München)
Carsten Ramelow	(Bayer 04 Leverkusen)
Lars Ricken	(Borussia Dortmund)
Bernd Schneider	(Bayer 04 Leverkusen)
Angriff	
Gerald Asamoah	(Schalke 04)
Oliver Bierhoff	(AS Monaco)
Marco Bode	(Werder Bremen)
Carsten Jancker	(FC Bayern München)
Miroslav Klose	(1. FC Kaiserslautern)
Oliver Neuville	(Bayer 04 Leverkusen)
Trainer	
Rudi Völler	

Spiele

Vorrunde:	Deutschland – Saudi-Arabien	8:0
	Deutschland – Irland	1:0
	Kamerun – Deutschland	0:2
Achtelfinale:	Deutschland – Paraguay	1:0
Viertelfinale:	Deutschland – USA	1:0
Halbfinale:	Südkorea – Deutschland	0:1
Finale:	Deutschland – Brasilien	0:2

Der tragische Held von Seoul: Diese Gelbe Karte von Schiedsrichter Urs Meier (Schweiz) kostete Michael Ballack die Teilnahme am WM-Finale 2002.

Der tragische Held von Seoul

Erstmals seit dem WM-Triumph von 1990 stand die deutsche Mannschaft wieder im Halbfinale. Und dort wartete mit Gastgeber Südkorea ein weiteres Überraschungsteam. »Das wird Betzenberg mal zehn«, wusste Michael Ballack, was ihm vor der »Schlacht in der roten Hölle« vor 65 000 fanatischen und ausschließlich rot gekleideten Zuschauern im World Cup Stadium von Seoul erwartete. Angst hatte er nicht, sondern bezog daraus vielmehr Motivation: »So etwas ist doch das Tollste, was es für einen Fußballer gibt.«

»Charakterlich war das eine der größten Aktionen, die ich je von einem Sportler gesehen habe.«

Oliver Kahn über Michael Ballacks taktisches Foul und Gelbe Karte im WM-Halbfinale

Michael Ballack und die deutsche Elf bestanden die Herausforderung mit Bravour. In der 75. Minute nahm der Sachse eine Flanke von Oliver Neuville direkt aus elf Metern mit dem rechten Fuß. Torhüter Woon-Jae Lee parierte mit einem Reflex, ließ den Ball allerdings nach vorne abprallen. Michael Ballack hielt erneut drauf – diesmal mit links – der Ball war drin, Deutschland im Endspiel. Mit Tränen in den Augen stand der Torschütze nach dem Schlusspfiff auf dem Rasen. Teamchef Rudi Völler eilte herbei, um seinen Schützling zu trösten – es waren Tränen der Enttäuschung.

Was war geschehen? Vier Minuten vor Michael Ballacks Siegtreffer hatte der Bremer Torsten Frings in der Vorwärtsbewegung im Mittelfeld den Ball verloren; der Koreaner Chun Soo Lee dribbelte blitzschnell in Richtung deutsches Tor. Carsten Ramelow scheute den Zweikampf, dafür holte Michael Ballack den Gegenspieler mit einer Grätsche von den Beinen, der Schweizer Schiedsrichter Urs Meier zückte Gelb – es war seine zweite im laufenden Turnier. Für das bevorstehende Finale war er damit gesperrt. »Das ist so bitter«, stammelte der 25-Jährige vor sich hin. Mit einigen Wochen Abstand beschrieb die Szene wie folgt: »Die Koreaner kamen in Überzahl – ich musste sie stoppen. Im Fußball gibt es einfach Situationen, in denen du nichts anderes machen kannst. Natürlich spielst du, wenn du mit Gelb vorbelastet bist, etwas vorsichtiger. Trotzdem war dieses taktische Foul absolut notwendig. In einer solchen Situation denkst du nicht viel über das nach, was mit dir passiert, sondern machst das, was der Mannschaft nützt.«

»Das ist die schlimmste Stunde, die du erleben kannst.«

Michael Ballack nach Einzug ins WM-Finale, in dem er wegen seiner zweiten Gelben Karte nicht mitspielen durfte

Retter von trauriger Gestalt

Teamchef Rudi Völler sagte: »Vor Michael müssen alle den Hut ziehen – wir und ganz Deutschland. Er musste dieses taktische Foul machen, um das mögliche 0:1 zu verhindern. Im Finale werden wir jetzt für ihn spielen.« Doch Michael Ballack lehnte die Herosrolle ab: »Ich bin kein Held. Ich habe nur das getan, was nötig war. Vor mir braucht niemand den Hut zu ziehen.« Was folgte, war eine unruhige Nacht. Lustlos stocherte er beim Bankett in seinem Essen herum, sein Blick wirkte apathisch. »Zudem habe ich einige Bier gekippt.« Erst um fünf Uhr morgens fand er Schlaf. Immer wieder schossen ihm Gedanken durch den Kopf: »Ich musste daran denken, wie ich vor vier Jahren das WM-Finale zwischen Frankreich und Brasilien im Fernseher gesehen habe. Damals war der Franzose Laurent Blanc gelb-gesperrt. Ich fragte mich: Wie muss der leiden? Und jetzt befinde ich mich in der gleichen Situation.« Zur Erinnerung: Blanc, Kapitän der »Equipe tricolore«, war vier Jahre zuvor, ähnliches Unheil widerfahren: Nach einem Platzverweis im Halbfinale erlebte er Frankreichs 3:0-Triumph gegen Brasilien von der Tribüne aus mit.

Nur vier Minuten nach seiner Gelben Karte schießt Michael Ballack die deutsche Mannschaft ins Finale: Kapitän Oliver Kahn umarmt den Torschützen.

Michael Ballack indes nahm im Finale vor 69 029 Zuschauern im International Stadium von Yokohama in Trainingsanzug und Polohemd zwischen Co-Trainer Erich Rutemöller und Zeugwart Manni Drechsler auf der Ersatzbank Platz. Dabei sagte er: »Wenn die Jungs den Titel holen, werde ich mich auch als Weltmeister fühlen.« Nervös rutschte er während der 90 Spielminuten hin und her, fieberte mit, sprang immer wieder auf und versuchte auf Schiedsrichter Collina Einfluss zu nehmen. Doch ohne ihren Antreiber stand die deutsche Elf gegen Turnierfavorit Brasilien auf verlorenem Posten: Superstar Ronaldo traf in der 67. und 79. Minute zum 2:0-Sieg und fünften WM-Titel der Südamerikaner. Geistesabwesend und mit feuchten Augen stand Michael Ballack nach dem Abpfiff auf dem Rasen und beobachtete, wie Brasiliens Kapitän Cafu den WM-Pokal in die Höhe streckte. Auf die Frage, ob mit ihm auf dem Platz mehr möglich gewesen wäre, antwortete er nur: »Die Jungs haben schon gut gespielt.«

»Für mich kommt Michael Ballack an die Klasse eines Brasilianers heran. Wenn wir ihn ausschalten, hat Deutschland keine Chance.«

Brasiliens Nationaltrainer Carlos Alberto Parreira vor dem Halbfinale Deutschland gegen Brasilien

Erst bei der anschließenden Abschlussparty verflog die Enttäuschung. Mit Platz zwei hatte die DFB-Auswahl schließlich mehr erreicht, als ihr im Vorfeld zugetraut wurde. Bei der Abschlussparty in Yokohama ließ Michael Ballack sogar Entertainer-Qualitäten erkennen: Mit Jens Jeremies und Dietmar Hamann tanzte er auf den Tischen. »Wenn man schwere Zeiten mitgemacht hat wie nach der EM 2000, dann genießt man den Erfolg jetzt um so mehr«, sagte er. Und als die eingeladene Popgruppe Pur ihr Konzert beenden wollte, stürmte er auf die Bühne und alberte ins Mikrofon: »Wenn Ihr jetzt Schluss macht, braucht Ihr gar nicht mehr nach Deutschland einzureisen.«

Trotz seines Fehlens im Finale – für Michael Ballack war die WM 2002 der internationale Durchbruch: Mit drei Toren, darunter zwei Spiel entscheidenden, und vier Vorlagen war er neben seinem künftigen Mannschaftskameraden beim FC Bayern, Torhüter Oliver Kahn, der herausragende Spieler im deutschen Team und brachte seine Kritiker endgültig zum Verstummen. Vom japanischen Publikum wurde er als »Ballack-san« gefeiert. Seine wichtigen Tore und seine Selbstlosigkeit brachten ihm in der Heimat mehr Anerkennung als sämtliche Heldentaten in Bundesliga und Champions League zuvor. »Jetzt hat ganz Deutschland gesehen, was er für ein Typ ist«, sagte Teamchef Rudi Völler. Und selbst Dauer-Nörgler Paul Breitner auf SAT.1 war voll des Lobes: »Er wird in Zukunft eine große Persönlichkeit.« In Anbetracht der Tatsache, dass er in keinem einzigen Spiel in Vollbesitz seiner Kräfte war, verdienten seine Leistungen doppelt Respekt.

Europameisterschaft 2004: Rätselraten über Leistungsstärke

Das Leistungsvermögen der deutschen Mannschaft genau einordnen konnte im Vorfeld des Turniers in Portugal kaum jemand. Den guten Leistungen beim 2:1-Auswärtssieg im Februar in Split gegen Kroatien und dem souveränen 3:0 Ende März in Köln gegen Belgien – Michael Ballack erzielte mit einem Kopfball den Endstand – folgte sechs Wochen vor WM-Beginn ein 1:5-Debakel in Bukarest gegen Rumänien. »Dieses Spiel war ein Schock, ein harter Rückschlag«, sagte der Münchner, der im Giulesti-Valentin-Stanescu-Stadion dabei war, wegen einer Wadenprellung aber nicht auflaufen konnte. Als Konsequenz auf die vernichtende Kritik erklärte sein ehemaliger Leverkusener Mannschaftskamerad Carsten Ramelow, von der BILD-Zeitung als »Oberwurst« verspottet, frustriert seinen Rücktritt aus dem Nationalteam.

Nach einem 7:0 in Freiburg gegen Malta und einem 2:0 in Basel gegen die Schweiz ging auch die EM-Generalprobe gegen Ungarn daneben: Gegen die nicht für das Endturnier in Portugal qualifizierte Mannschaft von Nationaltrainer Lothar Matthäus verlor die Völler-Elf auf dem Kaiserslauterer Betzenberg mit 0:2. »Bis zum Turnierstart müssen wir diesen Ausrutscher verkraftet haben«, sagte Michael Ballack. »Wir haben dafür erfahrene Spieler in unserem Kader.« Die Zielsetzung für das Turnier definierte der (Noch-) Münchner, der von den Mitspielern neben Oliver Kahn und Jens Nowotny in den dreiköpfigen Mannschaftsrat gewählt wurde, wie folgt: »Wenn alles bei uns in der Mannschaft passt, können wir Großartiges leisten. Das haben wir bei der WM 2002 gezeigt. Gleichzeitig wird aber deutlich, dass wir noch keine Konstanz in

Europameisterschaft 2004 in Portugal

Tor	
Timo Hildebrand	(VfB Stuttgart)
Oliver Kahn	(FC Bayern München)
Jens Lehmann	(Arsenal London)
Abwehr	
Frank Baumann	(Werder Bremen)
Arne Friedrich	(Hertha BSC Berlin)
Andreas Hinkel	(VfB Stuttgart)
Philipp Lahm	(VfB Stuttgart)
Jens Nowotny	(Bayer 04 Leverkusen)
Christian Wörns	(Borussia Dortmund)
Christian Ziege	(Tottenham Hotspur)
Mittelfeld	
Michael Ballack	(FC Bayern München)
Fabian Ernst	(Werder Bremen)
Torsten Frings	(Borussia Dortmund)
Dietmar Hamann	(FC Liverpool)
Jens Jeremies	(FC Bayern München)
Sebastian Kehl	(Borussia Dortmund)
Bernd Schneider	(Bayer 04 Leverkusen)
Bastian Schweinsteiger	(FC Bayern München)
Angriff	
Fredi Bobic	(Hertha BSC Berlin)
Thomas Brdaric	(Hannover 96)
Miroslav Klose	(1. FC Kaiserslautern)
Kevin Kuranyi	(VfB Stuttgart)
Lukas Podolski	(1. FC Köln)
Trainer	
Rudi Völler	

Spiele

Vorrunde:	Deutschland – Niederlande	1:1
	Lettland – Deutschland	0:0
	Deutschland – Tschechien	1:2

unseren Leistungen haben. Vielleicht liegt es auch an der fehlenden Klasse, die andere Nationen wie Frankreich oder Italien haben. Dennoch bin ich fest vom Einzug ins Viertelfinale überzeugt, ansonsten bräuchten wir nicht nach Portugal zu fahren.«

Trotz der kümmerlichen Vorbereitungsergebnisse und der starken Vorrundengegner Holland und Tschechien, die beide zum engsten Favoritenkreis auf den Titelgewinn zählten, war die Erwartungshaltung in Deutschland wie immer sehr hoch. Michael Ballack sagte dazu: »Sobald aber ein Spiel angepfiffen wird, dreht sich das öffentliche Anspruchsdenken komplett.«

Hitziger EM-Auftakt gegen Holland: Schiedsrichter Anders Frisk verwarnt Michael Ballack, der mit der Entscheidung sichtlich unzufrieden ist.

»Man of the Match«

Ungeachtet seiner ungeklärten Zukunft (siehe Kapitel »Heißer Flirt mit Barca«) präsentierte sich Michael Ballack im Auftaktspiel gegen Holland in Topform und avancierte im Estadio do Dragao von Porto zum alles überragenden Spieler auf dem Platz (»kicker«-Note 1). Teamchef Rudi Völler befreite ihn als hängende Spitze weitestgehend von Defensivaufgaben und der 27-Jährige führte die deutsche Mannschaft mit unglaublichem Laufpensum zu einer kaum für möglich gehaltenen Leistung. »Da wir mit Kevin Kuranyi nur eine Spitze hatten, konnte ich offensiver als sonst spielen. Das hat mir sehr gefallen«, sagte er nach seiner Galavorstellung mit 57 Pässen, davon 41 zu Mitspielern, neun Ballgewinnen und drei Torschüssen. Seinen Gegenspieler und möglicherweise künftigen Mannschaftskameraden beim FC Barcelona, Edgar Davids, spielte er derart schwindelig, so dass dieser zur Pause ausgewechselt wurde.

Nach einem Treffer des Neu-Münchners Torsten Frings (30. Minute) sah bis zehn Minuten vor Schluss alles nach einem verdienten Sieg der deutschen Mannschaft aus, doch dann glich Ruud van Nistelrooy aus. Michael Ballack wurde von der Uefa-Expertenkommission, der unter anderem die Trainer Gerard Houllier (zuletzt FC Liverpool) und Berti Vogts (Nationaltrainer Schottland) angehörten, zum »Man of the Match« gewählt und träumte von einem weiteren, derart positiven EM-Verlauf: »Das war ein guter Anfang. Wir können jetzt optimistisch nach vorne schauen.« Im ersten Überschwang sprach er sogar vom EM-Titel: »Wenn man gegen die Niederlande so gut spielt – warum soll uns das nicht gelingen?« Teamchef Rudi Völler gab seiner Mannschaft als Belohnung am kommenden Nachmittag und Abend trainingsfrei; Michael Ballack genoss die Freizeit mit seiner Lebensgefährtin Simone Lambe und den Kindern Louis und Emilio, die sich wenige Kilometer vom Mannschaftshotel entfernt ein Bungalow gemietet hatten, am Algarvestrand.

Die Begeisterung verflog allerdings rasch. Das 0:0 im zweiten Vorrunden-Spiel gegen Fußball-Zwerg Lettland glich einem spielerischen Offenbarungseid. Die Mannschaft agierte viel zu umständlich. Michael Ballack, der nach der Hereinnahme eines zweiten Angreifers, Fredi Bobic, eine defensivere Position als im Auftaktspiel bekleiden musste, war erneut bester Spieler in einem ansonsten schwachen Team und wurde wieder zum »Man of the Match« gewählt. Nach dem Schlusspfiff standen die Spieler ratlos auf dem Rasen des Estadio Bessa-Seculo XXI von Porto. Michael Ballack bekannte: »Wir sind enttäuscht, denn wir wollten unbedingt gewinnen. Noch ist aber nichts verloren. Wir wussten schon vorher, dass das Spiel gegen Tschechien ein Endspiel wird.«

Blamage gegen Tschechiens B-Elf

Michael Ballacks Führungstreffer gegen Tschechien war zu wenig: Nach einer 1:2-Niederlage war für die deutsche Mannschaft bereits nach der Vorrunde Endstation.

Die deutsche Mannschaft hatte im abschließenden Vorrundenspiel alle Trümpfe in der Hand: Die Osteuropäer waren nach ihrem 3:2 gegen Holland vorzeitig als Gruppensieger fürs Viertelfinale qualifiziert und Trainer Karel Brückner bot für das Match gegen die DFB-Elf eine B-Mannschaft (ohne neun Stammkräfte!) auf. Mit einem Sieg konnten die Völler-Mannen aus eigener Kraft die Teilnahme an der Endrunde perfekt machen. Was sich an jenem 23. Juni 2004 im Estadio Jose Alvalade von Lissabon ereignete, war jedoch einer der Tiefpunkte der deutschen Fußballgeschichte: Michael Ballack brachte seine Mannschaft in der 21. Minute nach Vorarbeit von Youngster Bastian Schweinsteiger zwar mit 1:0 in Front. Danach lief allerdings nichts mehr zusammen, die Spieler wurden von Minute zu Minute verkrampfter.

Ausgerechnet der Tscheche Marek Heinz, in der Bundesliga beim HSV und in Bielefeld für nicht gut genug empfunden und in seine Heimat zurückgeschickt, avancierte zum Matchwinner: Nur neun Minuten nach Michael Ballacks Führungstreffer glich er aus; 13 Minuten vor Spielende leitete er mit seinem Zuspiel den 2:1-Siegtreffer durch Milan Baros ein. Michael Ballack hatte zuvor lediglich den Pfosten getroffen (66.). Die entscheidende Turnierphase fand, wie schon bei der EM vier Jahre zuvor in Holland und Belgien, ohne Deutschland statt. »Der Grund fürs Ausscheiden ist: Wir machen keine Tore«, sagte Michael Ballack. »Von der Einstellung her kann man niemandem einen Vorwurf machen. Aber wir haben es verpasst, im entscheidenden Moment eiskalt zuzuschlagen. Die Chancen waren da, aber wir machen sie nicht rein.«

Der vorzeitige K.o. schlug dem Sachsen mehr auf den Magen als die verpasste Meisterschaft mit dem FC Bayern: »Beim Abendessen habe ich nicht einmal einen halben Teller Nudeln essen können.« Auch der Versuch, den Schmerz des Scheiterns mit Alkohol zu ertränken, war vergebens: »Nach zwei Gläsern war Schluss, das Bier hat mir nicht geschmeckt.«

Bester deutscher Turnierspieler

Als bester deutscher Turnierspieler war er in der Heimat von jeglicher Kritik ausgenommen: »Ballack und sonst nichts«, schrieb etwa die »Frankfurter Rundschau« in ihrer Turnieranalyse. Von der Uefa-Expertenkommission wurde er trotz des frühen Ausscheidens ins »All Star Team« des Turniers berufen. Während die Nationalspieler bei ihrer Rückreise aus Portugal aus Scham über die Blamage am Frankfurter Flughafen aus dem Hinterausgang flüchteten, blieb Michael Ballack an der Algarve und urlaubte mit seiner Familie. Den Titel gewann sensationell die mittlerweile von Michael Ballacks ehemaligen Trainer Otto Rehhagel betreuten Griechen mit einem 1:0-Finalsieg über Gastgeber Portugal.

Am Morgen nach dem Ausscheiden erklärte Rudi Völler seinen Rücktritt vom Amt des Teamchefs. Michael Ballack, der den ehemaligen Weltklasse-Stürmer schon zu seiner Leverkusener Zeit als eine Art »Vater-Kumpel-Trainer-Figur« bezeichnete, nahm den Entschluss mit Bedauern zur Kenntnis: »Ich verstand die Welt nicht mehr, als ich davon erfuhr. Ich war enttäuscht und überrascht zugleich, weil ich diesen Schritt nicht nötig fand. Völler genoss hohe Achtung, die Mannschaft war intakt und die Spiele bei der EM waren eng. Ich finde es schade, dass er aufgehört hat. Er stand immer hundertprozentig hinter mir.« Nach mehreren Absagen (Ottmar Hitzfeld, Otto Rehhagel, Louis van Gaal) übernahm einige Wochen später völlig unerwartet der mittlerweile in Kalifornien lebende und zuvor nie im Trainergeschäft tätige Ex-Weltklasse-Stürmer Jürgen Klinsmann das Kommando.

Von Klinsmann zum Kapitän bestimmt

Der neue Mann an der deutschen Seitenlinie läutete seine Amtszeit gleich mit einigen Paukenschlägen ein. Noch vor seinem ersten Spiel Mitte August in Österreich entmachtete er Torhüter Oliver Kahn nach drei Jahren als Mannschaftskapitän und mahnte dessen Intimus, Bundes-Torwart-Trainer Sepp Maier, ab. Zum neuen Spielführer der Nationalmannschaft bestimmte Klinsmann etwas überraschend Michael Ballack. Beim FC Bayern hatte Trainer Felix Magath keine zwei Wochen zuvor genau andersherum, pro Kahn und contra Michael Ballack, entschieden. »Der entscheidende Punkt war für mich, dass ein Feldspieler im Gegensatz zum Torwart Kontakt zu allen Mannschaftsteilen hat. Ballack ist gesetzt, falls er nicht verletzt ist. Er ist in der Lage, auf dem Feld die Zügel in die Hand zu nehmen, wenn es mal nicht so läuft«, begründete Klinsmann seine Entscheidung, nachdem er zuvor zunächst Kahn (»Er hat es sehr professionell aufgenommen«) und anschließend Michael Ballack jeweils in einem Vier-Augen-Gespräch unterrichtet hatte.

Die Kapitäne der Nationalmannschaft *

1951 – 1958	Fritz Walter
1958 – 1961	Herbert Erhardt
1961 – 1970	Uwe Seeler
1970 – 1977	Franz Beckenbauer
1977 – 1978	Berti Vogts
1978 – 1981	Bernard Dietz
1981 – 1986	Karl-Heinz Rummenigge
1986 – 1994	Lothar Matthäus
1995 – 1998	Jürgen Klinsmann
1998 – 2001	Oliver Bierhoff
2002 – 2004	Oliver Kahn
seit 2004	Michael Ballack

* seit dem Zweiten Weltkrieg

Der neue Kapitän nahm die Entscheidung entzückt auf: »Ich freue mich auf die neue Aufgabe und vor allem über das Vertrauen von Jürgen Klinsmann. Ich hoffe, dass ich in dieser Rolle viel dazu beitragen kann, dass wir unser Ziel bei der WM 2006 erreichen. Für mich ist es ein neuer Abschnitt, der mich prägt, der mich weiterbringt. Ich werde jetzt noch mehr Verantwortung übernehmen.« In den Vordergrund drängen wolle er sich deshalb aber nicht: »Es liegt mir nicht, mich darzustellen. Ich muss mich nicht verbal produzieren, ich bin anders. Für mich zählt nur die Leistung auf dem Platz.« Beim 3:1-Erfolg am 18. August 2004 im Wiener Praterstadion trug der Münchner in seinem 45. Länderspiel erstmals die Binde; der Stuttgarter Kevin Kuranyi erzielte alle drei Treffer – den ersten nach nur 93 Sekunden und den letzten in der 73. Minute jeweils nach Vorarbeit des Kapitäns.

»Bei der Nationalelf die Spielführerbinde zu tragen, macht mich unheimlich stolz. Du spielst für dein Land. Das kitzelt noch ein paar Prozente mehr heraus.«

Michael Ballack über seine Rolle als DFB-Kapitän

Der mittlerweile 28-Jährige kam mit der Verantwortung der neuen Rolle von Anfang an bestens zurecht und bewies in dem von Klinsmann verjüngten Team Führungsqualitäten – und die nicht nur auf dem Platz: Als vor dem 2:0-Sieg gegen den Iran im Oktober 2004 in Teheran Ersatzkeeper Timo Hildebrand aus Stuttgart auf einmal via Medien Ansprüche auf einen Einsatz anstelle von Oliver Kahn anmeldete, wurde er von Michael Ballack gleich zurecht gewiesen: »Timo ist ein junger Spieler, der soll mit seinen Äußerungen aufpassen und sich um seine eigenen Sachen kümmern. Er soll seine Leistungen stabilisieren. Zwischen ihm und Olli liegen Welten.« Selbst Franz Beckenbauer lobte den Kapitän: »Die Kapitänsbinde hat ihn beflügelt. Er hat verstanden, dass es eine Auszeichnung für jeden Fußballer ist.«

Beim 4:1-Erfolg Anfang Juni 2005 im Windsor Park von Belfast gegen Nordirland bot Michael Ballack mit zwei Toren und einer Vorlage eine Weltklasse-Leistung (»kicker«-Note 1) und schraubte damit die Erwartungen für den wenige Tage später beginnenden Confederations Cup, dem Turnier der sechs Kontinentalmeister aus Europa, Asien, Afrika, Nord- und Südamerika und Australien/Ozeanien (zusätzlich wurden Gastgeber Deutschland und Olympiasieger Brasilien geladen), in die Höhe.

Confederations Cup 2005: Der Kapitän in Top-Form

Wie stark ist die deutsche Mannschaft ein Jahr vor der WM im eigenen Land? Neben einem Probelauf für Organisatoren und Stadien sollte der Confederations Cup auch zu einer wichtigen Standortbestimmung für die Elf von Bundestrainer Jürgen Klinsmann werden. Als Gastgeber automatisch für die WM 2006 qualifiziert, hatte sie ein Jahr lang kein Spiel mehr unter Ernstfallbedingungen bestritten. In der unmittelbaren Vorbereitung auf den »Confed Cup« wechselten Licht und Schatten: Nach der 2:4-Blamage gegen den FC Bayern München zur Eröffnung der

Confederations Cup 2005

Tor	
Timo Hildebrand	(VfB Stuttgart)
Oliver Kahn	(FC Bayern München)
Jens Lehmann	(Arsenal London)
Abwehr	
Arne Friedrich	(Hertha BSC Berlin)
Andreas Hinkel	(VfB Stuttgart)
Robert Huth	(Chelsea London)
Per Mertesacker	(Hannover 96)
Patrick Owomoyela	(Arminia Bielefeld)
Mittelfeld	
Michael Ballack	(FC Bayern München)
Tim Borowski	(Werder Bremen)
Sebastian Deisler	(FC Bayern München)
Marco Engelhardt	(1. FC Kaiserslautern)
Fabian Ernst	(Werder Bremen)
Torsten Frings	(FC Bayern München)
Thomas Hitzelsperger	(Aston Villa)
Bernd Schneider	(Bayer 04 Leverkusen)
Bastian Schweinsteiger	(FC Bayern München)
Angriff	
Gerald Asamoah	(Schalke 04)
Thomas Brdaric	(VfL Wolfsburg)
Mike Hanke	(Schalke 04)
Miroslav Klose	(1. FC Kaiserslautern)
Kevin Kuranyi	(VfB Stuttgart)
Lukas Podolski	(1. FC Köln)
Trainer	
Jürgen Klinsmann	

Spiele

Vorrunde:	Deutschland – Australien	4:3
	Deutschland – Tunesien	3:0
	Deutschland – Argentinien	2:2
Halbfinale:	Deutschland – Brasilien	2:3
Spiel um Platz 3:	Deutschland – Mexiko	4:3

Allianz Arena triumphierte das DFB-Team in Belfast gegen Nordirland mit 4:1. In Mönchengladbach setzte es mit dem 2:2 gegen Russland indes wieder einen Rückschlag. Michael Ballack wollte seine Zielsetzung vor seinem ersten Turnier als Kapitän nicht mit einer bestimmten Platzierung verknüpfen. Vor dem Auftaktspiel in der Frankfurter Commerzbank Arena gegen Australien sagte er: »Ich hoffe, dass wir ein Zeichen setzen können, zum Beispiel mit einem Sieg gegen einen großen Gegner wie Argentinien. Das hat uns zuletzt noch gefehlt, das würde auch die Arbeit bis zum WM-Start im Sommer 2006 erleichtern.«

Seit dem 1:0 gegen England im Oktober 2000 konnte die DFB-Elf in zehn Spielen keine große Fußball-Nation wie Brasilien, Argentinien, England, Frankreich oder Italien mehr schlagen. Doch selbst wenn dies auch diesmal nicht klappen sollte, sei Klinsmanns Kurs der Richtige, so Michael Ballack: »Seitdem er Bundestrainer ist, hat sich die Mannschaft gut entwickelt. Wir gehen jetzt höheres Tempo und haben ein klares Offensivkonzept. Es herrscht ein guter Geist, wir sind auf dem besten Weg, ein verschworener Haufen zu werden.«

Leistungsträger beim Confed Cup und Hoffnungsträger für die WM 2006: Michael Ballack mit Youngster Lukas Podolski.

Klinsmanns Offensivkonzept lebte die Mannschaft mit einem 4:3-Erfolg gegen die Elf aus »Down Under« voll aus. Michael Ballack erzielte in der 60. Spielminute mit einem Foulelfmeter das vorentscheidende 3:2 und wurde anschließend zum Spieler des Spiels gewählt. Auch beim folgenden 3:0-Erfolg über Afrika-Meister Tunesien wurde ihm diese Ehre zuteil – nach Problemen in den ersten 60 Spielminuten hatte er mit einem an ihm selbst verschuldeten Foulelfmeter Verantwortung übernommen und den Ball zum 1:0-Führungstreffer in die Maschen gedroschen.

Euphorie rund um DFB-Elf

Die Mannschaft war bereits vorzeitig für das Halbfinale qualifiziert und Bundestrainer Klinsmann gönnte seinem Star beim abschließenden Vorrundenspiel gegen Argentinien (2:2) eine Ruhepause – auch, um ihn vor einer weiteren Gelben Karte und damit verbundenen Sperre für die Vorschlussrunde zu bewahren. Dort empfing die DFB-Elf als Gruppensieger im Nürnberger Frankenstadion Wunschgegner Brasilien. »Wir haben eine gute Form und wollen Brasilien mit deutschen Tugenden schlagen: Leidenschaft, Siegeswille und Aggressivität«, sagte der Kapitän vor der Neuauflage des WM-Finales von Japan 2002.

Im Lande hatte sich inzwischen eine ungeahnte Euphorie rund um das Team von Jürgen Klinsmann entwickelt, die höchstens vergleichbar war mit den Triumphen bei der WM 1990, EM 1996 und der Vize-Weltmeisterschaft 2002. Wurde der sportliche Wert des Confederations Cup in der Vergangenheit von Fans als auch Teilnehmern zumeist belächelt, erwies er sich nun auf einmal als ernstgenommener Wettbewerb. Die BILD-Zeitung titelte etwa: »Deutschland ist verknallt in euch!« Michael Ballack sagte im Trainingslager in Herzogenaurach: »Wir spüren, wie die Begeisterung im ganzen Land wächst. Die tolle Stimmung in Nürnberg trägt uns hoffentlich auch zum Erfolg gegen Brasilien und Einzug ins Finale.«

»Michael besetzt eine Schlüsselposition zwischen Mannschaft und mir. Er muss das natürliche Gefühl entwickeln, mit uns zusammen Probleme zu lösen.«

Bundestrainer Jürgen Klinsmann

42 187 Zuschauer im ausverkauften Frankenstadion erlebten eine furiose erste Spielhälfte, in der die deutsche Mannschaft gleich zweimal einen Rückstand wettmachte. Wie schon im Spiel gegen Tunesien holte Michael Ballack einen Strafstoß heraus (sein ehemaliger Leverkusener Mannschaftskamerad Emerson riss ihn bei einem Kopfballversuch zu Boden) und verwandelte selbst zum zwischenzeitlichen 2:2 – bereits sein drittes Turniertor vom Elfmeter-Punkt. In der zerfahrenen zweiten Hälfte versetzte Adriano 14 Minuten vor Spielende mit seinem Treffer zum 3:2 den Deutschen allerdings den K.o.

Mit Zuversicht zur WM 2006

Im Spiel um den dritten Platz gegen Mexiko spiegelte sich exakt der Leistungsstand der Klinsmann-Elf wieder: Torausbeute und Einstellung vorbildlich, im Defensivverhalten aber große Lücken. Nach unterhaltsamen 120 Spielminuten siegten die Gastgeber vor 43 300 Zuschauern im neuen Leipziger Zentralstadion 4:3. Michael Ballack erzielte in der siebten Minute der Verlängerung den Siegtreffer: Sein Freistoß aus 20 Metern landete genau im Winkel. Im rein südamerikanischen Finale setzte sich Weltmeister Brasilien gegen Olympiasieger Argentinien 4:1 durch.

Für Michael Ballack war der »Confed Cup«, wenn es dieses Beweises noch bedurft hätte, der endgültige Durchbruch in die Weltspitze. Mit seinen vier Turniertoren steigerte er seine Trefferquote im Nationaltrikot auf für einen Mittelfeldspieler sensationelle 28 Einschüsse in 57 Länderspielen. Nach drei seiner vier Einsätze wurde er zum »Spieler des Tages« gewählt. »Michael ist der Leader, er ist derjenige, der das Gleichgewicht zwischen Offensive und Defensive auf dem Platz herstellt«, lobte der Bundestrainer seinen verlängerten Arm auf dem Feld. »Er ist Bindeglied, Sprachrohr und ausgleichendes Gewicht auch außerhalb des Sportplatzes.«

Michael Ballack übernahm die von einem Kapitän erwartete Leaderrolle. »Er fordert und motiviert immer wieder«, beschrieb ihn der junge Verteidiger Per Mertesacker (20), »das gibt einem als unerfahrenem Spieler Sicherheit. Er ist der echte Mittelpunkt des Teams.« Gleich zweimal sprach Michael Ballack ein Machtwort: Einmal in der Teamsitzung nach dem Auftaktspiel gegen Tunesien, als er seine Mitspieler aufforderte, die Bälle nicht blindlings nach vorne zu dreschen, sondern vermehrt ihn anzuspielen. Ein zweites Mal, als sich Jens Lehmann (Arsenal London), mit seiner Rolle als Ersatz von Oliver Kahn seit jeher unzufrieden, einmal mehr als Unruheherd in der Mannschaft erwies – Michael Ballack nahm sich den sieben Jahre älteren Profi zur Brust und schwor ihn auf die gemeinsam Teamlinie ein.

Die deutsche Mannschaft begeisterte mit ihrem herzerfrischenden Tempo-Fußball die Fans und schöpfte für die Weltmeisterschaft 2006 Zuversicht. Michael Ballack bezeichnet die WM im eigenen Land als eines seiner Traumziele: »Das ist natürlich etwas Besonderes. Es können nicht viele Fußballer auf der Welt von sich behaupten, diese Chance zu haben.« Die Titelkämpfe von 2002 in Japan und Südkorea hat er als »die intensivsten Tage meiner Karriere« in Erinnerung. Vier Jahre später wünscht er sich: »Ich hoffe, dass das 2006 genauso wird – diesmal aber mit besserem Ende.«

BIG-BOSS Ballack und die Pyramide der Macht

Unter dieser Überschrift legte die BILD-Zeitung in ihrer Ausgabe vom 7. Juni 2005 nach intensiven Gesprächen mit Spielern und dem Trainerstab die Machtverhältnisse im Nationalteam offen. Sie schrieb: »BIG BOSS ist Michael Ballack, der in nur acht Länderspielen als Kapitän echter Anführer geworden ist. Er trägt nicht nur die Kapitänsbinde – er dirigiert die Mannschaft auch in allen Situationen. Besitzt das volle Vertrauen von Jürgen Klinsmann, der sich mit Ballack berät. Beide entscheiden zusammen zum Beispiel über freie Tage. Ballack hat sich diese Stellung nicht nur durch seine sportliche Leistung verdient, sondern auch durch sein Auftreten. Seit der WM 2002 ist er der Kopf der Mannschaft.«

Unter dem Münchner in der Macht-Pyramide sein Klubkollege Oliver Kahn (BILD: »Boss Kahn«), der Spielerrat mit Jens Lehmann, Torsten Frings und Bernd Schneider (»Die Abteilungsleiter«) sowie Kevin Kuranyi, Fabian Ernst, Gerald Asamoah und Arne Friedrich (»Die Vorarbeiter«).

Michael Ballack wollte die Rangliste nicht überbewerten: »Mir ist es nicht wichtig, wo mich andere in irgendwelche Hierarchien einordnen. Ich weiß, dass ich ein wichtiger Spieler bin. Das reicht mir. Ich habe meine Wichtigkeit für den Verein und die Nationalmannschaft oft genug unter Beweis gestellt.«

Der Junge von nebenan

Michael Ballack verbrachte in Chemnitz eine ganz normale Jugend: Vater Stephan betreibt noch heute ein Ingenieurbüro, Mutter Karin arbeitete als Sektretärin bei der BSG Motor Fritz Heckert, der Betriebssportgemeinschaft des gleichnamigen Maschinenbaukombinats, seit der Wende ist sie ebenfalls im familiären Betrieb tätig. »Mir hat es an nichts gefehlt«, sagte Michael Ballack einmal in einem »stern«-Interview. Die Sommerurlaube verbrachte er mit seinen Eltern auf der Ostseeinsel Rügen. Seine Lieblingsessen sind Milchreis mit viel Zucker und Zimt, Bratwurst mit Sauerkraut und Nudeln in allen Variationen. Als Steppke war er Mitglied der Jungpioniere, einer Art Pfadfindergruppe. Zur DDR-Jugendorganisation FDJ gehörte er nie: »Die war erst ab der neunten Klasse. Und da gab es bei mir die DDR schon nicht mehr.«

»Ich bin zwar in Görlitz geboren, bin aber weder Ossi noch Wessi. Ich fühle mich als Europäer und bin weltoffen.«

Michael Ballack über das vereinte Deutschland

Mit 18 baute Michael Ballack seinen Führerschein, sein erstes Auto war ein klappriger VW Golf I (60 PS), dem ihm seine Mutter überließ. Seine Sturm- und Drang-Zeit verbrachte er in Chemnitz und Kaiserslautern gerne in Discos. Zudem glänzte er gerne als stürmischer Autofahrer: »Zu schnell fahren und aus Faulheit immer im Halteverbot stehen, sind meine größten Laster«, gab er einst zu. Seinen einzigen Unfall (Aquaplaning) überstand er unverletzt. »Seither fahre ich vorsichtiger«, gestand er hinterher kleinlaut. »Das war ein einschneidendes Erlebnis.« Mit Drogen kam er eigenen Angaben nach nie in Kontakt: »Ich habe nie welche probiert und werde sicher auch nie in Versuchung kommen.« Michael Ballack leidet unter einer angeborenen Kurzsichtigkeit (minus 3 Dioptrien), trägt und spielt mit Kontaktlinsen und hat immer ein Ersatzpaar dabei. »Eigentlich bin ich ein Blinder«, sagt er in Selbstironie.

Die Erziehung durch seine Eltern beschrieb er später so: »Sie haben mich von Anfang an unterstützt, mir immer den richtigen Rat zwischen Schule und Fußball gegeben. Einzelkindern sagt man gern nach, dass sie verwöhnt werden. Das war sicher ein bisschen so. Meine Eltern haben viel Zeit investiert in meinen Sport, haben mich zur Schule gefahren, zum Training, abgeholt – da kam schon was zusammen. Aber ich sehe das eigentlich als normal an, dass man ein Kind so erzieht, dass es im späteren Leben Fuß fassen kann.« Bei der Erziehung seiner eigenen drei Söhne vertritt er die gleichen Werte, die ihm einst seine Eltern mit auf den Weg gaben: »Dass man ordentlich miteinander umgeht, höflich ist, freundlich zu seinen Mitmenschen. Und Bildung.«

Der Fußball-Beau

Ehemaliger gegen kommenden Weltstar: Diego Maradona und Michael Ballack kämpfen bei Lothar Matthäus' Abschiedsspiel im Mai 2000 um das runde Leder.

Michael Ballack – der Fußball-Beau, Schnösel, Lebemann und Prototyp des verwöhnten Jungprofis, der sich mit Edelklamotten von Gucci kleidet und den Star raushängen lässt. Dieser Ruf eilte ihm während seiner Kaiserslauterer und Leverkusener Zeit voraus. »Schlank und groß ist er, 80 Kilo auf 189 Zentimeter verteilt. Die schwarzen Haare trägt er kurz und leicht gegelt. Der Teint ist dezent gebräunt. Und unterm schwarzen Rip-Rolli zeichnen sich die Muskeln ab. Nein, hier kommt kein Model locker daher, die Bühne des charmanten Beau ist nicht der Laufsteg«, schrieb die BILD am SONNTAG. In den deutschen Stadien und Medien galt Michael Ballack deshalb lange Zeit als Reizfigur, zumal er in seinen ersten Karrierejahren noch starken sportlichen Leistungsschwankungen unterworfen war. Zu Unrecht, wie er behauptet: »Das ist ein Image, das einem angehängt wurde. Zum Teil auch durch meine angeblich arrogant wirkende Spielweise. Einige mögen die nicht und schließen daraus auf meinen Charakter.«

»Ob er Stollenschuhe trägt oder Designerstiefel: Ballack bewegt sich auf dem Rasen fast wie auf einem Laufsteg.«

Die »FAZ« über Michael Ballacks Körpersprache und Laufstil

Vermarkter Peter Olsson (siehe »Werbemaschinerie Michael Ballack«) sah die Karriere seines Klienten zu Beginn der Zusammenarbeit im ersten Halbjahr 2001 »auf der Kippe«, wie der Schwede dem Nachrichtenmagazin »Der Spiegel« sagte. Michael Ballack müsse das Label schnellstmöglich wegkriegen, ein blasierter Beau in kurzen Hosen zu sein; Olsson riet zu mehr Zurückhaltung in der Öffentlichkeit. Der Sachse selbst sprach ohnehin von einem einzigen Missverständnis: Die teuren Klamotten habe er sich nur einmal für einen von BILD am SONNTAG arrangierten Fo-

Wettschuld nicht eingelöst

Michael Ballack befand sich in prominenter Gesellschaft. Auf Thomas Gottschalks Gästecouch in »Wetten, dass..?« Anfang Oktober 2002 in der Kieler Ostseehalle nahmen neben ihm Platz: Model Cindy Crawford, »Tatort«-Kommissarin Maria Furtwängler, die Schnulzensänger Dieter Bohlen und Mike Krüger sowie Verleger Hubert Burda. Der damals 26-Jährige fungierte als Wettpate für die Fußball-Fans Stefan Olschewski und Marc Schirmer aus Pinneberg, die glaubten, die 161 Tore der zurückliegenden WM in Japan und Südkorea am Jubelgeräusch der Fans erkennen zu können. Michael Ballack hatte seine Zweifel, dass dies klappen würde. Olschewski und Schirmer lagen fünfmal richtig und gewannen die Wette.
Der Fußball-Profi kam allerdings nicht dazu, seine Wettschuld einzulösen. Nach seinem nächsten Bundesliga-Tor hätte er sein Trikot hochreißen sollen, um ein T-Shirt mit dem Aufdruck »I love Wetten, dass..?« zu lüften. Was die ZDF-Verantantwortlichen nicht wussten: Der Weltverband FIFA hatte kurz zuvor Unterhemden mit Sprüchen und Werbebotschaften strickt verboten. Michael Ballack hätte andernfalls eine Gelbe Karte oder gar einen Platzverweis riskiert.

totermin übergezogen und anschließend sofort wieder abgeben müssen. »Da hieß es dann gleich, der läuft in Gucci-Klamotten rum. Dabei gehörte mir die Jacke gar nicht.« Auch teurer Schmuck sei seine Sache nicht: »Ich halte nicht viel davon. Das ist was für Frauen. Das einzige, was ich mir noch gönne, ist eine Uhr.« Von Eitelkeit keine Spur: »Morgens im Bad brauche ich nur zehn Minuten.«

Die für viele arrogant wirkende Spielweise beruhte Michael Ballacks Ansicht nach auf seiner Körpersprache auf dem Platz mit 1,89 Meter Länge und durchgestreckten Rücken, die seine Aktionen für viele zu lässig und unangestrengt erscheinen ließen. Der junge Sportler benötigte lange, um die Vorurteile auszuräumen. Erst nach seinen glänzenden Leistungen in der Saison 2001/02 und bei der WM 2002 war damit Schluss, auch die Rolle des fürsorglichen Familienvaters zeichnete von dem Fußball-Profi ein neues Bild. Nach einer Umfrage des Meinungsforschungsinstitutes Emnid im Herbst 2004 fanden ihn 75,5 Prozent der deutschen Bevölkerung sympathisch.

»Wer mich kennt, weiß, dass ich ein umgänglicher, lockerer Typ bin. Ich verbreite immer gute Laune, erzähle gerne Witze und bin ein sonniges Gemüt.«

Michael Ballack über sich selbst

Trotz aller öffentlicher Zurückhaltung wählte ihn die Illustrierte BUNTE im September 2004 zu einem der 30 bestangezogenen Männer Deutschlands. Die mit zahlreichen Experten aus der Modeszene besetzte Jury wählte ihn als zweitbesten Sportler hinter seinem Vereinskollegen Roque Santa Cruz auf Platz 24. »Cooles Understatement«, so Mario Eimuth, Inhaber der Münchner Szene-Boutique »Sarajo«, präge sein Erscheinungsbild. »Durch Italien-Aufenthalt modisch geprägt«, meinte Josef R. Voelk, Geschäftsführer von »Quartier 206« in Berlin.

Bodenständiger Charakter

Michael Ballack führt heute ein zurückgezogenes Leben mit seiner Familie am Starnberger See im Süden Münchens (siehe »Privatleben ein Tabu«), hat nach eigenen Angaben lediglich zwei Anzüge im Schrank und spielt hin und wieder Golf. Sein Mercedes Coupé (»Mein absolutes Traumauto«) verkaufte er schon im Herbst 2001, kurz nach Geburt seines ersten Sohnes Louis, und legte sich einen familienfreundlicheren Audi A6 Kombi zu.

»Es muss keiner wissen, wie es bei mir im Wohnzimmer aussieht. Ein bisschen Privatsphäre ist wichtig, um einen Rückzugsraum zu haben, wenn es mal nicht so gut läuft. Um Halt zu finden, Kraft zu sammeln.«

Michael Ballack über seine Privatsphäre

Zu seinen Hobbies gehören ferner Musik (bevorzugt Soul von Destiny's Child und R. Kelly), Kino (Lieblingsschauspieler Bruce Willis) und Tennis. Michael Ballack ist großer Basketball-Fan (Lieblingsspieler Michael Jordan) und wurde nach seinem Wechsel nach München zu einem leidenschaftlichen Kartenspieler. Unter anderem Jens Jeremies, Mehmet Scholl und Physiotherapeut Fredi Binder gehören zu der Runde, die sich regelmäßig im Schafkopfen misst. »Ich bin ein umgänglicher und ganz pflegeleichter Typ ohne Allüren«, sagt er über sich selbst. Von Großmäuligkeit keine Spur. Im Gegenteil, eher das Understatement zeichnet ihn aus. Der Hundeliebhaber ist Besitzer einer Labradorhündin namens »Chiara« und eines Mischlingshundes namens »Sancho«.

Seine Sommerurlaube verbringt er am liebsten an der Costa Smeralda, jener Nobel-Badegegend an der Nordostküste Sardiniens, zu dessen regelmäßigen Gästen auch FIAT-Boss Gianni Agnelli oder US-Schauspieler Tom Cruise gehören. Eines Tages möchte er sich dort, in prominenter Nachbarschaft von Formel-Eins-Macher Flavio Briatore, auch ein eigenes Haus zulegen. Im Winter reist er gerne in die USA: »Florida und Kalifornien haben es uns angetan. Kein Stress, entspannte Leute, alles sehr weiträumig und offen. Hier könnten wir uns ein Leben nach dem Fußball vorstellen«, sagte er einmal.

Öffentliches Vorbild

Zudem beweist Michael Ballack regelmäßig seine soziale Ader: Seine Prämie für den effizientesten Bundesliga-Spieler der Saison 2001/02 in Höhe von 5000 Euro spendete er komplett den Opfern der Hochwasserkatastrophe im Sommer 2002. Bei Leipzigs letztlich gescheiterter Olympia-Bewerbung 2012 stellte er sich kostenlos als Botschafter zur Verfügung: »Als Sachse ist es für mich eine Selbstverständlichkeit. Meine Heimat liegt mir sehr am Herzen.«

Michael Ballack ist sich seiner Rolle als in der Öffentlichkeit stehendes Vorbild bewusst. Mit Geduld und stoischer Ruhe erfüllt er nach den Trainingseinheiten am Vereinsgelände an der Säbener Straße die Autogrammwünsche seiner jungen Fans. »Es ist doch schön, Vorbild für Kinder zu sein, die begeistert von dir sind, weil du in ihren Augen guten Fußball spielst«, sagt er. An den Kult um seine Person hat er sich längst gewöhnt: »Ich bin da im Laufe der Jahre hineingewachsen.« Gleichwohl sei es für ihn nicht immer einfach, im Mittelpunkt zu stehen. »Mir ist zwar klar, dass ich eine Person des öffentlichen Interesses bin, doch ich brauche auch Raum für mich.« An Medieninteresse und Popularität kann ihm im deutschen Fußball höchstens Oliver Kahn das Wasser reichen.

»Nein zum Rassismus«: Michael Ballack spricht vor dem Confed-Cup-Halbfinale gegen Brasilien über die Videoleinwand des Nürnberger Frankenstadions zu den Fans.

Obwohl es dem Sachsen nicht an Selbstbewusstsein mangelt (»man muss von sich selbst überzeugt sein, sonst haut einen der erste Gegenwind um«), lässt er nicht den Star raushängen. Michael Ballack sieht das als Folge seiner Erziehung: »Sprüche raushauen ist nicht mein Ding. Ich brauche das nicht für mein persönliches Ego, auch nicht, um mich zu motivieren.« Die Lobeshymnen nach guten Spielen und Turnieren sind ihm zu keinem Zeitpunkt zu Kopf gestiegen: »Ich sehe solche Aussagen eigentlich nur als Verpflichtung, härter an mir zu arbeiten. Wenn du irgendwann glaubst, dass du nichts mehr lernen musst, hast du schon verloren.« Und zu viel Verherrlichung ist ihm ohnehin peinlich: »Es ist mir unangenehm, wenn ich auf allen Zeitungen als Erster drauf bin.«

Karriere strategisch geplant

Der Beraterwechsel von Wolfgang Vöge zu Dr. Michael Becker zu Jahresbeginn 1999 war ein Wendepunkt in Michael Ballacks Karriere. Der Rechtsanwalt aus Luxemburg erkannte frühzeitig das in seinem Klienten schlummernde Potenzial (»Er sieht gut aus, wirkt sympathisch und spielt gut Fußball«) und erstellte einen detaillierten Karriereplan: Von Kaiserslautern in das beschauliche Leverkusen, wo der Fußballer ohne den ganz großen Erfolgsdruck reifen konnte. Nach seinem internationalen Durchbruch in der Champions League und bei der WM 2002 der Wechsel zum FC Bayern München, der besten Adresse im deutschen Fußball.

Michael Ballacks TV-Auftritte haben Seltenheitswert: Hier ist er zu Gast bei Wolf-Dieter Poschmann im »Aktuellen Sport-Studio« des ZDF.

Alle Planungen sind auf die WM 2006 im eigenen Land ausgelegt – mindestens bis dahin sollte Michael Ballack in der Bundesliga bleiben. »Wäre es nur ums Geld gegangen, hätte er nach Spanien wechseln müssen«, sagte Becker anno 2002. Nach dem WM im eigenen Land war ursprünglich der nächste Schritt vorgesehen: der Wechsel zu einem der großen Klubs in Italien oder Spanien. Allerdings, was Becker damals nicht ahnen konnte: Der FC Bayern hat sich, nicht zuletzt dank des Baus der Allianz Arena, zu einer der besten, vor allem aber der wohl seriösesten Adresse im europäischen Klub-Fußball entwickelt – einen besseren Arbeitgeber zu finden, ist kaum möglich. München könnte, anders als geplant, nicht Zwischen-, sondern Endstation in Michael Ballacks Karriere werden.

»Er ist ein sehr fürsorglicher Familienvater, der nicht in die Öffentlichkeit drängt. Auch seine Frau ist eher zurückhaltend.«

Ex-Bayern-Trainer und Premiere-Experte Ottmar Hitzfeld über das Familienleben des Stars

Bis jetzt gibt es keine Anzeichen dafür, dass seine Karriere aus der Spur geraten könnte. Konsequent überwacht Becker das Image des Sportlers, vermittelt und auto-

Michael Ballacks Werbeverträge

Firma	Branche	geschätztes Jahreseinkommen
Sony Playstation	Spielwaren	250 000 Euro
adidas	Schuhe/Sportswear	500 000 Euro
Coca-Cola	Erfrischungsgetränke	550 000 Euro
Sony	Elektronik	600 000 Euro
Telekom	Telekommunikation	600 000 Euro
McDonald's	Food	830 000 Euro
Lufthansa	Transport	*

* noch nicht abgeschlossen

risiert dessen Interviews und droht bei unangenehmen Stories sofort mit juristischen Konsequenzen. Becker sagte einmal über seinen berühmtesten Klienten, an dessen Einkünften er mit schätzungsweise zehn Prozent beteiligt ist: »Er ist wissbegierig, lernfähig und hat in brutal kurzer Zeit das Geschäft durchschaut. Dem muss man nicht mehr erklären, wo seine Freunde sind und dass man sich als Profi nicht mit dem Bierglas in der Hand fotografieren lässt.«

Anders etwa als der ehemalige Tennisstar Boris Becker oder sein Vorgänger beim FC Bayern, Stefan Effenberg, die in der Öffentlichkeit kein Fettnäpfchen ausließen, lässt sich Michael Ballack nicht in Talkshows verheizen und bezieht in Interviews ausschließlich Stellung zu sportlichen Themen. »Ich kann manchmal nicht das sagen, was ich eigentlich sagen möchte«, gab er einmal zu. »Ich muss mich auch mal ganz bewusst zurücknehmen und diplomatisch sein.« TV-Auftritte wie der im »Blickpunkt Sport« des Bayerischen Fernsehens im Juli 2002, zwei Monate später in Thomas Gottschalks »Wetten, dass..?« oder im »ZDF-Sportstudio« im November 2004 haben Seltenheitswert. Als ihn die »Frankfurter Allgemeine Zeitung« im Vorfeld der Bundestagswahl 2002 um seine politische Gesinnung fragte, ließ sich Michael Ballack nichts entlocken. »Ich muss mich nicht jeden Tag stundenlang und flächendeckend bundesweit zu allen möglichen Themen öffentlich äußern«, sagt er. Und Politik tangiere ihn ohnehin nur am Rande: »Ich schau mir das schon mal an, aber ich bin da nicht übermäßig interessiert.«

Leben ohne Skandale

Michael Ballack fällt es nicht schwer, sich dem Trubel fernzuhalten. Nach der Geburt seines ersten Sohnes Louis im August 2001 entwickelte er sich zunehmend zum Familienmenschen (siehe »Privatleben ein Tabu«). Boulevard-Reporter beißen sich an ihm die Zähne aus. Nicht einmal bei Vor- oder Nachbereitung der Spiele liefert er Stoff für spektakuläre Geschichten: »Ich habe mir keinerlei Handlungsweisen aus

Aberglauben angewöhnt. Ich kann psychisch gut abschalten, ohne besondere Methoden. Die Familie ist in solchen Situationen am wichtigsten.« Nach den Heimspielen verzieht er sich sofort nach Hause an den Starnberger See.

Damals waren T-Shirt-Botschaften noch erlaubt: Michael Ballack bejubelt seinen Treffer gegen Hertha BSC und grüßt seinen neun Monate alten Sohn Louis.

Nur zweimal lieferte er Stoff für die Klatschspalten: Im August 2004 zog er nach dem Bundesliga-Spiel beim HSV mit seinen Münchner Mannschaftskameraden Oliver Kahn, Torsten Frings und Sebastian Deisler über die Hamburger Reeperbahn (die Münchner waren wegen eines Privatspiels gleich im Norden geblieben) und hatte es nach Informationen der »Hamburger Morgenpost« auf zwei strohblonde finnische Models abgesehen. Er sei Student aus Hamburg, wohne aber in München, soll er den attraktiven Nordländerinnen verklickert haben und spendierte anschließend Cocktails und Rotwein bis zum Abwinken. »Ballacks Doppelschlag in der Nachspielzeit«, titelte das Blatt anschließend. Und bei der Meisterfeier 2005 zettelte er in Münchens Nobeldisco »P1« beinahe eine Schlägerei an, als er seinem Teamkollegen Claudio Pizarro zu Hilfe eilte, als dieser angepöbelt wurde.

»Ein Kind ist das größte Glück der Erde.«

Familienmensch Michael Ballack

Über Englands Superstar und Werbe-Ikone David Beckham, dessen Privatleben und Beziehungs-Probleme mit seiner exzentrischen Frau, dem ehemaligen Spice Girl Victoria Adams, in aller Öffentlichkeit ausgetragen wird, sagte Michael Ballack einmal: »Das wäre nichts für mich.« Die Unterschiede zwischen beiden Superstars sind gravierend: Auf der einen Seite der Engländer, der von den Sportseiten der Zeitungen in die Klatschrubriken abgedriftet ist. Auf der anderen der bodenständige Deutsche, über den nur von seinen sportlichen Leistungen berichtet wird.

Werbemaschinerie Michael Ballack

Zu verdanken hat Michael Ballack seine Werbeverträge der geschickten Strategie seines Beraters Michael Becker. Der Anwalt aus Luxemburg bezog zur Umsetzung seines Karriereplans frühzeitig, Anfang 2001, Vermarktungs-Profi Peter Olsson aus München (Agentur: The Performers) ein, der schon Nationalmannschaftskapitän Oliver Bierhoff nach dessen Golden Goal bei der EM 1996 zum Werbekönig unter Deutschlands Fußballern (unter anderem L'Oreal, Nike, DWS) getrimmt hatte. Seit 1. Januar 2001 kümmert sich der Schwede auch um seine Belange und hat dabei relativ leichtes Spiel. Neben Michael Ballacks sportlichen Top-Leistungen kam Olsson auch dessen Image als untadeliger Sportler und Saubermann entgegen. Bereits im Januar 2000 schrieb BILD am SONNTAG: »In Kombination mit Ausstrahlung, Aussehen und einem hellen Köpfchen sollte Michael Ballack auch ein Werbestar werden.« 2002 wählte ihn die Leserinnen und Leser des Lifestyle-Magazins MAX zum erotischsten Sportler, vor den Stabhochspringern Tim Lobinger und Lars Börgeling.

»Ich verdiene gut, das ist wahr. Aber ich habe kaum Zeit, Geld auszugeben. An einem freien Tag laufe ich mit der Familie herum – wie jeder andere Familienvater auch.«

Michael Ballack über sich selbst

Beckers und Olssons Plan: Die Euphorie der WM 2006 nutzen und ihren Klienten bis dahin zu einem gefragten Werbepartner hochkarätiger Firmen aufbauen. Seitdem Deutschland im Juli 2000 in Zürich den Zuschlag bekommen hat, ist das Land total auf die WM fixiert, der Volkssport Fußball zu einem gesellschaftlichen Ereignis aufgestiegen, das alle Bevölkerungsschichten fasziniert. Für Becker und Olsson die große und einmalige Chance, mit dem Fußballer richtig »abzusahnen«. Michael Ballacks gesamte Karriere ist auf die WM 2006 aufgerichtet, wenn er mit 29 Jahren im Zenit seiner sportlichen Schaffenskraft stehen wird. Die einzelnen Schritte ihres Masterplans: Der Fußballer sollte zunächst als Marke positioniert werden, alle Persönlichkeitsrechte wurden festgehalten. Zwischen 2004 und 2006 sollten dann die richtig dicken Geschäfte abgeschlossen werden.

Die Jugend und ihr Idol: Trikots mit Michael Ballacks Rückennummer 13 sind der Verkaufsschlager beim FC Bayern und der Nationalmannschaft.

Bei der Akquise beschrieb Olsson seinen Klienten anfangs als »seriös, jung und frech.« Im Frühjahr 2002 schloss Michael Ballack mit Brause-Hersteller Pepsi seinen ersten großen Werbevertrag. Pepsi-Projektleiter Holger Zindt war damals begeistert:

»Vom Werbewert gehört er zu den absoluten Topstars. Mehmet Scholl ist zu durchgenudelt, Oliver Kahn zu eckig. Michael Ballack ist der Star der Zukunft.« Sein Konterfei prangte fortan auf 50 Millionen Getränke-Dosen, in einem weltweiten TV-Spot musste er mit einer Superstar-Auswahl (unter anderen mit David Beckham, Edgar Davids, Rivaldo und Raul) eine kolossale Hürde nehmen: Ein Team aus Sumo-Ringern stellt sich zum ungleichen Match. Nach dem Wechsel zum FC Bayern wurde der Vertrag aufgelöst. Zu den Werbepartnern der Münchnern gehörte Pepsis Erzrivale Coca-Cola.

Die Vermarktung läuft auf Hochtouren: Michael Ballack in Original und als Puppe der Firma Revell.

Masterplan ging auf

Beckers und Olsson Masterplan ging auf. Heute ist Michael Ballack Werbekönig unter Deutschlands Fußballern; ausschließlich Weltfirmen gehören zu seinem Portfolio. Die Verträge mit Telekom, Coca-Cola, Sony, McDonalds, adidas und Sony Playstation (siehe »Michael Ballacks Werbeverträge«) bescheren ihm Einkünfte von schätzungsweise 2,5 bis 3,5 Millionen Euro, etwa ein Drittel seines Gesamt-Jahreseinkommens von acht Millionen. Erfolgsprämien im Falle des Weltmeistertitels 2006 noch nicht eingerechnet. »Er vereint alles, was Erfolg ausmacht: Fleiß, Energie, Teamfähigkeit", sagte Sony-Geschäftsführer Leopold Bonengel in einem Interview. Mit Lufthansa ist ein weiterer Vertrag unmittelbar vor dem Abschluss. Während der Japan-Reise der Münchner Ende Juli 2005 warb Michael Ballack schon einmal probehalber für die Kranich-Linie. Hinzu kommen noch kleinere Lizenzgebühren wie die 20 000 Euro der Spielzeugfirma Revell, die eine Michael-Ballack-Puppe vertreibt (zusätzlich ist der Profi prozentual am Verkauf beteilig).

»Michael ist nicht der Typ, der den Star raushängen lässt. Im Gegenteil, er geht auf alle zu, ist vollkommen natürlich geblieben.«

Lothar Matthäus in BILD über den Kapitän der DFB-Elf

Vier dieser Firmen sind außerdem Partner seines Arbeitgebers FC Bayern München – was den dortigen Verantwortlichen sehr gelegen kommt. »Er präsentiert sich bei seinen Werbesachen auch im Trikot des Vereins, das ist ausgezeichnet für unsere Außendarstellung«, sagt Manager Uli Hoeneß. Platz für neue Verträge bleibt kaum, obwohl Olsson noch ein Partner im Bereich Kosmetika vorschwebt. Mit Rücksicht auf den eng gesteckten Terminplan seines Klienten mit der Vierfach-Belastung Bundesliga, DFB-Pokal, Champions League und Nationalmannschaft wird dieses Segment aber wohl unbesetzt bleiben.

In den vergangenen Jahren schauspielerte Michael Ballack in mehr als einem Dutzend Werbespots und verschiedenen Rollen für seine Vertragspartner. Trotzdem lautet sein Credo: »Ich werde mich nicht in Werbegeschichten verzetteln. Wichtig ist, dass man glaubwürdig bleibt und sich mit den Produkten auch identifizieren kann. Ich werde den Fußball nicht vernachlässigen.« Nicht zuletzt durch seine Werbeauftritte ist Michael Ballacks Bekanntheitsgrad in der deutschen Öffentlichkeit enorm: Emnid ermittelte 90 Prozent. Vermarkter Olsson sagt: »Sein Durchbruch war die erfolgreiche WM 2002, davor waren die Werte deutlich niedriger.«

Klassisches Eigentor bei Panini

Alle Werbe-Verträge schließen das WM-Finale 2006 ein. Wird Deutschland mit Kapitän Michael Ballack Weltmeister, könnten die Partner auch mit dem Pokal werben. Der Sportler würde dafür weitere Erfolgsprämien kassieren. Nach der WM 2006 will Olsson den asiatischen Markt in Angriff nehmen und den e-commerce auf der Homepage des Profis (www.michael-ballack.com) forcieren. Dann soll auch das Merchandising mit Michael Ballacks eigener Serie »Ballack 13« Ertrag abwerfen.

Einmal übertrieben es Becker und Olsson allerdings bei ihrem Drängen nach dem schnellen Geschäft. Im Herbst 2004 untersagten sie der italienischen Firma Panini, die beliebten Klebebilder mit dem Konterfei ihres Schützlings zu vertreiben. Neben Michael Ballack fehlten auch Oliver Kahn, Torsten Frings und Miroslav Klose, ein weiterer Becker-Klient, in dem traditionell seit 1974 erscheinenden Sammelalbum mit 300 000 Exemplaren Auflage und zehn Millionen Tütchen. Es ging mal wieder ums Geld. Jeder Bundesliga-Profi, egal ob Newcomer oder Superstar, erhält von Panini eine Lizenzgebühr in Höhe von 1000 Euro. Becker und Olsson war dies entschieden zu wenig. Leidtragende waren ausgerechnet die jüngsten Fußball-Fans, die auf die Bilder ihres Vorbilds verzichten mussten. Der öffentliche Aufschrei war groß, von Geldgier und arroganten Millionären war die Rede. Olsson und Becker erkannten ihren Irrtum und lenkten ein.

Privatleben ein Tabu

Image ist ein wichtiger Bestandteil von Michael Beckers und Peter Olssons Karriereplan. Nicht zuletzt deshalb gehört zu Michael Ballacks Lebensauffassung das Prinzip: »Die Öffentlichkeit hat kein Recht an meinem Privatleben. Meine Familie ist mir heilig, sie ist ein Tabu-Thema.« Wie Formel-Eins-Star Michael Schumacher oder Bundestrainer Jürgen Klinsmann schottet er seine Kinder ab und hält sein Privatleben geheim. Von seinen drei Söhnen erfährt man kaum mehr als die Geburtstage: Louis (16. August 2001), Emilio (19. September 2002) und Jordi (17. März 2005). Auch Lebensgefährtin Simone Lambe (siehe Kapitel »Leben ohne Trauschein«) bleibt im Hintergrund. Fotoaufnahmen des Fußballers mit der Familie haben absoluten Seltenheitswert.

Offensive Verteidigung im Hause Ballack

»Fußball-Star Michael Ballack scheint ein guter Vater zu sein. Denn seine Kinder zeigen sogar dann vollen Einsatz für den Papa, wenn es nur einem Papp-Ebenbild an den Kragen geht.« Im Mai 2005 berichtete die Münchner Boulevardzeitung »tz« von einem McDonald's-Besuch von Freundin Simone Lambe mit den drei Kindern. Das Restaurant zierte eine lebensgroße Michael-Ballack-Pappfigur. Als ein anderes Kind daran rüttelte, schritt Louis ein und schrie: »Lass meinen Papa in Ruhe.«

Öffentliche Auftritte sind Michael Ballacks Sache nicht, nicht einmal im Kreise der Mannschaftskameraden: »In Leverkusen gab es nach Auswärtsspielen in der Champions League kein Bankett mit den Sponsoren, wir flogen sofort zurück«, sagte er im »kicker«. »Die Regelung bei Bayer war mir lieber, obwohl ich weiß, wie wichtig es für den Verein ist, dass die Mannschaft den Kontakt zu Sponsoren pflegt. Ich gehe da zwar hin zu diesem Mitternachtsdinner, aber man freut sich nicht drauf.« Ausflüge ins Nachtleben wie im September 2003, als er nach dem Bundesliga-Spiel gegen Bayer 04 Leverkusen mit seinen alten Mannschaftskameraden zunächst auf das Oktoberfest und anschließend weiter ins »P1« zog, kommen kaum vor. Schon zu seiner Leverkusener Zeit fand er die Disco-Szene im benachbarten Köln zunehmend »als langweilig« und entwickelte sich zum Familienmenschen: »Ich bin zufriedener und verantwortungsbewusster, seit wir eine glückliche, kleine Familie sind. Wenn ich jetzt nach Hause komme, weiß ich, dass es noch etwas anderes gibt als Fußball. Ich sehe vieles nicht mehr so verbissen.«

»Ich bin ein furchtbar schlechter Koch. Deswegen muss ich meine Freundin auch so oft zum Essen ausführen«

Michael Ballack über seine verborgene Schwäche

Als er gegen seinen alten Klub Leverkusen ein Traumtor erzielte, sagte er zu den Reportern: »Wisst ihr, was das Schönste am heutigen Tag ist? Dass mein Sohn Emilio erstmals gelaufen ist.« Auf die Frage des BILD-Reporters, warum denn die Namen der Söhne verdächtig nach Fußball-Stars (Jordi Cruyff, Emilio Butragenueo, Luis Figo) klingen, winkte Michael Ballack lachend ab: »An Fußball haben wir dabei wirklich nicht gedacht. Das ist reiner Zufall! Simone und mir gefallen die Namen einfach.« Der Reporter ließ aber nicht locker: Ob denn noch ein Mädchen in Planung sei, wollte er wissen. Auch bei dieser Frage blühte bei Michael Ballack der Flachs: »Eigentlich sind die Planungen abgeschlossen. Aber wer weiß ...«

Seine Vaterliebe trägt er auch offen in der Nationalmannschaft zur Schau: Auf den beiden roten Lederzungen seiner adidas-Treter sind die Vornamen seiner beiden ersten Kinder eingestanzt: Emilio und Louis. Einmal glaubten die Münchner Boulevardmedien tatsächlich einen handfesten Skandal aus dem Privatleben des Fußball-Profis aufgedeckt zu haben: »Ballack verliert Führerschein«, lautete das Gerücht, das im Herbst 2002 rund um die Säbener Straße die Runde machte. Und tatsächlich: Michael Ballack hatte seine Fahrerlaubnis verloren – im wahrsten Sinne des Wortes. Mehrere Tage lang musste er sich mit einer provisorischen Bescheinigung begnügen, ehe ein Ersatzdokument ausgestellt wurde.

Stets ein offenes Ohr für die Jugend: Michael Ballack umringt von Autogrammjägern.

Leben ohne Trauschein

Im Februar 1998 lernte Michael Ballack seine Lebensgefährtin und Mutter seiner drei Kinder, Simone Lambe, im »Cafe am Markt« in Kaiserslautern, damals zufälligerweise auch das Stammlokal von Trainer Otto Rehhagel, kennen. Die heute 27-Jährige arbeitete damals als Bedienung hinter der Theke. »Sie hat mich aber erst mal abblitzen lassen«, berichtete Michael Ballack bei einem seiner seltenen Einblicke in sein Privatleben. Er fand dies allerdings gar nicht schlimm: »Eine Frau muss es dir schwer machen.« Sein Anbandelungs-Versuch war auch eher plumper Natur. Die Umworbene berichtete von der ersten Begegnung später in der BILD am Sonntag: »Meine Freundin hatte mich vorgewarnt. Als er auf mich zukam und meine Telefonnummer haben wollte, habe ich ihn stehen lassen. Aber seine schwarzen Haare, seine Größe und seine dunklen Augen – die sind mir gleich aufgefallen.« Erst Woche später traute er sich wieder, sie anzusprechen. Diesmal bekam er die Nummer.

Trotz mittlerweile drei gemeinsamer Kinder hat Michael Ballack seiner Lebensgefährtin noch immer nicht das »Ja-Wort« gegeben. »Wir haben es vor, aber es hat sich einfach noch nicht hundertprozentig ergeben«, sagt der Fußball-Profi über seine »wilde Ehe«. 2004 machte er der Pfälzerin einen Heiratsantrag, wegen der EM in Portugal ließ sich allerdings kein Termin für die Hochzeit finden. Neuer, für die Trauung anvisierter Termin ist die zweite Jahreshälfte 2006, nach der WM im eigenen Land. »Wenn ich mir den Kalender bis dahin anschaue, frage ich mich, wo da noch Zeit bleibt«, sagt Michael Ballack. »Machen wir es doch so: Erst werde ich Weltmeister, danach heiraten wir. Obwohl das eine eigentlich nichts mit dem anderen zu tun hat. Schön ist beides.«